中国出版家丛书

ZHONGGUO CHUBANJIA CONGSHU

国家出版基金项目
NATIONAL PUBLICATION FOUNDATION

汪孟邹

中国出版家

Zhongguo Chubanjia
Wang Mengzou

柳斌杰 主编　林英 著

人民出版社

出版说明

　　出版不仅仅是一个充满竞争的商业领域，同时，它也深深打上了"文化"和"思想"的印记。在这个文化场域中，交织着多种力量的动态关系，通过出版物的呈现和出版活动的开展，描绘了一个时代的文化风貌；而回旋折冲于其间者，则是那些幕后活跃、台前无闻的各类出版人。他们自喻"为他人做嫁衣裳"，事实上，却是国家文化传承和历史记录的主要担当者，有出版发展的参与人和见证者甚至称他们所起的作用为保存民族记忆的千秋大脑。虽然扼据出版要津之地，却少见自家行当的人物传记出版。本丛书是第一次规模化地为这个群体中的杰出者系列立传，从一个人到一群人的出版事功中，折射出近代以降出版业的俯仰变迁，同时也见证着出版参与时代文化思想缔构及其背后深广的社会历史内容。那些曾经彪炳于时的出版人，一方面安身于这个行业，以其敏锐犀利的时代洞察力，在市场、经营与创意中躬行实践，标领乃至规划了这个行业的发展，并使之成为国民经济的一个重要门类；另一方面又在"安身"之外，显现出面向社会的公共性关怀与"立命"的超越性关怀，从职业而志业的追求中，服务于民族解放、思想启蒙与文化进步的社会性经营，书写了出版人生的风采、风骨与风流。

本丛书所传写的 30 余位出版人，均为活跃于 20 世纪并已过世的出版前辈。中国古代也曾涌现了陈起、毛晋等出版大家，只是未纳入本书的传主范围。丛书在体例上，有单人独传与多人合传之分，但这并不必然意味着对传主出版贡献及其历史地位的轻重判别，许多情况下的数人合传，乃困于传主史料的阙如而不得已的选择，某些重要出版人如大东书局总经理沈骏声、儿童书局创办人张一渠等，也囿于同样情形而未能列入本丛书的传主名单，殊觉憾事。虽说隐身不等于泯灭，但这个行业固有的幕后特征多少带来了出版人身份上的隐而不显、显而不彰。本丛书的出版，固然是想通过对前辈出版事迹的阐幽发微、立传入史，能让同样为人做嫁衣者的当今出版人不至于觉得气类太孤，内心获得温暖，并昭示后来者在人生目标上，在家国情怀上，在出版境界上，追步于前贤，自觉立起一面促人警醒自鉴的镜子；同时更希望通过一个个传主微历史的场景呈现，让更多的人认识到出版在产业之外，更是一项薪火相传的社会文化事业，它对时代文化的接引与外度，使其成为一种任何人都不可忽视的"势力"，在百余年来的社会发展进程中，发挥了不可替代的作用。

故此，我们推出这套"中国出版家丛书"，以展示中国文化创造者的风采，弘扬他们的优良传统和崇高的职业精神，发掘出版史史料，丰富出版史研究和编辑史研究。

"中国出版家丛书"编辑委员会

人民出版社编辑部

二〇一六年四月

目　录

前　言

　　《亚东图书馆与陈独秀》的作者汪原放，评价其大叔汪孟邹时说："他一生只是专心致志的办了两个书店，不曾做过别的事。"① 汪孟邹一生寄情出版，自 20 余岁的青年始，直至 76 岁古稀之年去世，始终在新书业中摸爬滚打：1903 年，创办芜湖科学图书社；1913 年，前往上海寻找更大的出版舞台，创办亚东图书馆；1953 年亚东关停，汪孟邹随后去世。尽管从事新书业的前期和后期，汪孟邹维持得都颇不容易；尽管凭借他的人脉与机会，不乏从事其他行当的机会——但汪孟邹始终没有离开过新书业。他的一生，是新书业的一生。也因此，本书为汪孟邹作传，落脚点在其书业活动，以其经营书业，尤其是亚东图书馆为中心展开论说，而这与"中国出版家丛书"将传主的角色定位于"出版家"，亦是相吻合的。

　　中国近代新知识分子群体的形成，除极少人有机会出国留学外，

---

① 　汪原放：《亚东图书馆与陈独秀》，学林出版社 2006 年版，第 232 页。

绝大多数都是在新式学堂与新书新报这两大阵地接受"新学"与新文化的。汪孟邹自身深得新书刊之惠，推己及人，因此为社会革新计，为昌明教育计，毅然投身书林，并一生寝馈其间，虽苦尤甘。汪孟邹始终秉持以出版谋求社会革新的精神主旨来展开其书业活动。早期的芜湖科学图书社，无论是其店铺形象，还是所售书刊，抑或店面管理，都迥异于老书店，蓬蓬勃勃一股革新之态。亚东图书馆的出版活动脉络清晰，先后以地理类书籍、新诗集、标点白话文小说、新文化主题书籍、革命小说、社会科学著作为主要出版主题。汪孟邹因自身深受地理教育方面的启发，因此当其有机会正式从事出版时，一开始即以地理类书籍面世。这一方面固然是此类出版资源的相对易得——书稿来自其业师胡子承；另一方面也是其革新感情之寄托，以此实现激励与教育国民之宏愿。新文化运动狂飙的突起与推进，汪孟邹及亚东贡献极大。《新青年》杂志尽管并非由亚东创办——亚东当时没有力量来做，但正是汪孟邹的努力及其对自身私谊网络的借用，使《新青年》得以在其业内好友陈子沛兄弟的群益书社创办。胡适与陈独秀的联手，亦由汪孟邹一手促成。1917年1月，胡适的宏文《文学改良刍议》终于在汪孟邹的反复催稿下与读者见面了，陈、胡联手，轰轰烈烈的新文化运动由此拉开帷幕。亚东亦为新文化运动尽其传播之能事：大量代派代售新书刊；策划出版与新文化运动桴鼓相应的系列书籍，如新诗集、新文化运动领袖的文存、标点白话文小说、整理国故类书籍等。亚东也因此坐到了当时出版界第三把交椅的位置，仅次于大资本的商务印书馆和中华书局，同时也成为新文化运动推进的一股大力量。1927年后，亚东主要出版革命小说与社会科学著作。就革命小说而言，亚东图书馆是我国革命文学最早的孵化机构。鲁迅指出："国民党以'清党'之名，大戮共产党及革命群众，而死剩的青年们再入于被压迫的境遇，于是革命文学在上海这才有了强烈的活动。所以这革命文学的旺盛起来……并非由于革命的高扬，而是因为革命的挫折。"[1]亚东在第一时间敏锐捕捉到民众在革命的挫折下对革命文学的需要，率先而为，引领时代潮流。就社会科学著作的出版，亚东感于"普通的自然科学固然有救正混浊的脑筋的功效，但是最要紧的还在提倡社会科学，从社会科学者的理论中找到改造社会的途径……以推翻中国进步的两个障碍物"[2]，成为中国社会科学勃兴的"一个有力的促成者"。亚东的出版活动表现出一贯的先锋精神与革新精神，这与汪孟邹所怀抱"热烈的革新感情"息息相关。

与此同时，汪孟邹不仅是一位理想的高蹈者，同时也是一位脚踏实地的实干家。借出版助力社会革新的抱负是其精神骨架，出色的出版才干与出版智慧是其理想得以实现的支撑。尽管有论者对亚东未能最终发展成像商务、中华这样的大书局表示遗憾，但观诸近现代书业风起潮涌，新书店倏忽而起又倏忽而灭者，不知凡几，亚东图书馆能始终维系于不坠，又何尝不是另一种意义上的成功?!

为汪孟邹作传，探析其对出版所怀抱的理想精神及其拥有的出版智慧，我们不仅得以深入地认识汪孟邹这位不凡的出版家，而且也进一步认识到中国现代出版事业与中国的文化变更以及社会革新的密切关系——它的步伐与整个中国的现代化具有一致性。换句话说，现

---

[1]　鲁迅：《上海文艺之一瞥》，《鲁迅全集》第4卷，人民文学出版社1981年版，第296—297页。
[2]　贤江：《通讯：研究社会科学去救国》，《学生杂志》1924年第3期。

代出版业以其恢宏之音、前进之势参与了中国现代化的创造。而在这个过程中，像汪孟邹这样的新知识分子也实现了自己的人生理想与价值。

第一章

走上新书业的道路

一、家世与业师

汪孟邹，名邦伊，学名炼，字孟邹，又字梦舟。1877 年农历十一月十七日[①]生于安徽绩溪城内白石鼓巷。

汪孟邹祖父名校夏廷公，生于清嘉庆五年（1800），虽家境贫寒，但父母并未让其外出经商，而是叫他读书走仕途之路。名校夏廷公17 岁时应童子试取得生员（秀才）资格，先做了十几年的塾师，后以替人诉讼为业。他育

---

① 汪孟邹出生的具体日期，笔者根据汪乃刚日记考出。1926 年 1 月 1 日，农历十一月十七日，汪乃刚记道："今天是阳历元旦，恰好又是大叔四十九岁的生日，真巧极了。"参见汪无奇编著：《亚东六录》，黄山书社 2013 年版，第 342 页。

有八个子女，唯两子两女长大成人，次子汪器勋（1848—1901）即为汪孟邹生父。

汪器勋，字树猷，号念五，家乡人称他"念五先生"，供职于县署礼房，育有二子三女，分别为：汪希颜（兄）、汪孟邹（弟），汪瑞英（姊）、汪群英（妹）、汪兆英（妹）。汪器勋不论资历识人才，于1891年聘请里中英才胡子承（1870—1934）到家里开设蒙馆当老师，教授汪希颜、汪孟邹和汪邦杰(汪孟邹堂弟)。此时胡子承年方22岁，仅比汪希颜大三岁，比汪孟邹大七岁。汪器勋大胆用才之举，也开启了安徽教育大家胡子承最早的教育生涯。

胡子承教学有方，对汪氏兄弟影响很大。在他的指导下，汪希颜、汪孟邹不满20岁即中了秀才。胡子承不仅遍读儒家经典，熟谙程朱理学，而且关注时局，关心国运，常怀忧国忧民之心，非常赞同康梁派的革新思想，教导学生要多看历史、地理和新书报，扩大眼界，学习新知识，接受新思想。在他的影响下，汪希颜外出求学之心日渐强烈，于1898年毅然离开家乡，前往南京求学。胡子承对汪孟邹的影响，还要更为长久深远。汪孟邹一生以新书业为职志，晚年自述心路时如是说道：

先说我为什么从事新书业的。我少年时候，科举还未废除，我也跟着当时的知识青年学做八股文。那时甲午战争刚过去，中国战败了，大家都认为非改革内政，国家就要亡了。康有为、梁启超几位先生发起了维新运动，各地方志士都赞成他们，我的业师同邑胡子承先生就是最热心的一个，他教我们八股文之外，还教我们历史和地理，而且劝我们节衣缩食，购阅当时出版的新书和新报。这就是我接受新思想的原因，也就是我对于新书业发生兴趣的原因。[1]

由此可知，汪孟邹对新书业最初产生兴趣，即来自胡子承先生的启蒙。汪孟邹走上新书业之路，胡子承也是有力的推动者。1901年，汪孟邹父亲去世；第二年哥哥汪希颜又不幸英年早逝，从此汪氏一家之务不得不由汪孟邹一己全力承担。汪孟邹自感"既鲜学问，又无职业，终夜旁皇，罔知所措"[2]，在此人生的迷茫关头，1903年"业师胡子承和朋友周栋臣邀了一千二百元股金，叫我到芜湖开一个科学图书社"[3]。可以说，胡子承亲自为其擘画了从事新书业的人生道路。

1913年，汪孟邹计划将新书业的工作再往前推进一步，到上海创办亚东图书馆，此时胡子承依然予以汪孟邹最大限度的支持。汪孟邹说，"我和我的业师胡子承先生商量，要印他的地理书以及挂图"，正是有了胡子承的著作作为亚东的第一批书稿，汪孟邹和朋友凑了两千元股子到上海开书店去了。亚东最初的印刷事务也是由胡子承的儿子胡翼谋帮忙带到日本完成的。也就是说，亚东创办之初，无论是出版选题的获得，还是印刷问题的解决，均得益于胡子承的鼎力支持。由此可知，汪孟邹一生浸淫新书业，从其心志的萌发，到志愿的落地生根，再到后来事业进一步发展壮大，胡子承都功莫大焉。

---

① 汪孟邹：《我与新书业——答萧聪先生》，《大公报·出版界》1947年8月24日。
② 转引自沈寂：《汪孟邹与陈独秀》，载沈寂主编：《陈独秀研究》第1辑，东方出版社1999年版，第365页。
③ 汪原放：《亚东图书馆与陈独秀》，学林出版社2006年版，第9页。

二、兄长的影响

长兄汪希颜是另外一位对汪孟邹人生有着深刻影响的人物。

汪希颜（1873—1902），名邦佐，学名铸。1898年戊戌变法开始，汪希颜出于对新学的热切向往，毅然离开家乡去南京求学，先入江南格致书院，不久考入江南水师学堂，1900年转入江南陆师学堂。江南陆师学堂学校开明，学风优良，爱惜人才。汪孟邹后来随其兄进入此校学习，亦是拜学堂总办俞恪士爱才所致。俞恪士在汪希颜处看到他们兄弟二人的通信、交换的日记，因爱其才而特允汪孟邹免试插班攻读。遗憾的是，因父亲去世，汪孟邹入学不到半年便不得不辍学回乡照顾母亲，让汪希颜继续完成学业。汪孟邹此次辍学即结束了人生中的求学生涯。

汪希颜转入江南陆师学堂后，学业和思想都得以大进，并常与身在家中的汪孟邹通信交流。但凡有益新知，汪希颜无不积极向弟弟传输。他为汪孟邹代订《新民丛报》，还代购各种新书新刊，如上海澄衷学堂编写的《字课图说》（一部计八本）、《蒙学课本》（三编一本）、《新辑地图问答》、《长江流域现势》、《泰西新书稿本》、《普通历史》等。[①]通过兄弟俩书信的往还切磋和新式书刊的寄送，汪孟邹虽困于闭塞的山中，却能时时得到新思想的滋养和激励。

对未来人生事业的讨论亦是兄弟俩频繁书信中的主要内容。兄弟俩把翻译西书、兴办报刊、组织学堂当成大业，把启迪民智、输送知

---

① 参见沈寂：《汪孟邹与陈独秀》，载沈寂主编：《陈独秀研究》第1辑，东方出版社1999年版，第368页。

识、造就人才视为己任。汪希颜曾对汪孟邹说:"不在薪水,不在保举,欧洲二十世纪之英雄,贵乎实行个人之能力;中国二十世纪之豪杰,贵乎阐发团体之文明。男儿身当是时。欲稍植事业以卫宗邦,稍争名誉以光历史,殆舍经营书报、组织学堂以外,无进身地矣!"① 汪希颜1901年曾在江南陆师学堂创议办《兵学报》,因当时学业未完,且筹款无着,未遂;翌年又拟创《女子白话报》;同年6月,他写信给汪孟邹:"兄先译明治历史中《中日战争小史》一书,意欲于暑假内成之,乘秋间乡试设法印行,以为我国人明耻之一助。"② 可知他有着鲜明的以书报启迪民智的追求。遗憾的是,当年夏天汪希颜不幸病逝于南京,他的这些出版报刊的计划也都未能实现。③

在自述心路时,汪孟邹将自己从事新书业主要归功于业师胡子承。实际上,兄长汪希颜无疑也具有关键性的影响。新思想的激荡,前有胡子承的启蒙引导之功,后有胞兄汪希颜时时邮寄书信、新书报刊之绵密深长的影响。在人生志业的选择上,汪希颜无疑给了汪孟邹一种卓越的昭示与垂范。事实上,汪孟邹深为兄长的才华与抱负所折服,这从他悼祭母亲的《哀章》可以看出:"儿兄(希颜)性过常人,才气纵横,不可一世,充其所造就,吾家光宠实多,奈不幸而今死矣!"④ 汪孟邹对兄长推崇备至,兄长的精神志愿对他无疑具有极强

---

① 沈寂:《汪孟邹与陈独秀》,载沈寂主编:《陈独秀研究》第1辑,东方出版社1999年版,第369页。

② 汪原放:《亚东图书馆与陈独秀》,学林出版社2006年版,第7页。

③ 参见沈寂:《汪孟邹与陈独秀》,载沈寂主编:《陈独秀研究》第1辑,东方出版社1999年版,第369页。

④ 转引自沈寂:《汪孟邹与陈独秀》,载沈寂主编:《陈独秀研究》第1辑,东方出版社1999年版,第365页。

的感召力。汪孟邹开办芜湖科学图书社，发行《安徽俗话报》，经营亚东图书馆，传播新文化，终其一生，矢志不移。这一方面固然是他自身的志趣所在；另一方面亦何尝不是他继承先兄遗志，完成其未竟之事业。

汪孟邹对兄长汪希颜及其精神志愿充满理解、同情、支持与追随，此处可举两个小例作为注脚。其一，据汪氏后人所述，汪孟邹力主让汪希颜的长子汪乃刚进陆军小学，并推荐其担任徽州六邑巡缉队的见习排长，原因是为让汪乃刚"子承父志"，继承汪希颜"弃书学剑亦英雄"的未竟人生。① 其二，有着强烈革新思想的汪孟邹大革命失败后何以会"怕得很"，汪家后人表示："他怕的并不是自己的安危，他最怕的是他的侄儿女们——我的伯父汪乃刚、我父亲汪原放和姑妈汪协如被捕牺牲。这样他会对不起我的祖父汪希颜。"② 汪氏后人对汪孟邹一些做法的理解角度，为我们认识这对兄弟的手足情深，以及汪孟邹如何将兄长的精神志愿铭记于心，提供了帮助。

窃以为汪孟邹在述及自身从事新书业的原因时，没有特别提到自己的兄长，大概因为这份影响是如此的深刻而私密，故一切尽在不言中了。事实上，汪原放撰文回忆亚东图书馆时，开头便节录了其父汪希颜给汪孟邹的一封信，这无疑说明了汪孟邹投身新书业的深层动因，是与汪希颜有重要关系的。

除了精神思想上的深刻影响以外，汪希颜还为汪孟邹留下了两份

---

① 汪无奇：《我的父亲汪乃刚》，载汪无奇编著：《亚东六录》，黄山书社 2013 年版，第 176 页。

② 汪无功：《郑超麟在绩溪——怀念郑超麟、吴静如老师》，载汪无奇编著：《亚东六录》，黄山书社 2013 年版，第 226 页。

沉甸甸的"遗产"。一是汪希颜在江南陆师学堂结下的至交好友陈独秀、章士钊等，他们后来成为汪孟邹以及亚东图书馆至为重要的支持力量。汪希颜去世后，章士钊作有《哭希颜》，陈独秀亦作《哭汪希颜》四首挽诗。从陈独秀、章士钊所作的挽诗，可以看出他们对汪希颜才华的高度赞赏。郑超麟在他的回忆录中说："（陈独秀、章士钊、汪希颜）三人感情很好，惜汪早死，否则也是中国文化界一个有贡献的人。陈、章二人对汪希颜的弟弟汪孟邹有生死之交情，就是由此而来的。"①

另一份"遗产"，则是沉重的家业负担。汪希颜去世时年仅30岁，留下二子三女：长子汪乃刚、长女汪淑如、次子汪原放、次女汪慎如，以及遗腹女汪协如。先是父亡，紧接着兄故，一家八九口人的重担全压在了汪孟邹身上。而芜湖科学图书社和亚东图书馆一开始的营业都十分艰难，汪孟邹苦撑多年，与此同时，一家老小嗷嗷待哺——其中的艰辛可想而知。长期的困难，使汪孟邹养成了极为节约的习惯；同时，常年独立辛苦持家，也在一定程度上形成了汪孟邹的家长处事风格。这些对汪孟邹以后的家庭关系乃至亚东图书馆的营业发展都产生了一定影响。

三、徽州与徽州文化

胡子承与汪希颜是将汪孟邹引向出版业的直接力量，而徽州与徽

---

① 转引自汪无功：《我的祖父汪希颜》，载汪无奇编著：《亚东六录》，黄山书社2013年版，第136页。

州文化，则奠定了汪孟邹一生从事出版工作的精神底色，深刻地影响着其从事出版的行为方式。

首先，书业活动是徽州商人们传统的经营谋生之道。繁荣的商品经济，昌盛的文教风气，以及贾儒合一的文化心理素质等，使得徽州早在宋元时期即已成为区域刻书中心，到了明清更发展为全国出版中心。徽州刻工名闻天下，人数多，足迹广，技艺精，他们不但在本地刻书，而且奔走四方，其中很多人子承父业，累世以此为生。不少刻工经过多年辛劳，集资开设书铺，刻书且售书，成为书商，如明代黄正位的尊生馆、黄德财的还雅斋等。清代著名刻工黄启高起先也"担书走村落"，后来设延古书楼，成为颇有名气的坊刻主。[①]徽州商人"贾而好儒"的心态，使他们对既可射名又可射利的书业情有独钟。走南闯北的徽商们把这一经营活动从徽州本土移到江浙等地，使传统的书业活动更加商业化。很多徽州商人以书业活动作为安身立命的手段。汪孟邹投身书林，承袭了徽州商人传统的谋生之道，既为生计之维持，又可施展自己的抱负，实现传播新思想的价值追求。而后面这一点，则体现了汪孟邹对传统徽州书商的精神超越。

其次，徽商具有义与利统一的特质。"徽州介万山之中，地狭人稠，耕获三不赡一。即丰年亦仰食江楚十居六七，勿论岁饥也"[②]，所以外出经商的人很多。宋室南渡之后，徽浙山水相连，地近京畿，行商坐贾，随之活跃，生意兴隆，财源茂盛，一度"雄飞中国商界"。长期富甲江南的徽商家园，为兴学养士提供了良好的条件。自南宋以来，徽州籍的大学者、大画家、大经济学家层出不穷。徽州是宋明理

---

① 参见刘尚恒:《明清徽商的藏书与刻书》,《安徽师范大学学报》1990 年第 1 期。

② 张海鹏、唐力行等编:《明清徽商资料选编》,黄山书社 1985 年版,第 6 页。

学的发祥地，素称"东南邹鲁"、"文化之乡"，程朱理学、皖派经学、皖派朴学、新安画派、新安医学、徽派建筑、徽派雕刻、徽墨歙砚等广为天下所闻。在徽州，理学与经商有机结合在一起，贾儒相通，叠相为用，构成了中国经济史上的新景观。商人重利，士人重义，似乎是对立的。但是徽商却以为义与利是相通的，士、商只是职业上的不同，商人同样可以做到重义。"非为良贾，且为良士"的商业行为准则，使徽商以义为利，以书生之道行商。① 这一准则也处处体现在汪孟邹身上。亚东存世 40 年，即便在其经营最困难的时候，也没有出过一本胡编乱造、有意坑骗读者的书。

再次，徽商具有某些独特的商业禀赋。徽商所强调的"士商异术而同志"的主张，不仅使商人在人格上取得了与重义的士子平等的地位，也为其带来了长远的商业利益。从实践意义上说，造成集贾、儒于一体的竞争机制。许多进入仕途的徽州人也从事商业活动，朱熹就曾用刻书的办法谋取利润。未能入仕的徽商也往往有较高的文化修养，这有助于他们在商业活动中把握市场形势，分析自然和社会诸因素对供求关系的影响，从而在进退取予之间不失时机地作出判断，以获得厚利。② 汪孟邹很好地继承了徽州商人的这一传统禀赋。纵观亚东图书馆的历史，我们可以看出善于审时度势是汪孟邹获得成功的关键因素之一。"五四"潮来，亚东迅速出版了一批适应时代需求的图书，从此在竞争激烈的上海书业界站稳了脚

---

① 参见唐力行：《胡适：徽州历史上的第三个文化伟人》，载耿云志、闻黎明编：《现代学术史上的胡适》，生活·读书·新知三联书店 1993 年版，第 96 页。
② 参见唐力行：《胡适：徽州历史上的第三个文化伟人》，载耿云志、闻黎明编：《现代学术史上的胡适》，生活·读书·新知三联书店 1993 年版，第 98—99 页。

4444444444444444

跟并一举成名，这便是很好的例证。

徽州长期流传着这样的民谣："前世不修，生在徽州；十二三岁，往外一丢。"汪原放在回忆家乡时也说："不问你走到哪里，听见人们谈心，谈的总是'出门'、'寻生意'。"① 汪原放本人就是小学刚刚毕业，便到他大叔开的芜湖科学图书社当了学徒。徽商长期只身在外，通常三年回乡一趟，与亲人过三个月的团聚生活。长期的离别生活，形成了徽州人理智重于情感的心理结构，也培养了他们坚韧不拔、吃苦耐劳的奋斗精神。另外，徽商们在商业经营过程中表现出来的持筹握算、分析毫末、较量锱铢、不遗余力的耐性，以及一丝不苟、锲而不舍、精益求精的精神，其影响更大更深更远。徽州的许多行业之所以能有出类拔萃的光辉成就，大都是徽商精神孕育的结果。② 这些精神也同样折射在亚东图书馆的经营过程中。

徽州商人足迹几遍宇内，子弟各地为官，不少人栖身于政治、文化中心，这使得徽州人最易感受到时代的脉搏，从而养成一种眼界开阔、思想开放的气度，善于接受新的事物。商业引起的社会互动，使徽州比别处更易得风气之先。汪孟邹之所以能较早地接受胡子承的思想启蒙，与上述因素有直接关系。民国时期从事现代书业的安徽人不是很多，朱联保曾对旧上海的书店、出版社的创办人和负责经营管理人的籍贯，做了一个不完全统计，在 177 人当中，安徽仅 2 人，汪孟邹为其中之一。③ 汪孟邹作为少数从事现代出版的安徽人，得到安徽

---

① 汪原放：《回忆亚东图书馆》，学林出版社 1983 年版，第 8 页。
② 参见颜非：《胡适与徽州文化》，载耿云志、闻黎明编：《现代学术史上的胡适》，生活·读书·新知三联书店 1993 年版，第 79 页。
③ 参见朱联保：《近现代上海出版业印象记》，学林出版社 1993 年版，第 13 页。

新进知识分子的不少扶持和帮助。汪孟邹与陈独秀关系密切，与胡适又是正经八百的老乡，因此其在家乡文化资源的利用上得天独厚。与此同时，汪孟邹也十分善于借用地缘关系，最大化地利用地缘情谊展开出版工作，将安徽地缘关系发挥得淋漓尽致。

四、芜湖科学图书社

（一）科学图书社的创办与发展

1903 年，汪孟邹在业师胡子承、朋友周栋臣的赞助下，来到芜湖长街开设科学图书社。考察芜湖的历史，我们不难明白绩溪人汪孟邹为何选择此地作为输送文明的窗口。

芜湖地处大江长河汇流之处，交通便利，贾商云集。早在明清时期，随着商品经济的发展，芜湖就成为全国著名的商业都会，"人呼小建康"。时至近代，1876 年中英签订《烟台条约》，把芜湖列为通商口岸，翌年，芜湖正式设立海关，成为安徽省第一个对外开埠的城市。自此以后，芜湖的商品经济迅猛发展，到 19 世纪后期，芜湖已成为近代中国四大米市之一。至 19 世纪末 20 世纪初，进一步发展成为近代安徽经济的重镇。通商口岸的设置，商业的频繁往来，使得芜湖比安徽其他地区更容易了解外界信息，风气上也较其他地区开放，皖省和外省的许多绅商及知识分子被吸引于此。因此，芜湖具有适合新书业发展所独具的优越条件：繁荣的商品经济，便利的交通，相对开放的文化环境以及对新知识有诉求的文化群体。汪孟邹选择芜湖作为进拓新书业的要地，可以说是十分明智的。

为新思想所激荡的汪孟邹在芜湖创办了一家新书店——科学图书社，地址设在长街。长街靠近码头，是昔日芜湖最繁华的一条主街道。科学图书社一开始就在诸多方面表现出开时代新风的特质。

首先，汪孟邹"阐发文明、崇尚科学"的新思想直接体现在店名上，科学图书社选用"科学"两个字为书店之名，即旗帜鲜明地标示出其崇尚科学，努力在皖地传播新知识新文化的意旨。

其次，就店面而言，不同于一些老书店，"店堂又不干净，无处不是灰扑扑的，很令人讨厌"，科学图书社很干净，到了夜里，很亮，因为有电灯，"电灯比洋油灯、灯盏，真有'天渊之别'"。[1] 在芜湖一排排木板店面的大街上，科学图书社显得独特不同，它装着两扇镶了玻璃的店门，过往行人免不了都要侧过脸去看它一眼。[2] 俗话有云"店门朝里开，元宝滚进来"，科学图书社却打破迷信，不遵从这种传统做法，因地制宜采用门往外开的方式；同时，店内不设财神、菩萨的龛座，没有供养店家常设的"老太"（指狐仙——笔者注）龛座，也不烧金银纸钱。在店面的装饰方面，科学图书社在最里面一进的小客厅里，还挂过陈独秀写的大字对子：推倒一时豪杰，扩拓万古心胸。这众多新质素，使得科学图书社在当时被公认为一家洋书店，连街上讨饭的也敬而远之。[3] 科学图书社这种形式上的"新"，并非仅为商业眼光上的求新求异，其内在精神是与汪孟邹的新思想紧密相连的：阐

---

① 汪原放：《亚东图书馆与陈独秀》，学林出版社 2006 年版，第 10 页。

② 参见陈㠭初、陈㠭午：《我们的父亲陈啸青》，载程庸祺：《亚东图书馆历史追踪》，安徽教育出版社 2016 年版，第 152 页。

③ 参见汪原放：《亚东图书馆与陈独秀》，学林出版社 2006 年版，第 12 页。

发文明、崇尚科学。它的新形象新内涵，也作为新生事物被人们关注和传播，并被赋予时代意义。

再次，汪孟邹的新思想在科学图书社的落实，还体现在员工管理上。汪孟邹一改以往学徒附庸式的氛围，力图营造一种新式、平等、愉悦、自得的工作环境。后来成为汪孟邹经营亚东图书馆左膀右臂的陈啸青，其哲嗣在回忆其一生时这样写道："父亲第一次去玩时，看见那里的职工看书的看书，看报的看报，令他十分惊异，而且十分羡慕。……最令父亲感到意外的是科学图书社的职工竟和老板汪孟邹……坐在一张桌上吃饭。新式书店的那种文化氛围和旧式钱庄、茶庄附庸的师徒关系简直不可同日而语。从那时起，父亲一心一意地想转业改行。他四处托人替他介绍进入科学图书社"，尽管当时陈啸青"在黄义大茶号工作多年，年薪约为六十银元。科学图书社的一般职工年薪只五十银元，但父亲完全不在意这些。怀着渴求知识、要求上进和向往文明生活的强烈愿望，父亲做出了断然的选择"。[①] 科学图书社的"新"，深深地吸引着好学向上的新青年。

科学图书社之趋新、求新，自然也体现在其创设的宗旨及其所售的书籍上。与老书店"无非是《三字经》、《千字文》、《百家姓》，再是'四书'"[②] 不同的是，芜湖科学图书社以"输入内地文明"为旨，以"开民智、教育为先"[③]，注重将文化高地上海、东京等地出版的新书和报刊采购进来在皖地销售。其所售书籍包括：《黄帝魂》、《革命

---

① 陈弌初、陈罡午：《我们的父亲陈啸青》，载程庸祺：《亚东图书馆历史追踪》，安徽教育出版社 2016 年版，第 152 页。

② 汪原放：《亚东图书馆与陈独秀》，学林出版社 2006 年版，第 10 页。

③ 汪原放：《回忆亚东图书馆》，学林出版社 1983 年版，第 9—11 页。

军》、《苏报》等反清书报，随进随销；创作小说、翻译小说、名人
传记等新体文学，常设于架；[①] 教科书为科学图书社的主要经营对象，
更是务求新潮，紧跟时代，供应芜湖周围及相邻地区的新式学校和
学堂。

科学图书社经营的书目种类之多之丰富，甚至可以比肩上海、
北京的一些新书店。据周振鹤的《晚清营业书目》记载，科学图书
社（屯溪分社）经营的教科书种类即多达 425 种，不仅涵盖了初等
小学、高等小学、中学堂等中小学教育各个阶段所涉学科的教科书，
还包括女学堂、师范学堂、实业学堂、法政类学堂等专业院校的教
材用书。同时，其他文学类、尺牍类、地方自治研究类用书亦达 107
种，共计 532 种。[②] 单就教科书而言，科学图书社经销的书目数量也
是非常多的。当时最大的教科书出版机构商务印书馆 1906 年的营业
书单《商务印书馆出版教科书目》，分为初等小学教科书、新编国文
教科书等 18 个大类，共计 110 种，[③] 科学图书社经销的种类远多于商
务所出版。由此可知，科学图书社所采购书籍之丰富与齐全。当时
该社的书单结尾处即表明："购书者注意：丁福保先生各种医书、神
州国光社各种画帖、商务印书馆各种图书、有正书局各种画帖、科
学书局各种表解，以上均有发行，名多不及细载。"[④] 可以说，科学图
书社经销书目的种类和数量，不仅在安徽，在全国范围而言都是比
较多的。

---

① 参见汪原放：《亚东图书馆与陈独秀》，学林出版社 2006 年版，第 12 页。
② 参见胡凤：《科学图书社与清季民初的新书新刊传播（1903—1919）》，《安徽史学》
2019 年第 3 期。
③ 参见周振鹤：《晚清营业书目》，上海书店出版社 2005 年版，第 220—248 页。
④ 周振鹤：《晚清营业书目》，上海书店出版社 2005 年版，第 588 页。

陈独秀说:"孟邹以毫无商业经验的秀才,跑到芜湖开书店,实是盲目的行动;然而当时为热烈的革新感情所驱使,居然胡胡涂涂,做到现在的状况。"① 汪孟邹虽"毫无商业经验",却能将书店开成、开好,这与其志在"输入内地文明"的职业追求和异于常人的刻苦耐劳、积极探索不无关系。

科学图书社当年所卖的文具、图书,都是汪孟邹亲自到上海经办。他一开始住小旅店,与群益书社的陈子寿兄弟熟悉后,则在群益书社搭铺睡,不辞劳苦,励精图治。科学图书社初创时举步维艰,据称开张三天,仅卖去一本日本人著的《商工理财学》。② 之后,汪孟邹注意到,当时正逢清季废除科举,各地新式学校纷纷建立,而新学书多从上海印行,各种教学仪器、文具也多在上海制造,但不少地方限于交通不便不易购得,地处皖南山区的徽州内地学校购买更是困难。汪孟邹从中窥得商机,重作部署:科学图书社除在芜湖进行一般性的柜台零售外,积极向徽州各地学校转售。当时皖南的铁路、公路均未开通,科学图书社就长年雇用两个挑夫,从旱路肩挑送货售书。线路分为两条:一条从芜湖出发,经宣城、宁国到绩溪;一条从芜湖至南陵、泾县、旌德至绩溪——然后由绩溪再往歙县、屯溪沿途分送到各个学校。两条线路来回一趟半月左右,每两星期即有一人送货到校,从不间断。此举深受师生欢迎,据说,"每当货到之日,师生们都到校门口迎接他们的到来"③。此举不仅惠及学子,

---

① 汪原放:《亚东图书馆与陈独秀》,学林出版社 2006 年版,第 208 页。
② 参见汪原放:《亚东图书馆与陈独秀》,学林出版社 2006 年版,第 12 页。
③ 汪无奇:《漫话芜湖科学图书社》,载汪无奇编著:《亚东六录》,黄山书社 2013 年版,第 362 页。

同时也让科学图书社深获其利，新书广泛售出，并建立起了一条稳定、通畅的流通渠道。

凭着汪孟邹这种奋斗精神，科学图书社逐渐发展起来，门面生意也日渐兴隆。当年安徽全省各地的许多进步师生都到芜湖科学图书社购书，以至流传出一首民谣："要买新书，请到芜湖；要买新杂志，请到长街（科学图书社所在地——笔者注）去。"[1]科学图书社成为皖南乃至整个安徽省内买新书、新杂志的首选。据称，当时驻芜湖第六军政治部的一位军官到店里买书，见购书人如此之多，还曾感慨过："这家小店足足抵得上一个师的威力！"[2]此外，科学图书社还成为安徽省很多新书店批发进货的来源。据载，进步知识分子蔡晓舟在安庆第一模范小学开办"文化书店"、胡苏明在六安城里开办"进化书局"、郑晋燕在霍山第二高等小学开办"新衡书店"，都从芜湖科学图书社批发进步书刊，在当地零售。[3]

为方便运销屯溪一带的书籍、教学仪器、文具等，科学图书社职员周植夫集资于1909年另外开设屯溪科学图书社。虽然汪孟邹后人表示，屯溪科学图书社不是芜湖科学图书社的分店[4]，但两者的关系非比寻常。汪原放在芜湖科学图书社学徒三年满师后，曾到屯溪科学图书社工作了几个月；亚东职员吕可侯，先在屯溪科学图书社当学

---

[1] 汪无奇：《漫话芜湖科学图书社》，载汪无奇编著：《亚东六录》，黄山书社2013年版，第361页。

[2] 汪无奇：《漫话芜湖科学图书社》，载汪无奇编著：《亚东六录》，黄山书社2013年版，第362页。

[3] 参见《安徽文化史》编纂工作委员会编：《安徽文化史》下卷，南京大学出版社2000年版，第1966页。

[4] 参见汪无奇：《漫话芜湖科学图书社》，载汪无奇编著：《亚东六录》，黄山书社2013年版，第362页。

徒，后调到亚东图书馆工作；① 亚东职员胡国芳也回忆说，他在去亚东之前，先在屯溪科学图书社试用了一年。② 此外，屯溪科学图书社经理周植夫的长子周道谋、三子周懋宾均在亚东图书馆工作。因此，两者应不仅仅是业务往来关系，屯溪科学图书社与芜湖科学图书社和后来的亚东图书馆应有一定隶属关系。

科学图书社将学科齐全、数量众多的新书新刊购进芜湖在皖地销售，从本质上说，是将上海、北京等地的新思潮传播到安徽这个内陆省份。具体到清末民初的中国，实际上就是上海、北京等地对安徽地区文化辐射的过程，也是一个现代取代传统、新知战胜旧学的过程，其对皖省知识分子的养成和风气的开通，影响至深。也因此，汪孟邹设法打开科学图书社的经营局面，通过零售、直销、开设分社以及向皖省其他书店批销书籍，不仅使得科学图书社在经营意义上取得成功，也使得科学图书社成为安徽省散播新知识的重要枢纽，切实发挥着开通风气、启迪民智的社会作用。

（二）出版发行《安徽俗话报》

除了销售新书刊、教学仪器和文具外，芜湖科学图书社也曾在出版领域小试牛刀。其中最主要也最浓墨重彩的，是出版发行了《安徽俗话报》。

汪孟邹回忆说，1904 年春天，"仲甫（独秀）来信，要到芜湖来

---

① 参见程庸祺：《亚东图书馆历史追踪》，安徽教育出版社 2016 年版，第 15 页。
② 参见胡国芳：《汪孟邹为新书业奋斗一生》，载汪无奇编著：《亚东六录》，黄山书社 2013 年版，第 148 页。

办一个白话报，借科学耽搁，贴我伙食。我答应了。他便背了一个包袱，拿着一把雨伞来了"①。当时，科学图书社尚在草创伊始，境况窘迫，"每天吃两顿稀粥"度日，清贫如此，汪孟邹却义无反顾地接受了挚友陈独秀的办报请求。这其中既有朋友间的情谊，也是基于彼此共同的思想认识及怀抱的"热烈的革新感情"。

依芜湖科学图书社当时经济状况而言，确无余资兼办《安徽俗话报》。该报的启动资金是由陈独秀等人募捐的，这在该报章程上说得很明白："本报的本钱，全靠各处同乡捐助，如有关心乡谊的官绅，捐钱帮助本报，凡捐数过洋五元的，敬送本报一年，并将捐助诸公姓氏写在报后，作为收据。"②汪孟邹新思想的获得深受报刊之惠，他和陈独秀一样是被报刊"运广长舌"拨动了脑筋的人，因此对报纸在社会政治生活中所起的重要作用有深刻的认识，在《安徽俗话报》的创办与出版过程中，汪孟邹及其主持的科学图书社始终不遗余力地予以最大的支持。

首先，芜湖科学图书社竭尽全力为《安徽俗话报》的发行拓宽网点。《安徽俗话报》共列有代派处58个：在安徽全省八府——安庆、徽州、宁国、池州、太平、庐州、凤阳、颍州府均设有代派处，共46家；同时在上海、北京、保定、南京、镇江、沂州、长沙、沙市、南昌、新民屯等全国主要大中城市也设有代派处。这些发行渠道，主要由草创伊始的芜湖科学图书社同人一个一个辛苦开辟出来。《安徽俗话报》最初酝酿于安庆，而最终陈独秀选择好友汪孟邹经营的科学图书社来实现这一计划，无食住之忧尚在其次，科学图书社的发行力

---

① 汪原放：《亚东图书馆与陈独秀》，学林出版社2006年版，第9页。
② 三爱（陈独秀）：《开办〈安徽俗话报〉的缘故》，《安徽俗话报》1904年第1期。

量当是关键因素。科学图书社竭尽全力开创出来的广泛的发行网点，也确实为《安徽俗话报》的畅销打下了坚实的基础。

其次，在编辑写稿上，科学图书社职员也承担了部分栏目的撰述任务。科学图书社董事、汪孟邹的业师胡子承在一封致科学图书社理事的信中表示："俗话报于本社颇有关系，似难置局外。万一笃原君不肯独任，拟由同人暂为各认一门（如尊处以为然，自何期起，速寄信来），由栋臣处汇齐寄来，似亦妥便，惟'时事'一门，可由国士（章谷士）或孟邹任之。辞旨务取平和，万勿激烈……"胡子承信中所提"时事"一门，即《安徽俗话报》的新闻栏目，重要而又敏感，它由汪孟邹兼编。①从《安徽俗话报》的发刊词可知，该刊共分设十三门，唯陈独秀负责的"论说"和汪孟邹负责的"要紧的新闻"两个栏目是每期均有，其余栏目则并不固定，这也说明汪孟邹在《安徽俗话报》的撰述上承担着重要任务。

有论者指出，汪孟邹兼编的新闻栏目编写模式很具特色，不少新闻有较浓厚感情色彩的标题，如"中国人受苦"、"汉奸可杀"、"贼绅私卖矿权"等，在传递消息的同时，编者的思想倾向也通过这些标题传递给了读者。而且，有些新闻不仅有标题，还有编者的评议，这种有述有评的方式，因观点鲜明，爱憎分明，对读者有极强的感染力，易使人产生共鸣，形成良好的启蒙效果。除汪孟邹外，科学图书社社员章谷士、曹复生等也负责了部分栏目撰述工作，如自然科学知识的介绍等。②

---

① 参见沈寂：《汪孟邹与陈独秀》，载沈寂主编：《陈独秀研究》第1辑，东方出版社1999年版，第370—371页。

② 参见黄晓虹：《〈安徽俗话报〉研究》，安徽大学博士学位论文，2010年。

《安徽俗话报》无疑是成功的。《安徽俗话报》主笔之一房秩五先生在悼陈独秀诗序中提到俗话报当年的盛况:"《安徽俗话报》自甲辰正月出版,每月二册,风行一时,几与当时驰名全国之杭州白话报相埒。"①《安徽俗话报》的销量也可证明其成功。俗话报开始印 1000 份,因销路畅广,有重印两版甚至三版的。发行到第五期,俗话报在省内的销售量达 1346 册:其中安庆最多,为 400 册;合肥次之,为 220 册;芜湖为 100 册⋯⋯1904 年 8 月 1 日《安徽俗话报》在《本社广告》中说:"本报发行以来,仅及半载,每期由一千份增至三千份,销路之广,为海内各白话(报)冠。"②

《安徽俗话报》的创办时间,相对杭州、宁波、苏州等地白话报来说,算是比较晚的,然而却享有"风行一时"之称誉,这很值得我们研究。以当地识字不多的普通百姓为读者对象,希望他们通过读报增长见识,开通思想,这是各地白话报创办者的共同心声,顺应了戊戌变法失败和庚子之变后启蒙思想家们将启蒙对象下移的时代变化。《安徽俗话报》不仅将读者范围定位在社会中下层民众,同时试图召唤尽可能多的读者展卷阅读,这从陈独秀《开办〈安徽俗话报〉的缘故》一文中清晰可见。文中指出:俗话报不仅是让读书的人"长点见识","不出门能知天下事";教书的人"学些教书的巧妙法子";种田的"知道各处年成好歹";做手艺的"学些新鲜手艺";做生意的"晓得各处的行情";做官的"明白各处的利弊";当兵的"知道各处的虚实";女人、孩子们"多认些字,学点文法,还看些有趣的小说,学些好听的

---

① 转引自陈独秀著,任建树等编:《陈独秀著作选》第 1 卷,上海人民出版社 1993 年版,第 22 页。

② 沈寂:《辛亥革命时期期刊介绍·安徽俗话报》,人民出版社 1982 年版,第 2 页。

歌儿"……甚至什么也不想做的有钱人以及需要休闲娱乐的人也被召唤进来:"看看里边的小说、戏曲和各样笑话儿,也着实可以消遣。做小生意的人,为了衣食儿女,白日里东奔西走,忙了一天,晚上闲空的时候,买一本这俗话报看看,倒也开心。"① 如此广泛的读者对象设定,也决定了地方俗话报刊必须做到内容丰富多彩,形式生动活泼,语言浅显易懂。在以下几点上,《安徽俗话报》都做得较为成功。

一、语言上,以当地的乡土语言行文是所有俗话报的共同特点,也是这一类小报成功与否的重要因素之一。《安徽俗话报》的几个撰稿者陈独秀、吴守一、房秩五、汪孟邹等,都是土生土长的安徽人,对家乡的土语俗话自然惯熟能详,陈独秀更是五四时期的白话大师。这些人既有旧学功底,又有新学见识,所以做出来的白话文既通俗易懂,又深入浅出。

二、内容上,《安徽俗话报》章程中列了13门类,分别为:论说、要紧的新闻、本省的新闻、历史、地理、教育、实业、小说、诗词、闲谈、行情、要件、来文等。自第三期起,又增设了"戏曲"栏,第八期起又增设"兵事"、"格致"、"卫生"等栏目,可谓类目繁多,五花八门。俗话报更兼备报纸和杂志的特点,有政治评论,也有社会改革动态,还介绍社会科学、自然科学等方面的各种新思想、新知识。既富有革命性和战斗性,又具有知识性和趣味性,就是现在读起来,仍令人爱不释手。

三、形式上,《安徽俗话报》32开,每本40页,形式像个薄薄的小册子。封面图案设计新颖,装帧美观大方,版式活泼生动,字

---

① 三爱(陈独秀):《开办〈安徽俗话报〉的缘故》,《安徽俗话报》1904年第1期。

迹疏朗清晰，纸张印刷都堪称精良。《安徽俗话报》在印刷方面，得到了章士钊的大力支持。章士钊是陈独秀、汪孟邹的朋友，其时在上海开设了一个印刷所，名叫上海东大陆图书印刷局，由程谷甫主管其事，程本人则为安徽人，这样《安徽俗话报》的印刷业务顺理成章地交给了东大陆印书局。东大陆印书局承印的《安徽俗话报》，其印刷质量远远超过同时期其他的地方俗话报。尤足称道的是，《安徽俗话报》还配有地图、漫画。漫画还有图解，真正做到了图文并茂。全期《安徽俗话报》共有地图三幅，漫画十幅，所占地位也很显著。三幅地图是安徽全省地图、扬子江图、日俄战地图，都是配合形势，提供空间知识以助了解时政。十幅漫画除日俄大战图、檀香山华人市场惨状图外，都有图解，具有深刻的政治寓意。每幅图画的主题鲜明，是形象的政治教育画。

四、价格上，陈独秀、汪孟邹等人办《安徽俗话报》，为的是他们"革新大业"的理想，为的是实现他们启迪民智、救亡图存的雄心大略，为的是穷人也能买得起从而接受教育的济世情怀，所以俗话报价格定得很低，零卖每本大洋50文，全年1000文，半年500文。低廉的价格，加上亚东奋力开拓的广泛的发行网点，无疑是《安徽俗话报》行销广远的重要原因。

《安徽俗话报》创刊于1904年农历二月十五日，半月刊，朔望发行。现在可见的共有22期（汪孟邹回忆说共出有23期），最后一册是21、22期合刊，发行日期为1905年8月望日。在第12期的新闻中，《安徽俗话报》指出英帝有吞并西藏、窥伺蒙古的野心，因而得罪了英帝，1904年10月停刊三个多月；第20期又停刊长达三个月，所以期刊不到一年的总期数，经历时限却长达一年半。最后停刊的原因，房秩五说是因为刊登外交消息（该报自第 19 期起，配合抵制美货运动，抗议美国迫害华工），触犯了洋人，"驻芜英领事要求中国官府勒令停办"[①]；汪孟邹说是因为陈独秀要到安徽公学教书，"其实是去搞革命工作"[②]。

《安徽俗话报》是辛亥革命时期的一份爱国革命报。在《开办〈安徽俗话报〉的缘故》中，陈独秀明白表示了创办该报的两个目的："第一是要把各处的事体，说给我们安徽人听听，免得大家躲在鼓里，外边事体一件都不知道……第二是要把各项浅近的学问，用通行的俗话演出来，好教我们安徽人无钱多读书的，看了这俗话报，也可以长点见识。"简要言之，即教大家"明白时事"和"通达学问"。读者"明白时事"，方能了解国恨家仇，激起爱国救亡之心；让读者"长点见识"，并非单纯的知识启蒙，而是把爱国救亡的宣传贯穿在地理、历史、教育、卫生、军事、实业等各方面知识的介绍中。因此，唤醒民众、救亡图存，才是《安徽俗话报》真正的旨向所归。也因此，《安徽俗话报》以鲜明的思想和通俗的语言鼓舞人们起来斗争，也给人们留下了一份研究这一时期安徽革命史和陈独秀思想史的研究资料。在一定意义上，《安徽俗话报》可以说是《新青年》的雏形；在某些问题上，它也是新文化运动的先声。在中国报刊史上，它应占有光荣的一页。

《安徽俗话报》的巨大功绩与深远影响，无疑有着无条件支持它的汪孟邹的功劳。事实上，在《安徽俗话报》之前，1902 年和 1903年陈独秀曾两次筹办《爱国新报》，但都没能办成。1904 年，在汪孟邹的支持下，陈独秀自办报刊启蒙民众的夙愿才终于得以实现。

---

① 《房秩五悼陈独秀诗三首》，载安庆市历史学会，安庆市图书馆编：《陈独秀研究参考资料》第 1 辑，1981 年，第 95 页。

② 汪原放：《亚东图书馆与陈独秀》，学林出版社 2006 年版，第 18 页。

汪孟邹全力支持陈独秀出版发行《安徽俗话报》，对他自身也有着多重的意义。

首先，《安徽俗话报》是汪孟邹尝试出版的开端，这激发了他进一步从事出版的兴趣和愿望。据汪原放说，大概是 1904 年或 1905 年，科学图书社出版过胡子承编的《高等小学修身教科书》，共四册。① 汪孟邹 1911 年致信在美国求学的胡适时提到："拟请吾兄择（邀）友人于有暇之时编辑农务各书，务求切实可用，特于上海印行，至印行之责，其事务则由我社担任，其利益则斟酌支配之。海上新学会社现亦有农学书发行，但俱译自东籍，无甚新颖，吾兄其有意乎?"② 这说明科学图书社在出版发行《安徽俗话报》后，开始有了更多尝试出版的愿望，这为汪孟邹后来到上海创办亚东图书馆种下了一些前因。

其次，在《安徽俗话报》出版发行的过程中，汪孟邹也积累了不少从事出版的具体经验。这其中既包括对启蒙愿望与言说空间的把握，也有对出版理想与现实生存的平衡，这些关系的把握与平衡，是从事出版的必修课。就启蒙与尺度把握而言，汪孟邹作为芜湖科学图书社的主人，在支持《安徽俗话报》出版发行的过程中，无疑承担着重要职责，也得到了相关锻炼。该报启蒙之心热切，无论是评说时事的论说栏，还是传递消息的新闻栏、传播知识的科学类栏目，抑或借文学作品抒发情怀的文学类栏目——启蒙民众以救亡图存是它们共同的主题，这是其出版理想之寄托。与此同时，《安徽俗话报》尚需尽可能地吸引各类读者，在内容、形式、销售渠道和方式上都要下功夫。既怀揣炽热的出版理想，同时必须切实地考虑生存与发展的

---

① 参见汪原放：《回忆亚东图书馆》，学林出版社 1983 年版，第 17 页。
② 耿云志主编：《胡适遗稿及秘藏书信（27）》，黄山书社 1994 年版，第 250—253 页。

问题，这也是汪孟邹出版生涯中无时无刻不需要面对和处理的问题，《安徽俗话报》在这方面给予了他最早的训练与经验。

（三）科学图书社的价值与贡献

1913 年春，亚东图书馆在上海正式挂牌，对外又称芜湖科学图书社申庄。汪孟邹在上海新创办的出版机构名字上沿用"芜湖科学图书社"，这也说明芜湖科学图书社已经有一定的实力和影响力了。

以 1913 年为界，我们可以把芜湖科学图书社分为前后两个时期。前期科学图书社是一个股份制企业，汪孟邹主管其全部经营，外面办货联系业务多由其承担。大约在 1913 年以后，或许还要往后推几年，科学图书社成为汪孟邹一人一家的独资企业。有两条证据：其一，汪原放在《亚东图书馆简史》关于资本的说明一节中引用了乃叔汪孟邹的话："亚东初开时，有的钱是作为股子的，可是后来生意不好，朋友都来拿去了，所以这个店完全是我个人的了，并没有别股。其实，朋友们给我的钱，原来都是讲人情的，并没有人一定要搭股，这是很可感的。"[1] 从这段话推测，与亚东有密切联系的芜湖科学图书社的股子也一道被朋友们拿走了。其二，1933 年，因亚东营业的衰落，加剧了汪氏叔侄间的意见分歧，最后由胡适出面，请梅华铨律师做了一个分家的手续，汪孟邹只要了一个芜湖科学图书社。[2] 这一点更能证实上述推测。

---

[1] 汪原放：《亚东图书馆简史》，《出版史料》1988 年第 3/4 期。此文为汪孟邹生前口述，汪原放笔录整理。

[2] 参见汪原放：《亚东图书馆与陈独秀》，学林出版社 2006 年版，第 153 页。

后期科学图书社虽归汪孟邹一家所有，经营上则委托他人，先后交由程宝书、陈啸青、周公援、程远模等人经营。[①] 阿英也一度负责指导科学图书社的发行工作。阿英曾将汉口长江书店的革命书籍，如《共产主义 ABC》、《辩证唯物论》、《经济史观》、《共产党宣言》等运进芜湖，在科学图书社内销售。[②] 但芜湖科学图书社的经理始终是汪孟邹，大事项还是由汪孟邹定夺。从汪孟邹与胡适等人的通信来看，汪孟邹的一些信件自芜湖寄发，可知汪孟邹在上海经营亚东期间，亦有回芜湖科学图书社小住一二的情况。

1938 年，日军侵占芜湖城，科学图书社毁于侵略者的铁蹄之下。从成立到歇业，科学图书社计 36 年历史。在这 36 年里，芜湖科学图书社对安徽省乃至对全国的文化事业作出了不可磨灭的贡献，是安徽近代最具影响力的新式书店。1922 年，科学图书社出过一本精装的《廿周年纪念册》，陈独秀诸名公评价了科学图书社的价值与贡献，胡适称赞其"给文化做了二十年的媒婆"，陶行知以为其"赈济了二十年学术的饥荒"。无论是书刊的思想内容，还是经营管理方式，芜湖科学图书社都堪称安徽书业史上第一家具有现代书业特征的新型书店。[③] 这对芜湖乃至安徽书市、教育和文化产生的影响是非常大的。

芜湖科学图书社作为知识场域的代表性场地，不仅借用书报刊开

---

① 参见汪无奇：《漫话芜湖科学图书社》，载汪无奇编著：《亚东六录》，黄山书社 2013 年版，第 362 页。汪原放：《我在家乡绩溪读书时的老师和同学》，载汪无奇编著：《亚东六录》，黄山书社 2013 年版，第 72 页。

② 参见姚永森：《阿英的早期文化活动》，《新文学史料》1984 年第 1 期。

③ 参见沈寂：《汪孟邹与陈独秀》，沈寂主编：《陈独秀研究》第 1 辑，东方出版社 1999 年版，第 373—374 页；汪原放：《回忆亚东图书馆》，学林出版社 1983 年版，第 199—200 页。

拓风气，传播思想，同时以其为中心还建构起一个以传播新文化新思想为主导的社交群体，皖籍新式知识分子得以凝聚和培养。当时省立第五中学的刘希平、高语罕，公立民生中学的李克农、宫乔岩，省立第二女师的钱杏邨（即阿英）等人，都经常出入该店，在该店交流思想，议论时局。汪孟邹自己也由此结识了一批芜湖及安徽地区具有远见卓识的知识分子，这为汪孟邹思想精神的形成与文化资源的积累打下了坚实的基础。亚东图书馆日后呈现出鲜明的"安徽特色"，出版具有明显的地缘性特征，以及汪孟邹一生服膺陈独秀，其前因大致均可追及于此。

此外，科学图书社还是当时芜湖政治运动、社会运动产生的实体机关。芜湖发生的许多革命活动，都以芜湖科学图书社为基地，它一度还是安徽革命者的"会议机关"。1905 年夏，陈独秀、吴樾、赵伯先（赵声）等人密谋策划暗杀清廷官吏，想以此"震动已死的人心，唤醒同胞的弥天大梦"，起来反对君主立宪[1]，密谋之地就在芜湖科学图书社。五四运动期间，芜湖科学图书社更是成了芜湖各个中等学校开展运动的联络点。[2] 因此，芜湖科学图书社的革新意义，以新书业为主体，同时又是多方面的；它是科学的、启蒙的，同时也是进步的、激进的。

---

[1]　参见王光远编：《陈独秀年谱 1879—1942》，重庆出版社 1987 年版，第 15 页。

[2]　参见程敷信：《汪孟邹与芜湖科学图书社》，载政协绩溪县文史资料工作委员会：《绩溪文史资料》第 1 辑，1985 年，第 183 页。

第二章

进军上海，创办亚东

芜湖科学图书社是汪孟邹书业人生的初试啼声。实事求是地说，在芜湖科学图书社时期，从事新书业大概还尚未成为汪孟邹坚定不移的人生使命与追求。1911年辛亥革命后，柏文蔚做了安徽都督，陈独秀做秘书长，汪孟邹亦有从政之打算。"我到安庆去，都督府里许多朋友劝我出来做事，有的要我去拿一个税局，有的要我去做行政方面的事"①，汪孟邹因此做了"徽州特派员"。对此，陈独秀却说："做什么！这里是长局吗？马上会变的。回去，回去，你还是回到芜湖，卖你的铅笔，墨水，练习簿的好。我来和烈武（柏文蔚——笔者注）说，要他帮

---

① 汪孟邹口述，汪原放整理：《亚东图书馆简史》，载汪无奇编著：《亚东六录》，黄山书社2013年版，第7—8页。

一点忙，你还是到上海去再开一个书店的好。"①在陈独秀的力促之下，汪孟邹继续了其书业人生。

当时，陈独秀对时局的认识很清醒，预计到了当时的形势下，革命的胜利只是暂时的。他为老友从长计议，否定了汪孟邹为官从政的念头，并主动地提出为汪孟邹办书局筹集股款。历史事实也证明了陈独秀这一预见的正确性。就在亚东开张不久，窃取革命果实的袁世凯就开始了拿革命党人"开刀"的行动，宋教仁被刺，接着胡汉民、李烈钧、柏文蔚等革命都督的职务被罢免，原来的革命党人纷纷流亡各地。陈独秀这种对友人开办书局的热心，既是朋友间情谊的反映，也是他把书刊作为文化启蒙工具这一思想的一以贯之。

一、亚东图书馆的创立

在人生的十字路口，汪孟邹选择了听从陈独秀的建议。汪孟邹作为一个受惠于新学堂、新书刊的时代精英，一个有志于由己推人、希望通过新书刊"开民智，新民德"的先进知识分子，一个曾创办过科学图书社，被新书业理想的光芒所吸引与折服的人，接受陈独秀的建议，也是自然而然的事。1913年春，汪孟邹在上海惠福里（四马路）一个楼下租了一间房，挂上洋铁皮的"亚东图书馆"的招牌，亚东图书馆由此成立。从此以后，无论多么艰难，汪孟邹始终坚守在出版行业，用汪原放的话说，"他一生只是专心致志的办了两个书店，不曾

---

① 汪原放：《亚东图书馆与陈独秀》，学林出版社2006年版，第21页。

做过别的事"①。

1913年汪孟邹创办亚东图书馆时，中国近代出版业经过晚清几十年的发展，已颇具规模，特别是商务印书馆、文明书局等民营出版企业的崛起，为中国出版事业注入了勃勃生机，书业已成为很多现代知识分子安身立命之所。辛亥革命前中国出版社的数量，据光绪三十二年（1906）六月上海书业商会出版的《图书月报》第1期告示，仅入会的出版社就已达22家。在辛亥革命以后的几年里，许多新出版机构更是雨后春笋般建立起来，亚东图书馆也于此时在上海挂起了它的招牌。

上海是中国经济文化的中心，云集了众多的作家、作者和文化人士。这一优势，决定了上海在中国出版业中不可替代的龙头位置。曾有人对1949年以前的全国出版机构的地区分布作了统计，上海的出版社占全国总数的90%。②集中于文化中心的大都市，是各国出版业的共同特点，也是出版业这一典型文化企业的特殊要求。上海无可争议的首选地位，成为出版家们大显身手的好地方。就是在这一风云变幻、竞争激烈的大舞台上，亚东图书馆扮演了中国文化思想史上的重要角色，经历了40年书业经营的风雨春秋，品尝着兴衰成败的酸甜苦辣。

出版机构亚东图书馆以"图书馆"名之，实际上，"图书馆"这一名称直到1949年后才专指公共的藏书机构，当时以"图书馆"作出版社的称谓在出版界并不少见，知名者有中华图书馆、交通图书

---

① 汪原放：《亚东图书馆与陈独秀》，学林出版社2006年版，第232页。
② 参见缪咏禾：《现代出版家的文化气质》，载中国出版科研所科研办公室编：《近现代中国出版优良传统研究》，中国书籍出版社1994年版，第465页。

馆、新民图书馆、梁溪图书馆等。亚东的命名出于何人之手，现在已不得而知。从字面上理解的话，亚东，乃亚洲东部，即中国之意。汪孟邹胞兄汪希颜与其通信切磋时曾写道："吾弟平日讲学，颇不为古所囿，惟心中国界未破，则所向之的，不免有差。今而后愿吾弟须知中国为地球上之一国，须知己身为地球上国之一人，讲学问也，著言论也，立事功也，皆不可为一国所范围，而一以理为断。"[①]亚东图书馆名字的含义，或许折射出汪孟邹志在继承兄长的遗愿，将思考与行动的基点立于世界的倾向。

亚东图书馆的出版标记也很有地理特色，标记的主体是一幅圆形的东半球地理平面图，环绕地图的外围，上半部写有亚东图书馆的英文名称：THE ORIENTAL BOOK COMPANY；下半部是中文名称"上海亚东图书馆"七个字。这一出版标记由陈独秀之子陈乔年和汪原放共同设计，第一次使用是在1919年胡适翻译的《短篇小说》（第一集）上。此后该标记印在每本书的封底位置，作为亚东图书馆出版物的象征，直至1950年亚东图书馆加入通联书店，该标记方停止使用。[②]

无论是以"亚东"命名，还是以地球作为出版标志，都反映出亚东图书馆放眼世界的精神，这与其成立亚东图书馆的宗旨与愿景亦一以贯之。亚东图书馆创办的宗旨，《上海亚东图书馆宣言》有清晰的表达：

---

① 沈寂：《汪孟邹与陈独秀》，载沈寂主编：《陈独秀研究》第1辑，东方出版社1999年版，第368页。

② 参见汪无奇：《亚东图书馆馆标小考》，载汪无奇编著：《亚东六录》，黄山书社2013年版，第385—387页。

中国书籍之兴，肇于《坟》、《典》，隆于晚周。暴秦燔灭文章以愚黔首，汉兴，书缺简脱，而向、歆所录尚有三万数千卷，百家成备，翳古艺文，炳焉可观矣。西方希腊、罗马，文数覃敷，亦当中国周、秦之际，东西相敼，无多让也。

顾自意大利国文艺复兴，五百年来，欧洲列国，百家竞起，继轨增饰，制作之富，溢市阗城。官书庋蓄，且轶天禄、石渠之盛。东邻文艺，虽不能比隆欧、美，亦足以遵踪诸夏。识者将于此校民族之文野、卜国势之隆替焉。

诸夏之不振，因缘万端，宋、明以来，尊向制艺，废置《诗》、《书》，人知以晦，国力以堕，此其大原也。近岁情势稍稍变矣，然犹攘臂论政之士多，冥心著述之士少。人不知古今，予以印绶，则为土偶；予以戈矛，则为盗贼。群一国不学无文之人民，虽有圣君哲相，求几及小康且不易，况期以共和大同也耶！

同人夙凛斯义，相与醵金立社，最（聚）海内耆宿、欧学巨子，综辑群艺百家之言，违译欧美命世之作，接翼并轨，以趣修途，邦人诸友，倘亦乐观其成也。[①]

宣言为文古奥雅训，短短四百余字，立足中外，放眼世界，描述了中外文献历史变迁的轨迹，指出文献学术的盛衰与国势强弱的对应关系。感叹当前国势的衰微而集资兴办这样一个出版机构，宗旨在于为中国移风易俗、救衰起弊。宣言尽管立论宏远，但基本上没有超出

---

① 汪原放：《回忆亚东图书馆》，学林出版社 1983 年版，第 23—24 页。

儒家传统思想范畴，《诗》、《书》等儒家经典仍被奉为圭臬典范，共和大同仍被视作未来社会理想蓝图。后来的亚东出版了许多国内名家的著作，翻译了大量外国作品，出版物的时代意识已十分明显，作品的思想水平其实大大超过了宣言所指称的高度。

二、早期的惨淡经营

亚东图书馆的启动资金是汪孟邹"向朋友凑了二千元股子"。一开始经营极其困难，周转资金的缺乏像一个沉重包袱，压得主办者汪孟邹喘不过气来。汪孟邹的日记中常有"社务乏款，焦急之至"，"暂借到五百元，真正可感"，"芜款未到，焦灼万分"之类的记载。汪原放对那段时间的艰苦日子感触很深，特别是他想上青年会夜校学英语，大叔汪孟邹给他十块大洋作学费时说的那番话始终令他记忆犹新："你要知道，这是血！这是汗！你要好好地学！"①亚东头几年的困境，不言而知。

亚东图书馆一开始经营惨淡，举步维艰，有着多方面的原因。首先，这与亚东出版的第一批书成本较大有关，它们分别是：

1.《中华民国地理新图》，胡晋接编，程敷锴绘，定价大洋六元。

2.《中华民国分类地理挂图》，胡晋接编，程敷锴绘。

3.《中华民国地理讲义》，胡晋接编。精装一册，定价大洋一元五角。为《中华民国地理新图》的参照读本。

---

① 汪原放：《回忆亚东图书馆》，学林出版社1983年版，第34页。

从出版经营角度而言，创办伊始的亚东图书馆首先出版印刷成本高的地理挂图，无疑挑战极大。因为一个出版机构成立伊始，与业务有关的信誉关系尚未建立起来，纸张、印刷等成本难免要先垫现金；而发行方面，为了打开局面，扩展渠道，恐怕不免要挂账推销。亚东成立的启动资金本来就不多，以短少本钱，经营需大资本的舆地图籍，资金可能周转不灵的压力可以想见。亚东出版的地图，因装帧精良，纸张、印刷成本高，定价相应也就不可能低。而当时读书界的情形，购买力较低下。因此，亚东的地理书籍尽管内容新颖，且得名流推荐，但高达六元大洋的定价让很多读者望而却步。亚东针对这批地理书在《申报》上做广告，"凡学校会社官厅等处之张挂最为相宜"①，将销售对象锁定于机关团体、学校等单位，但当时学校、会社、官厅的数量相对有限，市场拓展起来也尤为不易，情况并不十分理想。

其次，尽管汪孟邹在芜湖科学图书社时已积累了一定的出版经验，成立亚东图书馆后也表现出相当的出版才干，如出版地理类书籍，善于充分调动各种社会资源，借重名人效应力荐新书，在一些重要报刊上刊登新书广告等，但他毕竟初涉新书出版行业，销售渠道的铺开、市场的把握等经验仍相对不足，这也是亚东初期经营困难的原因之一。

例如，陈独秀《新体英文教科书》的出版不太成功，就与亚东初期汪孟邹出版经验不足有很大关系。《新体英文教科书》原计划分四册，应中学四年之用。先出了第一、二册，但因生意不好，后面的也就不曾出全。就选题而言，英文教科书在当时是热门出版物。商务印书馆

---

① 《申报》广告，1913 年 9 月 28 日。

早年就是通过英文教科书《华英初阶》、《华英进阶》实现崛起，并由印刷业向出版业成功拓展。与汪孟邹关系要好的群益书社，也是以出版英语教科书与英语参考读物为主，做得很成功。就作者而言，陈独秀之前即有编纂教科书的经验。1902 年，陈独秀以日本地理教科书为蓝本，编纂了《小学万国地理新编》，由商务印书馆石印出版。该书颇受读者欢迎，同年即出第 2 版，1906 年出第 6 版。[①] 而亚东出版陈独秀的《新体英文教科书》，结果却不如人意。

有趣的是，1917 年群益书社出版了陈独秀的《模范英文教本》，该书总共也是四册。亚东出版陈独秀的《新体英文教科书》时在《甲寅》上登了广告，群益出版《模范英文教本》时亦在《申报》上广而告之。将两者进行对比，发现两者极为相似，都强调"另制一种 LESSON 书，糅合会话、文法、翻译而为之，且释之以国文"，连表达都一模一样，且都是四册，推测后者极有可能是前者的修订版。亚东因销路不畅而停出的书籍，群益书社后来却再度表示出版的兴趣，说明群益书社以其在英语教科书出版方面丰富的经验，判定陈独秀编写的这部教科书是有其读者市场的。这也从侧面说明，亚东图书馆当时出版该书销路不好，更多是因为缺乏经验。

关于亚东初创时出版经验不足，还有一例可作补充说明。根据王光远编的《陈独秀年谱》记载，陈独秀 1915 年 11 月开始编写《汉译英文选》，该书于 1919 年 2 月由群益书社出版。1915 年编写的书没有第一时间在亚东出版，显然不是真诚关心亚东的陈独秀不愿为之，更可能的原因是，亚东当时资金确实困难以及对出版该书没有把握，

---

① 参见王有朋主编：《中国近代中小学教科书总目》，上海辞书出版社 2010 年版，第 239 页。

所以直到 1919 年陈独秀才在群益书社出版了该书。

除了几本地理类书籍和陈独秀的《新体英文教科书》外，《申报》上有一则亚东"新书出版预告"，显示此阶段亚东可能出版有其他一些书籍。资料可贵，抄录如下：

> 《国文讲义》，洪汝阊编，印刷中
>
> 《本国历史讲义》，陈众编，印刷中
>
> 《本国地理讲义》，胡晋接编，即日出版
>
> 《本国地理新图》，胡晋接、程敷锴编，即日出版
>
> 《新体中学图文教科书》，洪汝阊编，印刷中
>
> 《新体中学本国历史教科书》，陈众编，印刷中
>
> 《新体中学英文教科书》，CC 生编，印刷中
>
> 《字义指归》，陈众编，即日出版
>
> 《计学指要》，章行严编，印刷中
>
> 《中华民国物产图》，胡晋接、程敷锴编，印刷中①

其中"即日出版"的《本国地理讲义》、《本国地理新图》和"印刷中"的《新体中学英文教科书》，即前面提到的亚东最初的几种出版物。其他几种，笔者未能查到相关书目信息，难以确定最后是否真正出版。不过，这份广告有其重要价值，它反映出亚东最初的出版计划，也反映出亚东最开始的出版工作不太理想——这些书要么印数极少，鲜少流传下来；要么就是出版计划夭折，未曾真正面世。

---

① 《申报》广告，1914 年 2 月 11 日。

尽管开局艰辛，汪孟邹始终努力设法维持。为了克服经济上的困难，亚东紧缩房屋，减少人手，事事俭省，以求立足。举债和依赖芜湖科学图书社的接济，是汪孟邹用以维系亚东生存的重要手段。汪孟邹甚至一度做过杂粮生意，以补济出版亏损。但无论多难，汪孟邹从未试图离开过出版业，在坚守的不易中慢慢也找到了一些发展的机会。

三、希望的微光

（一）发行《甲寅》

在出版机构林立的大上海，要想秀出同行，绝非易事。亚东初期出地图集，读者面狭窄，生意清淡。陈独秀编的《新体英文教科书》也中途夭折，亚东当时在出版领域仍默默无闻。而对一个出版社来说，在读者中的知名度，则是关系其命脉的大事。亚东小本经营，又缩在弄堂里，要想打出自己的牌子，殊为不易，在艰苦创业的过程中，汪孟邹也积极寻觅到了一些希望的曙光。1915 年，章士钊主编的《甲寅》杂志改由亚东发行，使亚东附上了骥尾。汪原放说，从此以后亚东图书馆的名字已经叫人认识了。[①]

《甲寅》杂志是章士钊继《苏报》、《国民日日报》、《民立报》、《独立周报》之后，所主编的第五个刊物。刊物内容丰富，分政论、时评、通信、论坛、文录、小说等栏，其中以通信栏最为突出。该栏继承了

---

① 参见汪原放：《回忆亚东图书馆》，学林出版社 1983 年版，第 28 页。

章士钊主编《独立周报》时的"投函"栏目，并加以完善，给读者提供一个自由讨论、相互沟通的对话空间，使杂志以"公共舆论"的面貌展现于世人，深受社会欢迎。《甲寅》敢于抨击时政，在条陈时弊的同时，又归之以朴实说理，正如它在各期内封启示中所说的"一面为社会写实，一面为社会陈情"。也因此，《甲寅》"一时中外风行"，成为1914—1915年间中国舆论界的翘楚。

《甲寅》从第1卷第5号开始改由亚东图书馆印刷发行。该期封二《秋桐启示》（秋桐即章士钊笔名——笔者注）粗略说明了其中的原委。在《秋桐启示》左侧，亚东图书馆也拟了一则启事。正如启事中所说，章士钊"兼理数事，过于劳剧"，以简少之力办刊，确属不易，稍有变故，则易造成迁衍脱漏。《甲寅》一开始脱期甚为严重：第3号因章士钊"骤患时症，移居病院"而脱期一个月；第4号又脱期两个月；第5号则干脆半年之后才出版。

《甲寅》发行之所以会选择亚东图书馆，首先与章士钊和汪孟邹原是旧相识有关。章士钊与汪孟邹的哥哥汪希颜是江南陆师学堂的同学好友，汪孟邹经营芜湖科学图书社时到上海办货，亦与章士钊有往来，汪孟邹认识书业界的好友陈子佩兄弟，就是"在章士钊的苏报馆里"[1]。

其次，陈独秀应是一个重要的推动因素。[2]1914年7月，陈独秀应章士钊之邀去日本协助编办《甲寅》[3]，随后《甲寅》出版第4号，到出版第5号时则改由亚东图书馆发行。

---

[1] 汪原放：《亚东图书馆简史》，《出版史料》1988年第3/4期。

[2] 参见《生机》，《甲寅》第1卷第2号。

[3] 参见张家康：《陈独秀与章士钊》，《党史天地》1997年第4期。

亚东图书馆也确实有能力接任这份工作。汪孟邹充分借用其发行《安徽俗话报》时创建的发行力量，在接任《甲寅》发行人的第二期即《甲寅》第6号上列出代派处46家。如果说汪孟邹发行《安徽俗话报》时开拓的销售渠道，亚东图书馆借以销售地理类书籍以及英文教科书适用性不强的话，那么对于发行《甲寅》来说则再合适不过。汪孟邹在拓宽《甲寅》的销售渠道方面也可谓用心至极。1915年4月，他给远在美国求学的胡适寄去《甲寅》五期一册，并函一封，从他们此一阶段的频繁通信内容来看，汪孟邹甚至打开了《甲寅》在美国留学生中的市场。

《甲寅》的销路也很可观，"约近四千"[1]。吴虞的日记亦可佐证这一点。"1915年九月初三日：过粹记小坐，《甲寅》代派五十份，有正书局据云可以代购。"[2] 成都一个书店即可代派《甲寅》50份，可见《甲寅》在当时的受欢迎程度。据汪原放回忆，亚东图书馆接手《甲寅》发行后，"来买的人挤满客堂间，一面又忙着去寄邮包，有小包的，有一卷一卷的，真是忙碌"[3]，生意可谓极好。

不过，好景不算太长，《甲寅》第9号因发表章士钊《帝政驳议》一文，态度鲜明地反对袁世凯的帝制活动，被袁世凯通令禁止销售。汪原放说，这是亚东第一种遭禁的期刊。[4] 当时北洋政府势力不能到达租界，因此其禁令只限于禁止向内地邮寄，并不能阻止刊物在租界内的书店进行零售，也不能要求书店销毁存刊，对《甲寅》的发行影

① 耿云志主编：《胡适遗稿及秘藏书信（27）》，黄山书社1994年版，第259—262页。
② 吴虞：《吴虞日记》上册，四川人民出版社1984年版，第209—210页。
③ 汪原放：《亚东图书馆与陈独秀》，学林出版社2006年版，第30页。
④ 参见汪原放：《回忆亚东图书馆》，学林出版社1983年版，第29页。

响不算太大。而影响最大的是，章士钊此时的工作重心逐渐偏于实际政治，一时无暇他顾，因此《甲寅》暂时停刊了。

到 1917 年 2 月，"因政局甫宁，百端待议"，章士钊"经手事件亦已清厘终结"①，决议复刊《甲寅》，仍归亚东发行。亚东对此亦告示："出版印刷发行事项仍由敝馆经理，爱读诸君惠购请直向敝馆接洽，其一切收款发报事皆由敝馆负责。从前已交费而报未寄者，无论住址有无变更，请即函知以便补寄。"②然而很快张勋复辟，已出版的《甲寅》日刊随即停刊，已箭在弦上的《甲寅》周刊也胎死腹中，未能真的实现复刊，《甲寅》到最后总共只出到第 10 号。

从发行《甲寅》来看，汪孟邹表现出极强的进取精神、韧劲与灵活性。事实上，这些特质在他经营芜湖科学图书社时就已露端倪，也鲜明地体现在他此后的各项出版发行活动中。《甲寅》的发行，对亚东图书馆有着多重意义。首先也是最直接的，自然是发行收入上的补贴，这使得亚东逐渐摆脱创办初期极度困窘的局面。其次，《甲寅》归亚东发行，借助《甲寅》的影响，亚东随之一起扬名。多卖出一份杂志，也就多了一个知道亚东的读者，亚东从一家默默无闻的小书店变得广为人知。因而亚东发行《甲寅》就等于无形中替自己做免费广告。同时，《甲寅》的发行，使亚东在广大读者心目中留下很难得的位置，为其后来代派、代售和发行③新期刊揭开了序幕。再次，通过发行《甲寅》，亚东从中收获了丰富的发行刊物的经验以及开发出版选题的灵感和思路，这为随后亚东迎来黄金时期奠定了坚实的基础。

---

① 《秋桐白事：甲寅杂志续刊预告》，《申报》1917 年 2 月 1 日。
② 《秋桐白事：甲寅杂志续刊预告》，《申报》1917 年 2 月 1 日。
③ 代派、代售和发行即今日总发行、发行和出版之意，此处及后文一仍原来的说法。

具体就刊物发行的经验而言，从《甲寅》开始，汪孟邹充分认识到了自家发行刊物的宣传价值，并将刊物的这一功能作最大化的发挥。一方面，近水楼台，可以在自己发行的杂志上广做自家出版物的广告；另一方面，借之为他人做广告，则又可坐收版面费。在《甲寅》第 5 号封三的告示中，亚东不厌其烦地罗列出在《甲寅》刊登广告的收费标准。出版史上有关广告费用这一领域，还很少有人研究，因而特将这一告示移录如下：

等地	特等	上等	普通	
地位	一面	一面	半面	—
一期	五十元	四十元	二十四元	十三元
三期	一百三十元	一百元	六十元	三十元
半年	二百四十元	一百八十元	一百一十元	六十元
全年	四百元	三百二十元	二百元	一百一十元

说明：特等为底纸外面(封四)；上等为封底里面(封三)及广告纸最前面、最后面；其余皆为普通。

亚东只发行了五期《甲寅》[①]，因而《甲寅》作为大众书业广告平台的功能尚未得到完全有效的开发。从这五期的广告版面上看，主要是群益和亚东自家的广告，也为《正谊》、《科学》杂志做过一两次广告，也就是说，主要还是作为自家出版物的广告阵地。但这一思路在亚东此后大量发行、代派新杂志时加以沿用和发挥，很好地实现了自家出版的书刊之间的互动，以及发行收入与广告收入的叠加。

就出版选题开发的新思路而言，在《甲寅》杂志的基础上，亚东出版了它的第一部畅销书籍：由章士钊编选，将刊登在《甲寅》杂志上的文言笔记与小说汇编而成的《名家小说》。《甲寅》后来停刊，

① 《甲寅》前四期及最后一期第 10 号，都由《甲寅》自办发行。亚东负责了《甲寅》第 5—9 号的发行工作。

没有登完的小说也因收入此集得以成为完璧。此书出版后颇受欢迎，"几十年来，这部小说时常还有读者要来寻访购读的"①。该书后来反复再版，亚东是将其作为一部书出版的，而在1916年刚出版时则是丛书形式。这套"名家小说"共10种，分开定价：

《双枰记》，烂柯山人（章士钊）著，三角。

《女娲记》，老谈著，二角五分。

《白丝巾》，老谈著，一角四分。

《孝感记》，老谈著，一角四分。

《绛纱记焚剑记合本》，云莺（苏曼殊）著，二角。

《西冷异简记》，寂寞程生著，三角。

《孤云传》，白虚著，一角。

《侠女记》，匏夫著，一角。

《啁啾漫记》，匏夫著，二角五分。

《说元室述闻》，兹著，三角。②

换言之，《甲寅》的发行一下为亚东带来了10本书的选题，大大丰富了亚东图书馆的出版品种。"名家小说"出版后，汪孟邹观察到"近年以来小说甚为风行海内"，由此生发出更多的选题思路，为此还向胡适展开约稿："吾兄于小说文字极为擅长，如有现成之稿可以见惠固佳，否则，请代撰译三五种或代搜罗若干种以速邮申以便刊印，感盼之极，但不知吾兄肯为我努力否？念念。每种一万字以上即可，

① 汪原放：《亚东图书馆与陈独秀》，学林出版社2006年版，第32页。
② 《申报》广告，1916年11月22日。

刊成小册，无须过多也。"① 汪孟邹的这一请求也得到了胡适的积极回应，不久后（1916 年 5 月）他就收到了胡适的回信和应许。1919 年，亚东图书馆出版胡适翻译的《短篇小说》（第一集），当是此一出版思路之回响。由此可知，《甲寅》在亚东历史上的意义十分突出，甚至可以说是里程碑式的。亚东以《甲寅》为转机，从低谷中走了出来，焕发出勃勃生机。

（二）发行《中国白话报》

发行《甲寅》后，亚东图书馆还发行了另外一份革命刊物：《中国白话报》。亚东发行的《中国白话报》出版时间短，人们又多将其与林獬于 1903 年 12 月 19 日创刊的《中国白话报》混为一谈（实际上，两份《中国白话报》并无关联），因此其面目不甚清晰。

《中国白话报》创刊于 1915 年 5 月 22 日，旬刊，逢二出版，以"灌输政治常识，引起真正民意"为宗旨，分"时事"、"法政"、"通讯"、"文苑"、"戏剧"、"小说"、"杂俎"等栏目。因其"程度高者不嫌浅，程度低者不嫌深"，"中小学堂可以用作补助训练之书，农商士贾可以视作增益见闻之友"；内容上，既满足关心时事形势的读者，对重大政治新闻做系统记述，又有"苦心构造之戏曲小说门类"，使喜爱文艺的读者"启发思想"，"助长趣味"；刊期上，兼有报纸与杂志两方面的特点，"凡日报不能普及，杂志不能流行之地方，得此报可兼二者之用"，甫一发行，"销数已将及万份"。②

① 耿云志主编：《胡适遗稿及秘藏书信（27）》，黄山书社 1994 年版，第 268—269 页。
② 《申报》广告，1915 年 6 月 3 日。

但《中国白话报》寿命短，很快即遭查禁。1915年6月11日，京师警察总监吴炳湘"函饬"外左四区警察署长刘思廉："《中国白话报》、《爱国晚报》、《救亡报》、《五七报》等印刷分布，冀可摇惑人心，相机举事，种种行为，无非欲破坏祖国、蹂躏人民，以恣其凶毒。彼辈伎俩，尽人皆知，虽假爱国为名，实为卖国为事，国民深受其害，早已深恶而痛绝，第（弟）虑此种邪说，流播渐多，以讹传讹或致无知误听，有妨治安，应由该厅认真查禁，勿任传播，至惑人心，是为至要。"①一年后，1916年7月6日，《中国白话报》与《甲寅》杂志及其他21家报刊方予以解禁。《中国白话报》解禁后未有复刊，前后仅出版3期。不过，也有资料显示，1916年8月1日，此时已从日本回国的陈独秀，帮助汪孟邹把《中国白话报》改刊为《通俗杂志》，陈独秀在第1期上发表了《谈责任》一文。②此为孤证，未得其他资料补充。不过，《中国白话报》与亚东图书馆确实有紧密关系。《中国白话报》正式创刊前几日，即在《申报》上刊发出版预告与征订广告，列出的总发行所即亚东图书馆。随后的广告中称其"销数已将及万份"，可见《中国白话报》颇为畅销。《甲寅》和《中国白话报》的发行，为亚东带来了营业上转机的微光，也让亚东切实品尝到了发行刊物的甜头，是为亚东新文化运动时期大举代派、代售、发行刊物的一个良好开端。

---

① 转引自王继先著，倪延年主编：《中国新闻法制通史》第2卷，南京师范大学出版社2015年版，第123页。

② 参见王光远编：《陈独秀年谱1879—1942》，重庆出版社1987年版，第24页。

（三）试图组建大书局

发行《甲寅》、《中国白话报》，为处境艰难的亚东图书馆带来了几分活力。在陈独秀等的支持下，汪孟邹试图与群益书社合组建立大书局，这为亚东图书馆提供了更多奋发的空间与事业发展的希望。

这件事情首先要从创办《新青年》杂志说起。汪原放说："据我大叔回忆，民国二年（1913 年），仲甫亡命到上海来，'他没有事，常要到我们店里来。他想出一本杂志，说只要十年八年的功夫，一定会发生很大的影响，叫我认真想法。'"① 随后陈独秀到日本协助章士钊编辑《甲寅》，至 1915 年 6 月回国，此时陈独秀主编杂志的经验与作者队伍都更加成熟。有论者指出：陈独秀从《甲寅》杂志社获得了丰富的资源，不仅将《甲寅》的许多作者带进了未来的《新青年》，如李大钊、高一涵、易白沙、胡适、张东荪、李剑农等；而且《甲寅》的某些栏目设置甚至杂志风格也不同程度地启迪了后来的《新青年》，以至《甲寅》的读者，在见到《新青年》时有强烈的认同感。② 思路清晰、条件成熟，陈独秀创办杂志的愿望因此也更为迫切，一回国即开始着手推动《新青年》杂志的创办。汪孟邹虽然自身实在没有力量去做，却为挚友陈独秀的这一愿望尽心设法，这在汪孟邹的日记中有清晰记录。陈独秀和易白沙二人 6 月 19 日结伴从日本回国，汪孟邹为其接风，就开始筹划创办杂志之事。他们最初的计划应该是这样：以出版《青年杂志》为旗帜，汪孟邹将通俗图书局的汪叔潜和群益书

---

① 汪原放：《亚东图书馆与陈独秀》，学林出版社 2006 年版，第 33 页。
② 参见石钟扬：《酒旗风暖少年狂：陈独秀与近代学人》，山东画报出版社 2014 年版，第 264 页。

社的陈子佩、陈子寿兄弟联合起来。这一方案未能实现，最后是群益书社"同意接受，议定每月的编辑费和稿费二百元，月出一本，就是《新青年》（先叫做《青年杂志》，后来才改做《新青年》）"①。

汪孟邹帮助陈独秀的这一"认真想法"，不仅让这本在"学术史和思想史上划一个时代"②的杂志顺利诞生，也为随后的计划——亚东与群益书社合组建立大书局埋下伏笔。不久后，亚东图书馆与群益书社两家计划合并改组公司。由汪孟邹日记可知，亚东图书馆与群益书社合并之事，不仅为汪孟邹所期盼，也为当时新文化运动之先声主将们所热切期待，因此得到陈独秀、张己振、章士钊、柏文蔚等人的大力支持与切实参与，合组之事紧锣密鼓地展开。③经过多次会议，反复商讨，资本、人才、内部组织方法等都已有成型思路，"招股章程"和"意见书"均拟就、通过，并获初步认筹。11月28日，汪孟邹与陈独秀为此事抵京，在京一月有余，进展亦较为顺利。陈独秀1917年1月给胡适的信中即谈到此事："弟与孟邹兄为书局招股事，于去年十一月底来北京勾留月余，约可得十余万元，南方约可得数万元，有现金二十万元，合之亚东、群益旧有财产约三十余万元，亦可暂时勉强成立，大扩充尚须忍待二三年也。书局成立后，编译之事尚待足下为柱石。月费至少可有百元。蔡子民先生已接北京总长之任，力约弟为文科学长，弟荐足下以代，此时无人，弟暂充乏。"④汪孟邹1917

---

① 汪原放：《亚东图书馆与陈独秀》，学林出版社2006年版，第33页。

② 汪原放：《回忆亚东图书馆》，学林出版社1983年版，第25页。

③ 参见石钟扬：《永远的〈新青年〉》，载金肽频主编：《安庆新文化百年（1915—2015）》（随笔卷），安徽文艺出版社2016年版，第455页。

④ 中国社会科学院近代史研究所中华民国史研究室编：《胡适来往书信选》上册，中华书局1979年版，第6页。

年 1 月 13 日致信胡适，也提到："此闻所招之股已达十余万元，尚可望可成立矣"①，并将招股章程由申寄出若干，托胡适择学生中家道殷实者代为努力说项，以便集腋成裘。

不过历史的机缘恰好停在了这一处。资本筹措都已在胜利之途时，筹划书局的灵魂人物陈独秀，北上筹款时被蔡元培礼聘出任北京大学文科学长，使得这一距离最终实现只有一步之遥的计划被搁置，以致最终流产。这一事实，也非陈独秀本人所愿，从陈独秀信中的语气判断，陈独秀当时的想法仍倾向于组建经营一个大书局。只是陈独秀莅位北大后，主持文科的整顿、改革，已完全无暇顾及这些了。

① 耿云志主编：《胡适遗稿及秘藏书信（27）》，黄山书社 1994 年版，第 274 页。

第三章

创造亚东的辉煌

陈独秀协助亚东图书馆与群益书社合组并扩充成大书局之事，眉目已展，惜最后未获成功。但对亚东来说，却是失之东隅，收之桑榆。陈独秀走马上任后，以其文科学长的名望，推荐亚东代理北京大学出版部的书籍，由此给亚东的经营带来了一派新的气象。亚东紧紧抓住这一机遇，并在随后的新文化运动中大展拳脚，由此也迎来了它的黄金发展时期。

一、代理北大出版部书籍

1917 年 1 月 15 日，北京大学张贴第 3 号《布告》，宣告陈独秀任文科学长，陈独秀由此正式就任北京大学。1918 年，北京大学出版部成立，下设三课：印刷课、售书课、讲义课，"经理本校印刷出版物，并掌握各科讲义"①。1919 年春，亚东图书馆在陈独秀的推荐下，代理北京大学出版部的书籍。有了北京大学出版部的书籍做靠山，汪孟邹听从陈独秀的建议，将亚东图书馆迁至五马路棋盘街西首 845 号。此时亚东图书馆的地理位置虽不在书业集中的棋盘街中心，但总比缩在弄堂里大大前进了一步。书业的特性跟其他商业颇为相似，店铺越集中，越有利于营业的发展。毋庸置疑，亚东门面的迁移，对其后期事业的兴隆是有很大帮助的。

1919 年 3 月 20 日，正式代理北京大学出版部书籍及乔迁新址时，亚东在《申报》上连续多日登载广告广作宣传。北京大学此时作为首都最高学府，已有 20 多年历史，云集一批名公耆宿如黄侃、崔适、程树德、杨敏曾等。1917 年蔡元培接任该校校长后，不拘一格，广揽贤才，一大批新式人物如陈独秀、李大钊、胡适、钱玄同、刘半农、周作人、鲁迅等先后被引进北大。此时的北大文科教授阵容，可谓斑斓多姿，争奇斗艳。具体而言，史学上，陈汉章与钱玄同、胡适、沈尹默信古与疑古并存；文学上，黄侃、刘师培、陈介石与胡适、陈独秀、鲁迅、周作人、刘半农文言文、白话文对峙；语言文字学上，黄侃和钱玄同、刘半农新旧分野；经学上，崔适、陈汉章今文经派与古文经派并存。各持己见，互相竞争。北大在全国的地位扶摇直上，执学术界之牛耳，为国人所景仰瞩目。陈独秀任职北大后，《新青年》编辑部也随之北移，成为胡适、陈独秀、钱玄同、鲁迅、

---

① 范军：《略论民国时期的大学出版》，《河南大学学报（社会科学版）》2014 年第 2 期。

周作人、刘半农、沈尹默等七位北大教授的同人刊物，北大缘此更负得盛名。盛名之下的北京大学，其出版部新书自然风行一时。

汪原放在《亚东图书馆与陈独秀》中节录了一份由亚东经售的北大出版部书籍的目录。除此之外，1919 年 5 月 2 日的《申报》上亦有一份经理北大出版部书籍的广告目录；《新青年》第 6 卷第 3 期上亦有一份；亚东发行的《建设》杂志第 1 卷第 5 期上也有一份。依时间顺序看，这几份目录上列的出版物有增有减，反映了北大出版部书籍出版的新旧交替。登于《建设》上的目录，按类而列，且时间靠后，且将它抄录下来，以便参照。另外，《新青年》上还列有部分外文图书目录，很是难得，故也转录如下：

《建设》第 1 卷第 5 号上的图书目录

汉学

《史记探源》	崔适	六角
《春秋复始》	崔适	二元
《论语足征记》	崔适	一角
《文字学形义篇》	朱宗来	二角
《文字学音篇》	钱玄同	二角

中国文学

《重印词源》	张炎	一角二分
《重印中原音韵》	周德清	一角八分
《重印曲品》	郁蓝生	一角五分
《重印北词广正谱》	徐于室	一元二角

《南曲谱》	张汉	一元八角
《古今名剧选》	吴梅	九角
《程选模范文》	程演生	七角

西洋文学

《近世欧洲名剧选刊》	胡适	五角
《法文戏曲》		一元
《法文戏曲》		四角八分
《萧伯纳剧选》	陶履恭	七角
《英国戏剧》（三种合刊）		一元
《西洋文明史》		四元四角九分

哲学

《哲学概论》	陈大齐	四角
《新编印度哲学概论》	梁漱溟	七角
《西洋伦理学史》	杨昌济	一元
《伦理学之根本问题》	杨昌济	五角
《德文伦理学》		九角

经济学

《德意志之战时经济》	嘉塞尔	二角七分
《财政大学参考》	王建祖	二角八分
《经济名词英和索引》	马寅初	
《欧洲战时之经济财政》	崛江归	铜文十四枚

法学

《强制执行法草案》	左德明	铜文四十二枚
《破产法草案》	林行规	铜文十三枚

《票据法草案》	周家彦	铜文九枚
《海船法草案》	周家彦	铜文二十七枚
《商行为草案》	周家彦	铜文三十七枚
《德意志刑法草案》	王荫泰	铜文四十四枚
《公司条例》	周家彦	铜文二十六枚
《现时战事国际法》	张家森	铜文七十八枚

《新青年》第 6 卷第 3 期上的外文书目

Seleted Contemporary Dramas	0.50
Bernard Shaw	0.70
A New Selection of English Essays	0.80
Public Finance of Bastable	1.50
Readings in Economics and Finance	1.80
English Essays	3.10
English History	3.00
Civilization：An Historical Review of its Elements	4.49
Logik, Von Dr.Th.Elsenhans, Mit 13 Textfiguren	0.90
La Question D'Argent	1.00
Three Plays of Oscar Wilde	1.00
Three English Plays	1.00
Un Chapeau De Paille D'Italie	0.48

从《建设》上的书单来看，北大出版部的出版物水平不凡——作品中除汉学、中国文学两类属于旧曲新弹外，其余各类多为当时学科

领域的开山之作。

事实上，亚东图书馆不仅代理北大出版部的图书，鉴于它已有的成绩与声誉，北大一些社团组织出版的书籍也由亚东发行。蔡元培任北大校长期间，积极扶持各种社团，鼓励学生在课余成立学会。据不完全统计，北大当时有进德会、哲学研究会、经济学会、史学会、教育研究会、歌谣研究会、风俗调查会、马克思学说研究会、学术演讲会、平民教育演讲团、平民夜校、雄辩会等几十个。其中，学术演讲会印行了一套"北大学术演讲丛书"（共 14 种），即由亚东总经理，亚东还出面为其做了广告。此外，北京新潮社出版的"新潮丛书"（共6 种），亚东图书馆也是经理处之一。

在经营本版书的同时，也代销外版图书，是当时出版社的一般通例。这样做，既可扩大门市的图书品种，又可增添柜台销售收入。一般的小出版社且不论，就连当时全国最大的出版机构商务印书馆，也未曾忽视这份批零折扣带来的营业利润。当年群益书社的英汉辞典类图书一枝独秀，商务就曾向群益批发。亚东在 1919 年以前出书数量少，销路更是难如人意，经理北大出版部的书籍，意味着它成为该部图书在上海及南方地区的总代理机构，负责高质量、高水平的北大书籍在这些地方的同业批发和销售业务，大大丰富了亚东门店图书的品种，增加了其销量。从亚东销售业绩分析，1919 年亚东纯利润为8000 余元，1920 年则增至 3 万余元。也就是说，亚东经过这一两年的经营，得以完成最原始的资本积累，而这与它代派代售他家书刊有很大关系。

同时，亚东经理北大出版部高质量的书籍也极大地提高了其美誉度，并助其获得了其他一些机会。为了两家来往的便利，北大出版部请来了亚东管内账的店员章洛声①，从而进一步畅通了北大和亚东之间的渠道。章洛声到北大后，时时关心亚东的前途，胡适的《短篇小说》（第一集）就是由他从北京寄给亚东的。②《短篇小说》（第一集）是胡适在亚东出版的第一本书，自此以后，胡适的著作主要都由亚东出版。也是从这本书起，亚东书籍的出版开始呈现"千树万树梨花开"的喜人局面。因此，经理北大出版部的机会，对于亚东有着重要意义，它为亚东黄金时代的到来拉开了序幕。

二、代派代售新式期刊

思想文化潮流的变迁，往往最先从期刊上表征出来。五四新文化运动发轫于陈独秀等主编的《新青年》，然后席卷全国，形成不可阻挡的汹涌势头。

《新青年》高举思想启蒙的大旗，提倡新道德，破弃旧文学樊篱，鼓吹文学革命，影响迅速扩大。《新青年》第2卷第5号上，胡适发表了《文学改良刍议》，提出了文学改良的"八不主义"；陈独秀紧接着在同年2月1日《新青年》第2卷第6号上发表了《文学革命论》，大呼他的"三大主义"：（一）推倒雕琢的阿谀的贵族文学，建立平易的抒情的国民文学；（二）推倒陈腐的铺张的古典文学，建设新鲜的立诚的写实文学；（三）推倒迂晦的艰涩的山林文学，建设明了的通俗的社会文学。当时还有钱玄同、刘半农、周作人、傅斯年等人，也

---

① 参见汪原放：《回忆亚东图书馆》，学林出版社1983年版，第38页。
② 参见汪原放：《回忆亚东图书馆》，学林出版社1983年版，第38页。

都写文章宣传文学改良，主张白话文。

伴随着《新青年》杂志带来的文学革命，思想自由的空气遂大流行，一些进步社团及刊物在北大纷纷建立与创办。1918 年 10 月，李大钊发起"少年中国学会"，并出版《少年中国》。10 月 14 日，以蔡元培为会长的"新闻研究会"成立。10 月 22 日，具有鲜明反帝爱国色彩的"国民杂志社"成立，并出版《国民》月刊。12 月 3 日，"新潮社"成立，《新潮》杂志出版。12 月 22 日，《每周评论》出版。短时期内，各地的报刊社团雨后春笋般兴办起来，同声相应，新文化运动在全国范围内扩展开来，深入人心，不可逆转。亚东图书馆凭借代派《新青年》以及对新文化运动的积极参与，同时也因其与新文化运动两大主将陈独秀、胡适的密切关系，陆续获得这些刊物的代派、代售或发行的权利。

为了更好的说明问题，我们把亚东代派、代销和发行的杂志作一梳理。所据材料是亚东图书馆在《申报》及各杂志上做的广告，以及汪孟邹叔侄的回忆。虽或有遗漏，但由此亦能大致清晰观照出亚东图书馆对新文化运动的深入参与程度，以及亚东图书馆在这一过程中所获得的良性发展。

亚东发行的杂志

	刊名	出版周期	出版地	说明
1	《少年中国》	月刊	北京	第 1 卷第 5 期起由亚东出版发行，第 4 卷改由中华书局发行
2	《少年世界》	月刊	南京	
3	《建设》	月刊	上海	
4	《新潮》	月刊	北京	第 1 卷订正本第 3 版，由亚东发行
5	《新群》	月刊	上海	
6	《自觉月刊》	月刊	上海	
7	《同德医学》	月刊	上海	

亚东代派的杂志

	刊名	出版周期	出版地	说明
1	《科学》	月刊	上海	均见于《建设》第 1 卷第 3 期中《杂录：介绍出版物》
2	《新青年》	月刊	上海、北京	
3	《新教育》	月刊	上海	
4	《教育潮》	月刊	杭州	
5	《北京大学月刊》	月刊	北京	
6	《民铎》	双月刊	上海	
7	《新潮》	月刊	北京	
8	《新中国》	月刊	北京	
9	《太平洋》	双月刊	上海	
10	《解放与改造》	月刊	北京	
11	《理化杂志》	半年刊	北京	
12	《数理杂志》	季刊	北京	
13	《星期评论》	周刊	上海	
14	《星期日》	周刊	成都	
15	《新生活》	周刊	北京	
16	《国民》	月刊	北京	均见于汪氏叔侄回忆。转引自沈寂《汪孟邹与陈独秀》未刊稿
17	《政法学报》	不详	不详	
18	《心声》	半月刊	上海	
19	《观象丛报》	月刊	北京	
20	《新妇女》	半月刊	上海	《建设》第 3 卷第 3 号广告
21	《曙光》	月刊	北京	《新潮》第 2 卷第 2 号广告
22	《黑潮》	月刊	上海	《少年中国》第 1 卷第 4 号广告
23	《体育周报》	周刊	上海	《新潮》第 2 卷第 3 号广告
24	《求是》	月刊	上海	《新潮》第 3 卷第 1 号广告
25	《民心周报》	周刊	上海	《新潮》第 3 卷第 1 号广告
26	《民风周刊》	周刊	广州	均见于《建设》第 1 卷第 3 期《杂录：介绍出版物》
27	《平民》	周刊	上海	
28	《惟民周刊》	周刊	上海	
29	《川滇黔旅苏学生会周刊》	周刊	上海	
30	《南洋》	周刊	上海	
31	《救国》	不详	不详	

亚东图书馆发行与代派、代售的新杂志相加起来接近 40 种，可谓不少，而且它们往往是当时新杂志中的一时之选。

亚东发行的杂志中，《建设》杂志被戈公振在《中国报学史》中评价为"有显明主张之唯一出版物"①；《新潮》与《新青年》同气相求，以反对封建伦理和封建文学为主要内容，是五四时期最重要的刊物之一；《少年中国》"本科学的精神，为文化运动以创造"为宗旨，在宣传新文化新思潮方面具有重要地位，被认为是与《新青年》、《新潮》鼎足而三的刊物；《少年世界》内容注重实际调查和应用科学，与《少年中国》偏重理论研究相互补充；等等，不一而足。

代派代售的杂志中，《新青年》之价值和影响毋庸多言。《教育潮》由浙江第一师范学校校长兼省教育会会长经亨颐主办，五四运动后经氏以该刊为宣传新文化的重要阵地，浙江一师由此也日益成为浙江新文化运动的中心。《新教育》由蒋梦麟主编，旨在"以教育为方法，养成健全之个人，使国人能思能言能行，能担重大之责任。创造进化的社会，使国人能发达自由之精神，享受平等之机会"。《星期评论》以研究和介绍社会主义、劳工运动而著名，在进步知识分子中有较大影响。《新生活》内容着重反映工人及人民大众生活情况，是五四时期著名的小型通俗刊物，蔡元培、陈独秀、李大钊、胡适等都积极为该刊撰稿，仅李大钊一人在该刊就发表了 60 多篇文章。《解放与改造》求社会的"不断革新"，注重宣传和介绍各种各样的社会主义流派及西方的哲学、政治和社会学说。《民铎》以促进民智、培养民德、发扬民力，提倡中华民族的独立、自强为宗旨。《太平洋》与

---

① 戈公振：《中国报学史》，中国传媒大学出版社 2016 年版，第 159 页。

《甲寅》有相应传承关系，吴稚晖在《贺太平洋杂志发刊词》中即说："太平洋之记者，皆即甲寅中之一部分有名之记者。虽其离甲寅而独立，止以甲寅继续有待。"《国民》社员多为回国的留日学生，"同人感于世界潮流之剧，国民智识不足以资为因应，实为国家前途之一厄象；爰集同志组织一月刊杂志，名曰《国民》，以增进国民智识为主，主本研究之所得贡献国民"。《新中国》主要撰稿人有胡适、邵力子、刘叔雅、陈公亮等，积极宣传新思想和新文学，介绍、评述国际形势和中国各方面现状。《星期日》为"少年中国学会成都分会"的会员所编辑和发行的刊物，其目的是在落后的四川传播新思想，开展新文化运动。《民风周刊》是珠江流域最早出现的新文化刊物之一。《曙光》是五四时期北京学生中的进步社团曙光杂志社出版的刊物，旨在促进社会改革，宣传新文化运动，介绍世界新思潮。《民心周报》由张謇、黄炎培、王正廷等十余人发起，其宗旨是"改良社会"，倡导地方自治和发展工商业，前期内容以时事述评和一般政论为主，后期为政治、经济论述并重的刊物。由这些简要论述可知，亚东代派、代售的刊物在新文化运动中的分量。

新文化运动健将罗家伦在《新潮》第 1 卷第 4 期上刊登《今日中国之杂志》一文，将其赏识的杂志分作三类：第一类作政论的，有《甲寅》、《太平洋》；第二类论科学的，有《科学》、《学艺》、《观象丛报》；第三类论社会思想文学问题的，有《新青年》、《每周评论》。无独有偶，傅斯年也在《〈新潮〉之回顾与前瞻》（刊载于《新潮》第 2 卷第 1 号）一文中说道："现在的出版物中，能仔细研究一个问题而按部就班地解决它，不落在随便发议论的一种毛病里，只有一个《建设》。以多年研究所得的文艺思想、人道主义精切勇猛地发表出来，只有一个《新青年》。此外，以《星期评论》、《少年中国》、《解放与改造》和短命的《每周评论》、《湘江评论》算最有价值。"值得注意的是，罗家伦、傅斯年所提到的这些最有价值的杂志，亚东几乎都有代派、代售，有的甚至由其发行。此时，亚东无疑充当着时代变革的开路先锋，对新文化运动努力尽其传播之能事。

实际上，当时像亚东这样专门代派、代销最新杂志的书店并不多见。李小峰在《新潮社的始末》一文中回忆了当时一般书店对新文化刊物的态度："《新潮》同《新青年》一样，被一般守旧派视同洪水猛兽，一般书店就是知道也不敢代销；因此只有原来发行《新青年》的几家书店经销，如上海的群益书社、亚东图书馆等。"后来《新潮》的读者日多，经销处也跟着多起来，"但这时候，除少数的几个大城市外，由书店代销者仍极寥寥，还是由拥护新思潮、新文化，从而自愿推广新思潮、新文化的个人、学校、报社、图书馆、教育会、学校附设的贩卖部等经销代销的居多数，甚至有绸缎庄代销的，可见当时新文化的传播者，不是以谋利为目的的书贾，而是赞助新文化运动的团体与个人。我们看一看1919年10月30日《新潮》第二卷第一期封底所刊出的全国代卖处的名单，总计全国代销处不下40余处，而由书店代卖的只占1/3——十三四处！"① 这也就是说，新文化运动伊始，亚东图书馆即成为少数热忱赞助新文化运动的书店之一，勇立潮头，不遗余力地用实际行动为新文化运动鼓与呼，成为当时最重要的新思想、新文化传播机构之一。新文化运动得以蓬勃展开，亚东图书馆作出的

---

① 李小峰：《新潮社的始末》，载中国人民政治协商会议全国委员会文史和学习委员会编：《文史资料选辑合订本》第二十一卷·总第60—62辑，中国文史出版社2011年版，第213—214页。

贡献不容小觑。恰如美国学者罗伯特·达恩顿通过研究《百科全书》出版史得出的结论："启蒙运动存在于别处。它首先存在于哲学家的沉思中，其次则存在于出版商的投机中。"①

　　亚东图书馆支持新文化运动，发行、代派及代售各种新杂志，具有深刻的启蒙意义。同时它也是一项生意，为亚东带来了兴旺的营业局面。当时中国社会处在一个新旧思想潮流转型的蜕变期，新杂志风行一时，《新青年》创刊时不过发行 1000 份，到 1917 年则猛增到一万五六千份。② 郑振铎在《一九一九年的中国出版界》一文中，也说 1919 年间的出版物中，最多的是定期刊物，《新潮》、《少年中国》等杂志都是一版再版。《新潮》再版售罄后读者的需求仍然很大，当时北大出版部业务繁忙无暇顾及，因此委托亚东代办，发行第三版。再看《少年中国》第 4 期的《本月刊再版广告》，更可看出新杂志的供不应求：

　　　　本月刊出版以来，颇蒙社会欢迎。第一、二、三期出版后二、三日内，即行售尽，而各处函购者仍络绎不绝。本月刊同人因时间、财力不许，又不能即刻再版，只好将原函原款退还本人，实深抱歉。乃一月以来，各界希望本月刊再版之信，日必数至，同人等不得已，决定将第一、二、三期合编再版，以副阅者雅意。每册售大洋三角，洋历十二月底出版。凡有订阅者请向北京发行所或上海亚东图书馆订购可也。

---

① ［美］罗伯特·达恩顿：《启蒙运动的生意——〈百科全书〉出版史（1775—1800）》，叶桐、顾杭译，生活·读书·新知三联书店 2005 年版，第 3 页。

② 参见张静庐：《中国近代出版史料》二编，中华书局 1957 年版，第 316 页。

新杂志之深受欢迎，由此可见一斑。杨贤江 1921 年 4 月发表《出版界》一文，调查了当时较为流行和重要的杂志 40 多种，其中包括对它们销量的统计，这正好从具体的销售数量上证实了此一时段新杂志的畅行。其中涉及亚东图书馆发行或代派的杂志，笔者整理如下[①]：

期刊名称	每期销数	期刊名称	每期销数
《科学》	2000 余份	《数理杂志》	平均每期 800 册
《建设》	4000 余份	《黑潮》	3000 份
《解放与改造》	5000 份左右	《自觉周刊》	无统计
《新教育》	4000—5000 份	《救国》	每期 500—2000 份
《少年中国》	4000 份	《法政学报》	2000 份
《少年世界》	5000 份	《南洋》	1500 份
《太平洋》	2000 份	《民心周报》	3000 份
《国民》	最近出版的第二卷第一号 1500 份已售完	《新妇女》	6000 份
《新群》	第二期初版 3000 份；第一期初版 2000 份，再版 2000 份	—	—

从上表可知，亚东图书馆代派的杂志销量都比较可观，这为亚东带来繁荣的景象。对此，汪原放有生动的回忆：亚东代派的《每周评论》"某一期不曾到，问的人已经很多了；到了寄到发售的时候，一下子可以卖光"[②]；《新潮》杂志第 1 卷 1—5 期的第三版委托亚东图书馆代办，"我们也实在很忙，可是有陈仲翁和适之兄的函商，就一口答应下来，毫不推辞地担当起来了"[③]。可见亚东图书馆此时的店务已

---

①　参见李永春：《〈少年中国〉与五四时期社会思潮》，湖南人民出版社 2005 年版，第 70—71 页。

②　汪原放：《亚东图书馆与陈独秀》，学林出版社 2006 年版，第 48 页。

③　汪原放：《亚东图书馆与陈独秀》，学林出版社 2006 年版，第 47 页。

十分繁忙，生意日上轨道。

亚东图书馆代派代售新杂志，除了带来营业上的直接收益外，还使其在读者及作者中声名大振。一些个人或团体，创办一份新杂志需要寻找合作的出版机构时，亚东往往成为首先被考虑的对象。当时创造社酝酿成立，同人们拟创办一个刊物，郭沫若说："奔走了几家。中华书局不肯印，亚东也不肯印；大约商务也是不肯印的。"① 从中可知，亚东是创造社创办刊物时首选合作的出版机构之一。亚东获得出版《建设》杂志的机会，亦与其当时发行代派新杂志的卓著声名有关。《建设》发行不久后，孙中山、朱执信还策划了一套"建设丛书"（后改称"社会经济丛书"，共 16 种），亦预备在亚东出版。该丛书有周密的计划，在《申报》、《少年中国》等上都登载过出版预告。据汪原放称，陈独秀之子陈乔年出国前跟他告别时说："我回来时，一定要拿名片见你了！"这是因为"《建设》、《少年中国》等杂志在出下去，还有消息要出'建设丛书'，他认为亚东营业一定会很发达的"②。可见大家对"社会经济丛书"的出版是满怀期待与憧憬的。不过，后来因为丛书多数的编者、译者和著者，都到广东去忙革命事业了，该书最后未能真正落实。尽管如此，从中我们还是可以看出，亚东图书馆发行、代派与代售新文化刊物，不仅为其带来较为可观的发行利润，同时也带来了口碑和声誉，为其拓展相关出版发行业务创造了条件。

---

① 郭沫若：《学生时代》，《创造十年》，人民文学出版社 1979 年版，第 92 页。
② 汪原放：《亚东图书馆与陈独秀》，学林出版社 2006 年版，第 51 页。

三、新书出版成绩令人瞩目

虽然"社会经济丛书"最后未能出版，但此时亚东的出版局面已打开，呈蒸蒸日上之势。亚东图书馆新书出版事业的发力，大概是从1919年10月出版胡适翻译的《短篇小说》（第一集）开始的。该书在一年多的时间内共印行了3版，计7000多册，而且此后一再印行，前后发行多达19版。更重要的是，亚东图书馆此时的新书出版并非《短篇小说》（第一集）一枝独秀，而是已经进入"千树万树梨花开"时期。我们对亚东此时的出版情况略作考察即可发现。

1920年亚东出版新书4本，本本版次惊人：《尝试集》，胡适著，发行15版；《三叶集》，田寿昌、宗白华、郭沫若等著，发行9版；《水浒》，汪原放标点，发行15版；《儒林外史》，汪原放标点，发行15版。

1921年亚东出版新书8本，除《法兰西学术史略》一书版次不详外，其他各本均一版再版：《白话书信》，高语罕编，发行39版；《中国语法讲义》，孙俍工著，发行10版；《红楼梦》，汪原放标点，发行16版；《吴虞文录》，吴虞著，发行6版；《西游记》，汪原放标点，发行8版；《草儿在前集》，康白情著，发行4版；《胡适文存初集》，胡适著，发行17版。

之后年份亚东所出书籍的再版率和再版次数亦十分可观，为避烦冗这里不一一列举，具体参见本书附录。从版次上看，此阶段亚东出版的书几乎都是再版书，而且版次极高。从出版数量上来看，亚东新书出版的数量亦呈增长之势：1919年，出书2种；1920年，出书4种；

1921 年，出书 8 种；1922 年，出书 8 种；1923 年，出书 8 种；1924 年，出书 10 种；1925 年，出书 14 种；1926 年，出书 9 种；1927 年，出书 10 种；1928 年，出书 17 种……

数量（册）

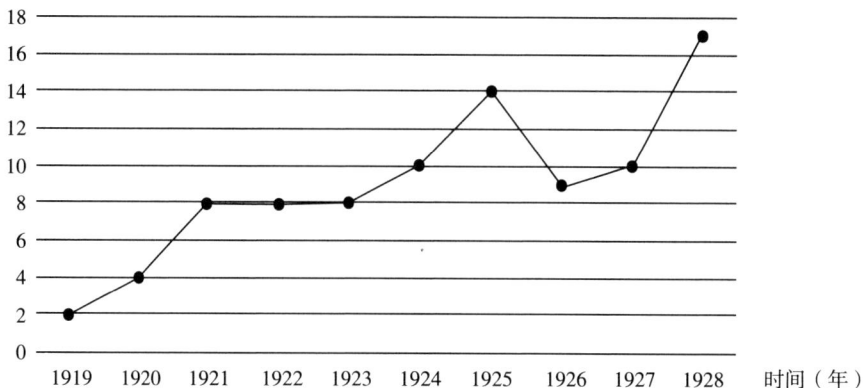

亚东黄金时期新书出版数量图（1919—1928）

汪孟邹说："亚东到了'五四'，出版才上了路。自原放整理的标点、分段，由独秀、适之等帮助作序的《水浒》出来以后，很受欢迎，营业已经转机。后来又出了《胡适文存》、《独秀文存》以及《白话书信》等书，营业更是蒸蒸日上。"[①] 汪孟邹的话也进一步印证了亚东此阶段出版成绩十分显著。亚东此时出版的书籍，选题方向主要是新诗集、标点白话文小说、新文化主题类书籍等，它们与新文化运动密切相关，同声相应，同气相求，与时代脉搏共振，因此受到读者的热烈欢迎。

---

① 汪原放：《亚东图书馆简史》，《出版史料》1988 年第 3/4 期。

（一）新诗集的出版

五四时期，"提倡新文学，反对旧文学"的表现形式，是引人瞩目的文言与白话之争。到1919年前后，胡适指出："现在我们的争点，只在'白话是否可以作诗'的一个问题了。白话文学的作战，十仗之中，已胜了七八仗。现在只剩一座诗的壁垒，还须用全力去抢夺。待到白话征服这个诗国时，白话文学的胜利就可说是十足的了。"[①] 也就是说，争取新诗的成功，是使白话文获得全面胜利的最后、最关键的一战。1920年，亚东图书馆出版了我国第一本白话诗集——胡适的《尝试集》，打响了新诗出版第一枪。

新文化运动的旗手、新诗的首倡者胡适亲下战场出版诗集，自然引起了人们对新诗的广泛关注与热烈讨论。反对者胡先骕发表长达两万余言的《评〈尝试集〉》，宣称："胡君之《尝试集》，死文学也。……物之将死，必精神失其常度，言动出于常轨。胡君辈之诗之卤莽灭裂趋于极端，正其必死之征耳。"[②] 对此，胡适表示"我初读了觉得很像是骂我的话"，而其实，是"过誉"了。[③] 因为某种程度上，它从侧面证明了胡适尝试白话诗的成功。除反对的声音外，《尝试集》的出版也得到了包括鲁迅在内的新文学的提倡者、赞助者们的支持。反对者与支持者两方针对《尝试集》展开了激烈的讨论，有人统计，仅从1920年4月起到1921年1月止，先后加入讨论的共有

---

① 胡适：《逼上梁山——文学革命的开始》，载胡适编选：《中国新文学大系·建设理论集》，上海良友图书印刷公司1935年版，第19页。

② 胡先骕：《评〈尝试集〉》，《学衡》1922年第1期。

③ 参见胡适：《尝试集》四版自序，后收入《胡适文存》第2集第4卷，亚东图书馆1924年版，第289—295页。

十多个人，各人的文章发表在三四种日报和杂志上，转载在五六种日报和杂志上①，由此可见《尝试集》在社会上引发的强烈反响。《尝试集》的销量也充分证明了这一点：在两年之中该书出了4版，销售了一万部。②据汪原放统计，到1953年亚东结业时，《尝试集》共出47000册③，销量可谓惊人。试验的态度，试验的精神，是胡适创作白话诗歌的指导思想，显示了一个新诗拓荒者放胆创造、不怕失败的勇气。书名《尝试集》昭示了作者敢开风气之先的气度，而这一殊荣，对敢于接受书稿的出版者来说，也同样是当之无愧的。然而，这一点却常常被人们忽略不提。

《尝试集》后，亚东对新诗发展的蓬勃趋势有了很好的把握，大力推出各路各家的新诗集。据蒲梢《初期新文艺出版物编目》统计，1919年至1923年间，共出版诗集16种，其中亚东图书馆是最主要的新诗集出版机构，出版有7种：《尝试集》、《草儿》、《冬夜》、《蕙的风》、《渡河》、《流云小诗》、《新诗年选（1919年）》，几占总量的一半；而其他9种的出版机构则较为分散，共由7家出版。④由此可知，亚东是当时"新诗集"出版的担当机构，不仅所出的诗集多，而且它们均为新诗的扛鼎之作。在亚东新诗作品目录中，登记在册的诗人作者有：康白情、朱自清、俞平伯、汪静之、宗白华、陆志韦、胡思永、钱君匋、何植三等，这些人无不在新诗史上自成一家，占有重

---

① 参见胡寄尘编：《尝试集·批评与讨论》序，泰东图书局1921年版。
② 参见胡适：《〈尝试集〉四版自序》，载《胡适文存二集》第4卷，亚东图书馆1924年版，第289—295页。
③ 参见汪原放：《回忆亚东图书馆》，学林出版社1983年版，第53、82页。
④ 参见蒲梢：《初期新文艺出版物编目》，载文学研究会编：《星海》（《文学》百期纪念），商务印书馆1924年版，第242—243页。

要位置。也难怪有论者指出，亚东作为新诗的"专卖店"，几乎包揽了早期新诗集的出版。① 事实上，"新诗消息的发布者"也是亚东对自己的定位。亚东对新诗集出版的大力赞助，对我国新诗的产生、成熟与发展，功莫大焉。

（二）标点白话文小说的出版

在新文化运动高歌猛进之际，在文言白话唇枪舌剑激烈之时，在国语运动推广普及的关头，亚东图书馆窥得先机，率先开始大规模、成系列地出版标点本中国白话小说。毕竟为白话文学正名，替古文发丧举哀，只是革命的第一步；第二步则是"建设新文学"，即要为"中国创造一种国语的文学"②，而要实行这个主张，正如胡适说：

> 我认为创造新文学的进行次序，约有三步：一、工具，二、方法，三、创造。前两步是预备，第三步才是实行创造新文学。
>
> 一、工具　古人说得好：工欲善其事，必先利其器。写字的要笔好，杀猪的要刀快。我们要创造新文学，必须先预备上创造新文学的"工具"。我们的工具就是"白话"。我们有志造国语文学的人，应该赶紧筹备这个万不可少的工具。预备的方法，约有两种：
>
> 甲：多读模范的白话文学，例如《水浒》、《西游记》、《儒林外史》、《红楼梦》；宋儒语录；白话信札；元人戏曲；明清传奇的

---

① 参见姜涛：《"新诗集"与中国新诗的发生》，北京大学出版社 2005 年版，第 83 页。
② 胡适：《建设的文学革命论》，此文原发表于《新青年》第 4 卷第 4 号，后收入《胡适文存》第 1 卷，亚东图书馆 1921 年版，第 77—102 页。

说白；唐宋的白话诗词，也该选读。

乙：用白话作各种文学。①

白话文小说在白话文运动中，价值被重新勘定：创造新文学必不可少的工具。胡适还进一步指出："《水浒》、《红楼》、《西游》、《儒林外史》一类的小说早已给了我们许多白话教本，我们可以从这些小说里学到写白话文的技能。""那些小说是我们的白话老师，是我们的国语模范文，是我们的国语'无师自通'速成学校。"②白话文小说这一新功能的发现与重视，无形中造就了白话文小说时代"宠儿"的身份。亚东图书馆的第一本标点白话文小说《水浒》于 1920 年 8 月正式出版，一上市即大获成功。装订的第一批预印本四包书 400 本，汪原放等带到当时胡适正在讲学的南京高等师范学校去卖，很快就一售而空，汪原放甚至说："带少了，照情形看来，再有四包，也卖得完。"③《水浒》出版时谨慎估计印量，因形势较好，一次次地决定加，初版开印从计划的 2000 本直接增加到 5000 本，亦很快售罄，此后反复再版。

试水市场的标点本《水浒》受到读者的热烈欢迎，亚东抓住机会，趁热打铁。《水浒》出版不到四个月，亚东即赶印出《儒林外史》，行动不可谓不迅速。《儒林外史》的市场反馈亦十分理想，初版印 4000 部，三个月便售罄再版了。汪孟邹深谙协同出版效应，在给胡适的信中写道："炼业此近二十年，略有些经验，凡出版书籍，必须同类的

① 胡适：《建设的文学革命论》，此文原发表于《新青年》第 4 卷第 4 号，后收入《胡适文存》第 1 卷，亚东图书馆 1921 年版，第 77—102 页。

② 胡适：《中国新文学大系·建设理论导言》，良友图书公司 1935 年版。

③ 汪原放：《亚东图书馆与陈独秀》，学林出版社 2006 年版，第 65 页。

至少有三五种，方可畅销，否则独木不能成林，一定不行。不但毫无滞碍，且相得而益彰。《儒林》一号出版，销路不减《水浒》，且带销《水浒》不少，是其确证。炼意《红楼》销场将来必较《儒林》尚要加好。"[1]《水浒》、《儒林外史》后，亚东图书馆又紧锣密鼓地安排了《红楼梦》、《西游记》、《三国演义》、《镜花缘》等的出版，也果然如汪孟邹所言，聚木成林，这些白话文小说最终形成了系列性、深具口碑和市场号召力的"亚东版"标点本。

亚东图书馆出版的标点白话文小说

	书名	编著者	出版年份
1	《水浒》	汪原放标点	1920
2	《儒林外史》	汪原放标点	1920
3	《红楼梦》	汪原放标点	1921
4	《西游记》	汪原放标点	1921
5	《三国演义》	汪原放标点	1922
6	《镜花缘》	汪原放标点	1923
7	《水浒续集》	汪原放标点	1924
8	《三侠五义》	俞平伯标点	1925
9	《儿女英雄传》	汪原放标点	1925
10	《老残游记》	汪原放标点	1925
11	《海上花》	汪原放标点	1926
12	《官场现形记》	汪协如标点	1927
13	《宋人话本七种》	汪乃刚标点	1928
14	《醒世姻缘传》	汪乃刚标点	1932
15	《今古奇观》	汪乃刚标点	1933
16	《十二楼》	汪协如标点	1948

对于亚东而言，标点白话文小说的出版无疑是挖掘到了一个富矿。亚东版标点白话文小说不仅出版时畅行无阻，而且有着十分强健

---

[1]　耿云志主编：《胡适遗稿及秘藏书信（27）》，黄山书社1994年版，第302—307页。

的生命力，自始至终都是亚东图书馆的重要支撑。据汪孟邹的侄外孙回忆："1952 年，我考大学去上海，'亚东'还是主要靠卖库存的书维持，买主主要是日本书店，卖的都属标点的古典小说，数量不大，每月能有若干次，每次一二十册。"① 也就是说，亚东后期能苦苦支撑住，早期出版的标点白话文小说功劳甚大。

值得指出的是，亚东出版的白话文小说，并非仅仅是对书肆上通行的本子进行简单的重排，而是加以新式的标点和分段，赋予其新的面貌。用新标点翻印白话小说，亚东是开中国历史先河的第一次，事实上，这也是新式标点用于古籍整理的第一次。② 胡适为亚东第一本标点排印的小说《水浒》所写的序言，开头便指出了加标点排印的重要意义：

> 我的朋友汪原放用新式标点符号把《水浒》重新点读一遍，由上海亚东图书馆排印出版。这是用新式标点来翻印旧书的第一次。我可预料汪君这部书将来一定要成为新式标点符号的实用教本，他在教育上的效能一定比教育部颁行的新式标点符号原案还要大得多。

也就是说，亚东版标点白话文小说，不仅有助于"现代国语"的创建，同时对人们获得标点符号使用方法的训练，亦起到了积极的推动作用。我们知道，标点符号是新文化运动的产物。中国旧有的标点符号只有一个句号，一个读号。这种主要靠读者自己断句的情况，给读者特别是初学者造成了很多困难。中国古书之所以难读误解，与此

---

① 《罡午给循猿的信》，载汪无奇编著：《亚东六录》，黄山书社 2013 年版，第 113 页。
② 参见胡适：《水浒传考证》，载《胡适文存》第 3 卷，亚东图书馆 1921 年版，第 81 页。

极有关系。亚东的标点本白话小说采用新式标点、分段，则可以帮助读者分清结构，辨明语气，正确地了解文意。另外，在版式上，有无标点，分不分段也大不一样。原先石印本的小说，行款推墙杵壁，密密麻麻的字迹，让人看得头昏眼花，而加了新式标点、分段，则行款舒朗，拿在手里，赏心悦目。吴组缃先生在一本书的序言中，比较了他中学时读亚东版小说与小学时读石印本小说截然不同的感受：

> 我一进中学，就买到了胡适主持整理的亚东版新出的《红楼梦》……我开始尝到读小说的乐趣，心里明白了小说这东西以及读小说的人所受的待遇在新旧时代对比下是如此迥然不同。我们不止为小说的内容所吸引，而且从它学做白话文、学它的词句语气，学它如何分段、空行、提格、如何打标点符号。这样，我们自然而然拜亚东版的白话小说为师，阅读中不知不觉用心钻研，仔细琢磨。新版的《红楼梦》、《儒林外史》、《水浒》等不止教会我们把白话文和口语挂上钩，而且进一步开导我们慢慢懂得在日常生活中体察人们说话的神态、语气和意味。如此，我们的表达能力就有了明显的进步。[①]

可见亚东标点本小说受到读者真诚的欢迎，同时"多卖一部小说，便添得一个白话教员"[②]，便增加一份"新文学革命"的声势。

---

① 吴组缃：《胡适文萃·序》，作家出版社 1991 年版，第 2 页。
② 胡适：《五十年来中国之文学》，载《胡适文存二集》第 2 卷，亚东图书馆 1930 年版，第 191 页。

（三）其他新文化主题类书籍

事实上，新诗集、标点白话文小说，即是极具代表性并表现突出的新文化主题书籍，也正因如此，故单列出来展开相应论述。除此之外，亚东还出版了不少其他新文化主题的书籍，如新文化运动代表人物的文存及其他著作、与新思潮有关的著作等，它们与新文化运动桴鼓相应，亦得到读者的青睐。

1. 新文化运动代表人物的文存及其他著作

亚东先后出版有胡适的《胡适文存》、《胡适文存二集》、《胡适文存三集》，陈独秀的《独秀文存》，吴虞的《吴虞文录》以及陶孟和的《孟和文存》等，新文化运动代表人物的这些文存受到社会各界的高度认可。1927年，陈西滢推选新文学十部杰作，《胡适文存》是列在首位的，郁达夫的《沉沦》、鲁迅的《呐喊》和郭沫若的《女神》尚在其后。[1] 1947年5月6日，《大公报》文艺栏有篇短文说："《尝试集》、《独秀文存》、《胡适文存》等等，大概是'五四'时代名作中顶有名的。"毛泽东回忆青年时代时也说"特别爱好胡适和陈独秀的文章"，把他们当成了自己的"模范"。[2]

这些文存之广受欢迎和重视，还体现在它们的销量上。《胡适文存》1921年12月出版，八年之中印了12版，共计4.7万部。因屡次印刷，以至于纸版模糊损坏，亚东图书馆1930年3月将其重排，是

---

[1] 参见张蕴启主编：《品味经典解读人生：50本书讲给我们的故事》，四川大学出版社2013年版，第95页。

[2] 参见斯诺：《西行漫记》，生活·读书·新知三联书店1979年版，第125页。

为 13 版。① 随后重排本又印了四五版。《胡适文存》二集、三集也畅销一时，一再重印。《独秀文存》印行于 1922 年，到 1927 年第一次大革命失败时共印了 2.9 万部。② 随后因时局日严，书籍遭查禁者日多，亚东六年未印。1933 年，印第 9 版，蔡元培先生作了再版前言："这部文存，所存的都是陈君在《新青年》上发表过的文章，大抵取推翻旧习惯、创造新生命的态度；而文笔廉悍，足药拖沓含糊等病；即到今日，仍没有失掉青年模范文的资格。"《独秀文存》重版后不久也又有再版。

除了出版新文化代表人物的文存外，亚东还出版了胡适、陈独秀这两位新文化运动旗手的大部分著作。就胡适而言，除了新诗集《尝试集》和《胡适文存》三集外，亚东还出版有《短篇小说》(第一集)、《先秦名学史》、《神会和尚遗集》、《胡适文选》、《四十自述》、《短篇小说》(第二集)、《藏晖室札记》；就陈独秀的著作，除《独秀文存》外，亚东还出版有《字义类例》、《实庵自传》等，皆颇为各界人士所重视。③

2. 与新思潮有关的其他著作

新文化运动倡导"德先生"和"赛先生"。汪孟邹对科学问题向来关注，这从其将最早创办的书店取名为"科学图书社"即可看出。1923 年爆发科学与玄学之争，汪孟邹十分关注，日记中亦有关于看科学与人生观论文的记载④，随后便编辑出版了《科学与人生观》。此

---

① 参见胡适：《胡适文存·十三版自序》，亚东图书馆 1930 年版。
② 参见胡适：《胡适文选自序·介绍我自己的思想》，亚东图书馆 1947 年版。
③ 参见钱念孙：《故纸硝烟：抗战旧书藏考录》，黄山书社 2015 年版，第 110 页。
④ 参见汪原放：《亚东图书馆与陈独秀》，学林出版社 2006 年版，第 89 页。

外，亚东还出版了多种科学类的著作，如《世界科学新谭》、《进化论讲话》等。

新文化运动涉及的议题丰富而多元，对妇女解放、家庭问题、婚姻恋爱问题等都展开了热烈的讨论，新文化运动健将们将这些问题作为批判封建旧礼教、旧道德以及进行社会解放的重要内容。这些主题在亚东的出版物上亦有所反映。亚东陆续出版有《人类的性生活》、《节制生育问题》、《恋爱心理研究》、《近代恋爱名论》、《优生学与婚姻》、《妇女运动概论》、《现代妇女问题丛谈》等。这些书也获得了较好的反响，版次都较高。其中《妇女运动概论》一书，虽然不曾登广告，也不曾上书目，但1927年1月出版时印3000册，4月再版时便印了1万册，是亚东再版印到1万册的第一部书。①

亚东出版的新文化主题书籍中，还有一个品类比较突出，即民间文学作品。新文化运动对民间文学十分关注，以《歌谣周刊》为中心，学者们开始对民间歌谣、神话、传说、故事等进行整理与研究。在这一思潮的推动下，民间文学于20世纪20年代发展为独立的新兴学科，"正是在借鉴传统、推动新文学发展的思潮影响下，民间文学和古代神话传说的研究得到重视"②。亚东陆续推出了多种民间文学图书，其中有整理的国内不同地区的民间故事，如谷万川的《大黑狼的故事》；也有翻译的国外的民间文学，如《波斯传说》、《印度七十四故事》、《一千零一夜》等。亚东还创造性地将民间文学作为小学补充读物向读者进行推广，这既支持了民间文学的发展，也使其在经营上情况较为理想。

① 参见汪原放：《亚东图书馆与陈独秀》，学林出版社2006年版，第141页。
② 方锡德：《中国现代小说与文学传统》，北京大学出版社1992年版，第14页。

由此我们可以看出，亚东与时代同频共振，紧紧围绕着新文化运动的时代脉搏来开发选题。在出版经营上，亚东也是有智慧和策略的，大多都非单打独斗，而是围绕着某一主题出版多种图书以形成组合拳。因此，亚东的新书出版呈现出活泼面貌，所出的书是受读者欢迎的，富有生命力的。

四、整体经营局面显著改观

亚东一方面通过发行、代派及代售新杂志，充当着时代变革的开路先锋，为推进新文化运动贡献出自己强大的传播力量；另一方面，在图书选题上顺应了时代潮流，大量出版与新思想、新文化共振的书籍。这是亚东为时代所作出的文化贡献，同时也使得亚东成为出版界的一匹"黑马"，迎来了自身发展的黄金时代——亚东成为新文化运动中最有影响、最富成绩的新书店，胡适甚至指出"亚东此时在出版界已渐渐到了第三位"[1]，仅次于商务印书馆和中华书局。

在人员上，亚东从最开始仅由少数几个人支撑，到1921年全店同人共18人，到1924年则再增加到21人。[2]蓬勃发展的亚东对人才也颇有吸引力。章希吕原是徽州府第三中学教员，薪水待遇也比较理想，因对亚东的编辑出版工作感兴趣，主动表示想要转入亚东，尽管到亚东后每月工资减低不少，却也欣然接受。汪乃刚在1925年11月

---

[1]　胡适著，曹伯言整理：《胡适日记全编·4》（1923—1927），安徽教育出版社2001年版，第76—77页。

[2]　参见汪原放：《亚东图书馆与陈独秀》，学林出版社2006年版，第73、93页。

26 日的日记中如是写道："大叔（孟邹）说起适兄主张世范兄去做二师校长，世范兄要我去担任体育主任。我和原弟讨论的结果：自己店里的事到底要紧，决意谢绝。"① 这也反映出亚东此时的经营之盛，事务之繁，以及对人员的需求之旺。

在薪资待遇上，亚东这几年亦有明显改观。以汪原放为例，1920 年，他和胡鉴初的工资为每月 12 元，是店里最高的；1921 年，章希吕进店后，汪原放、胡鉴初的工资进行了调整，其二人与章希吕的工资统一都定为 20 元②；1923 年，汪原放的工资每月已有 50 元，另加八成分红，月达 90 元；1924 年，由 50 元加到 100 元，再加八成分红，月有 180 元，这一工资待遇一直持续到 1930 年。③ 进行粗略换算可知，汪原放的薪资在 4 年时间内涨了 14 倍，增速不可谓不快！这也折射出亚东在经营上获得腾飞。

在经营规模上，首先体现在亚东经营场所和营业面积上的显著变化。1919 年亚东经理北大出版部的书籍后，终于从弄堂迁上了大马路——五马路棋盘街西首；接着（约 1920 年），亚东将牯岭路 114 号、115 号的房子完全租下，楼下打通做栈房，楼上做办事间与员工卧室；随后又把紧邻的 116 号的楼面租下。尽管营业面积已有很大变化，然而随着亚东出版与经售的书籍增多，仍不够用，1923 年 9 月 28 日亚东又租下长沙路 210 号的房子作为编辑所。也就是说，亚东营业的场所从最初挤在弄堂，很快发展到拥有五马路发行所、长沙路编辑所

---

① 汪无奇：《我的父亲汪乃刚》，载汪无奇编著：《亚东六录》，黄山书社 2013 年版，第 178 页。

② 参见汪原放：《亚东图书馆与陈独秀》，学林出版社 2006 年版，第 73 页。

③ 参见汪原放：《我的经历》，载汪无奇编著：《亚东六录》，黄山书社 2013 年版，第 22—25 页。

以及牯岭路栈房住所的多重空间。其增长之快，汪原放亦发出深深的感慨，说 1920 年加租牯岭路的房子时，其大叔还一再说"怎么租得起！"埋怨其"真正胡闹呵！"没有想到很快不仅加租了牯岭路的房子，而且再租了长沙路的房子，"真是不可同日而语了"。[1]

亚东经营规模的扩大，其次还体现在代售处的广泛开拓与大幅增加上。旧时出版机构的营收主要分两部分，一是门店销售，一是同业批发。门市销售主要供应对象是本地读者和一些零星的外埠邮售业务，亚东门市销售占整体收入的三分之一，所占比例不能算低，甚至可以说是令人满意的。门市销售虽然较为可观，但亚东的同业批发占比三分之二，也就是说亚东的营业收入对同业批发的倚重更大。

史料表明，旧中国图书发行业很落后，表现在中盘机构严重匮乏，专业的书籍批发商一直未能形成，因而各出版社都十分重视自办发行，把发行看成是维系企业生存与发展的经济命脉。大书局如商务、中华、世界、大东以及后来的开明、生活等，都不惜用重金在各大中城市繁华地段买下"黄金码头"，设立自己的分支机构，开展推销发行。设分支机构无疑有利于本版书的销售，但也有弊端，首先需要投入较多的资金和人力，对亚东这样中小型出版社来说不太可行；其次，经济上也不一定很划算，并不是每个分支机构在核算时都挣钱，如商务印书馆在 1918 年前后约有五分之二分馆亏本[2]，可见大书局设分支机构也有不得已的无奈。

因此，亚东主要通过设立特约经销处铺设自己的发行网。这些经

---

① 汪原放：《亚东图书馆与陈独秀》，学林出版社 2006 年版，第 86 页。

② 参见汪家熔：《旧时出版业成功诸因素》，《出版发行研究》1994 年第 5 期。

销处从无到有，需要不断地开拓。据汪原放的《亚东图书馆与陈独秀》一书附录的"1934 年亚东图书馆国内外代售处一览"可知，经过亚东长期不懈的努力，到 1934 年，亚东的代销处已遍布辽宁、吉林、河北、山东、河南、山西、甘肃、江苏、浙江、安徽、江西、福建、湖北、湖南、四川、广东、广西、云南、贵州、台湾全国 20 个省份的179 个主要大中城市，总共有将近 400 家代售点。而且在日本东京、越南西贡、泰国曼谷、马来西亚吉隆坡、新加坡、印度尼西亚巴城（即雅加达）、菲律宾马尼拉、缅甸仰光、美国纽约也都设有代售处。

从营业收入来说，亚东的经营情况有显著变化，这从亚东的账册上最能反映出来。亚东人将其账册取名为"万年青"——古老而又吉祥的祝福。这一账册中保留了亚东与文化书社、利群书社业务往来的原始资料记录。文化书社为毛泽东年轻时发起，利群书社为老一辈无产阶级革命家恽代英所创设①，当时的汪孟邹已意识到了账册的文物价值②，因此"万年青"在亚东歇业以后还保存了数年时间。可惜在"文化大革命"中，这些账册都散失了。幸好有汪原放留下一本馆史，亚东许多重要的原始材料得以何存。他在《亚东图书馆与陈独秀》书后

---

① 亚东与文化书社的业务往来，从文化书社经营亚东书籍的种类及数量上很能反映出来。《文化书社第一次营业报告》有一项"销售书报杂志之略计"，列有亚东的出版物名称，整理如下：《少年中国》二卷一号（十份），《少年中国》二卷二号（二十份），《少年中国》二卷三号（二十份），《少年中国》一卷七、八、九号（各十五份），新标点《水浒》（三十份），胡适《尝试集》（四十份），胡适《短篇小说》（三十份）（以上参见《五四时期的文化社团》第 1 册，生活·读书·新知三联书店 1979 年版，第 53—55 页）。《文化书社社务报告》第 2 期，所列亚东的出版物整理如下：新标点《儒林外史》（百四十部），新标点《水浒》（一百部），《白话书信》（百八十部），《短篇小说》（百三十部），《尝试集》（百四十部），《少年中国》（六百本），《少年世界》（二百八十本）（以上亦参见《五四时期的文化社团》第 1 册，第 63—64 页）。

② 参见汪原放：《陈独秀和上海亚东图书馆》，《社会科学》1980 年第 5 期。

列出了一份亚东收支情况表，这份表格成了考察亚东经营情况的重要依据。为了便于分析，现将其转换为曲线图。

数量（千元）

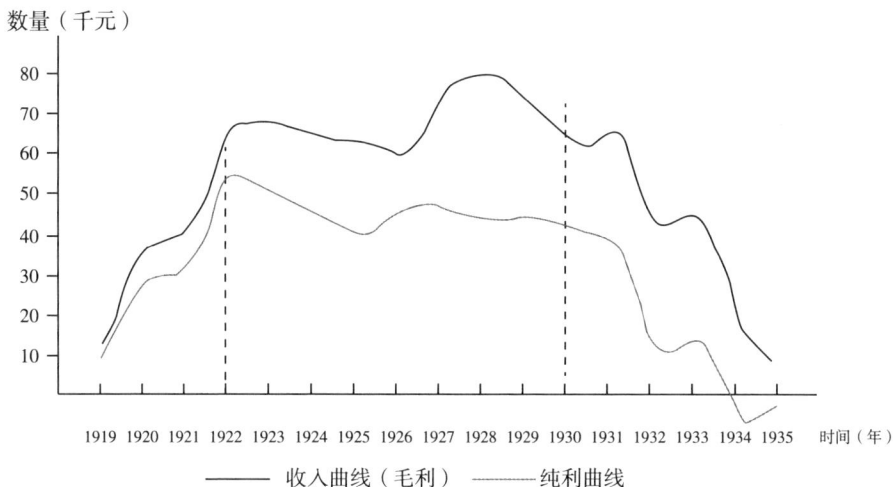

亚东收入利润曲线图（1919—1935）

从曲线图我们可以看出，亚东自 1919 年起营业收入开始快速增长，这一增长趋势一直持续到 1928 年。1919 年亚东的营收为 1.293 万元，1928 年为 7.969 万元，翻了近 7 倍，发展不可谓不迅猛。

仔细观察分析此图，会发现在 1919—1922 年这一时间内，两支曲线几乎以相同的幅度陡峭上升，并且靠得很近。曲线相互间越接近，说明投入产出的比例值越高；曲线上升幅度越大，说明营业越兴旺。也就是说，这几年是亚东发展势头最为迅猛的时期。这一结果一是得益于大量代派代销他家书刊，二是归功于选题上的成功。代派代销他家书刊，因卖后还钱，于经营者来说，最大的好处是投资少，且没有风险。虽然每本利润微薄，但经营量大，总计起来也是相当的可观。归亚东印刷发行的《少年中国》、《少年世界》等 7 种杂志，可借用部分读者预订金造货，成本支出也很有限。《建设》杂志钱款则由孙中山他们垫付①，而这些杂志都是一时风行全国的抢手货。亚东这几年出的书几乎本本畅销，资金回笼快。

在 1922—1930 年这一时间轴范围内，亚东的收入曲线处于高位，这表明亚东此阶段经营状况一直较为良好。同时收入与纯利两支曲线的发展情况出现了一些变化。第一，曲线相互间拉开了距离；第二，两支曲线都有所起伏，但波动值不大。这分别说明两个问题。第一，间距离加大反映了利润率相对不及前四年。这些年亚东店中同事相继增加到二十多人，工资及其他支出必然增加；五马路发行所的扩充，长沙路编辑所的增设，都增加了房租的负担。收入增长的同时，支出也相对更大，亚东经营的纯利空间相对有所缩小。第二，曲线波动相对更为平缓，表明亚东已经过了急速上升期，生意维持在高原期。从收入利润曲线图可以看出，1919—1930 年亚东处于其发展的黄金时期。

五、亚东腾飞的机缘与条件

五四时期，亚东图书馆能于众多书坊、小印书局中脱颖而出，成为后起之秀，既赖机缘，也靠条件。我们说，一个出版社的出版路数，与主持者的文化修养和思想境界大有关系。汪孟邹受新思想的鼓荡，投身书林，这一不俗的起点，使他不同于一般专门牟利的书商。在汪孟邹一生的书业活动中，对时代潮流的变迁和新旧思想的嬗递一

①　参见汪原放：《亚东图书馆简史》，《出版史料》1988 年第 3/4 期。

直予以密切的关注，表现出了一个"文化人"通过出版参与社会变革的初衷原旨。早在新文化运动发轫期，汪孟邹就与这一运动的开路先锋陈独秀、胡适过从甚密。寝馈其中的汪孟邹自然比他的同行易得风气之先。陈独秀是其多年相知的朋友，胡适则是其正经八百的绩溪同乡，这层与新文化运动旗手之间至深的关系如同无形的宝藏，为亚东所独有，也是亚东在书业界腾飞的预设前提。随后，亚东出版新诗集、标点本白话文小说、新文化运动领袖文存类书等都是这一前提的良好实现。当然，亚东的崛起并不仅限于上述条件。亚东图书馆较高的工作效率、严谨的工作作风以及独树一帜的宣传推广工作，均显示了汪孟邹谋划有道，经营有方。从这个方面说，汪孟邹又不同于纯粹意义上的书生，以书生之道行商，或者说亦贾亦儒的经营作风构筑了亚东的成功之道。

所谓机缘，是指时代环境条件给予亚东图书馆出版事业发展的机会。如果没有辛亥革命的武装斗争，推翻爱新觉罗家族的皇位，由传统中国向现代中国迈出艰难的一步，也许就不会有后来的新文化运动如火如荼的态势。文化的"转型"虽然是深层次上的，却有赖于政治"转型"的外在显现的给予：如果不是袁世凯称帝、张勋复辟的闹剧，陈独秀可能不会创办《新青年》，同样，如果没有新文化运动强劲的势头，也就不会有新书刊的应运而生，不胫而走。时代的巨变，为书业的发展开辟了新的需求，展示着新的机会。处在时代前沿的亚东，适时而起，顺应了时代的潮流，与五四运动的主旋律同声应和，自觉地担任起传播新文化劲军的角色，成为出版界的一员骁将。

按说，对于时代脉搏强有力的跳动，素来敏锐的出版界不可能无动于衷，而亚东却能独领风骚，功拔头筹，自有其得天独厚的条件。

亚东经理北大出版部书籍，代派代销最新的杂志，直接处于新文化运动的大本营，这是地利优势；亚东得陈独秀、胡适等风云人物的鼎力相助，这是人和优势。这两点，一般的小出版社是难与颉颃的。而当时出版大户，如商务、中华、大东等以印刷发行教科书为主，不敢得罪官府，经营作风持重、稳健，出版物的言论不可能锋芒毕露。此时，新文化运动引导出来的对新思想、新知识旺盛的需求，如同一大片未开垦的处女地，给大出版社之外的小企业提供了新的机遇，也带来了新的挑战。善于审时度势的汪孟邹在新的时代面前，以敢为天下先的豪迈气概，捷足先登，在新的出版领域打出了亚东的品牌。胡适在《尝试集》代序中，给陆放翁"尝试成功自古无"下了一转语，这里亦可套用给亚东："自古成功在尝试"。

第四章

亚东的衰落与汪孟邹的坚守

就企业的发展而言，没有谁敢保证自己将长盛不衰，近代出版业的兴替状况更形突出，大小书局旋生旋灭，正如汪孟邹 1939 年 1 月 2 日在《申报》上发表的《亚东图书馆》一文所说："亚东图书馆创立于民国二年，迄今已有二十六年的历史。在这时期中，我同业之由草创而旺盛，由旺盛而衰落，更由衰落而消灭者，正不知凡几。"作为最早参加新书业的元老级人物，汪孟邹目睹了"不知凡几"的同业之诞生与消亡，其中既有自身经营、同业竞争的原因，亦有时代时局的因素。汪孟邹一手创办的亚东图书馆，自五四运动时作为一支新秀崛起，其黄金时代大概持续了十年左右的时间，随后也逐渐式微，1931 年后长期处于艰困的局面。

据汪原放称，"我的大叔孟邹先生回忆亚东历史时说过：'到了1927年（民国十六年，丁卯）大革命失败以后，我看见营业有渐落的情形，打算要做一个分家的手续，一面想着要从事节省了，可是并不曾实行做到。'"[1] 也就是说，大概在1927年，汪孟邹就敏锐地感觉到了亚东营业上的异动。我们从亚东图书馆的营收曲线图也能看出，亚东图书馆自1919年起到1927年，无论是营业收入还是盈余都持续性走高，而从1928年起亚东图书馆的盈余则呈逐年递减趋势，这也印证了汪孟邹判断的准确。不过，尽管1928年起亚东图书馆的盈余较前一阶段开始有所减少，但情况仍较可观，良好局面一直延续到了1931年。到1932年，亚东的营收则呈断崖式下降。1932年的营业收入仅为1931年的58%，盈余则仅为上一年度的四分之一左右；1934、1935年形势进一步严峻，呈亏损状况。[2] 此后，亚东的经营虽有过一些转机，但在战争环境下，始终难有真正发展，艰难维持的局面一直延续到1953年停业为止。

一、亚东式微的原因

（一）时代的风云变幻与时局动荡

时代并非一如既往地朝着预想的方向发展，它突如其来的转换可

① 汪原放：《亚东图书馆与陈独秀》，学林出版社2006年版，第151页。
② 参见汪原放：《亚东图书馆与陈独秀》，学林出版社2006年版，第285—286页。

能会使原先的优势变成最终的劣势。时代的因素对出版业的影响，体现在上层建筑方面，有社会思潮的变革，政治运动的转轨，政府的文化政策及导向等；体现在经济基础方面，主要是一般读者的购买水平。这些因素就像一双无形的手，操纵着出版业的走向，也在很大程度上决定了一个出版社兴衰的命运。当与其相契、立于潮头时，易获得巨大的出版优势；当思潮变幻时，出版机构措手不及。

以亚东为例，"五四"潮来，时代为亚东的发展展示了新的机会，身处潮流一线的汪孟邹迅速抓住了机遇，率先吹起时代的号角，成为新书业的排头兵。亚东集中发行了各种新式期刊，出版一系列敢于突破、敢于尝试的选题，如新诗集、标点白话文小说、文集文存、整理国故方面的著作等，无一不与新文化运动的潮流相呼应。亚东的经营由此获得成功，从而以崭新的姿态崛起于出版之林。

继亚东一马当先之后，新书业的发展也得到了商务、中华等大书局的波推，特别是大型期刊，如《东方杂志》形象的调整，《小说月报》版面的革新，《学生》、《妇女》等主编的更换，《解放与改造》的创刊等，社会文化气象为之一新，新书在全国范围内行销起来，亚东图书馆在这股潮流下如鱼得水，扬帆前进。此时全国新书店纷纷组建，有影响的如光华书局 1924 年 6 月创办，北新书局 1924 年秋成立，开明书店 1925 年挂牌营业。1926 年，革命军北伐，革命运动助长了新书业的高速发展。广大读者要了解什么是共产主义，什么是三民主义，形成一股读书狂潮，张静庐《在出版界二十年》一书中有精彩的描述：上海的印刷机器日夜不停地飞速运转，同行的订书单子改用电报催货，长江书店几十箱新书三天之内便告售罄。然而，好景不长，1927 年春，国民党发起清党运动，新书业随之一落千丈。汪孟邹此时亦敏锐感受到时代风向的变化及其对出版工作的深刻影响。张静庐说："此后的新书业，真正度着艰难困顿的日子，那种痛苦（精神的和物质的），只有这时的出版家才真正尝到。"①张静庐同亚东主人汪孟邹一样，都是推进新文化运动的实行者——出版商人，亲身经历了新书业的沿革和变迁，因而他的这本带有出版史性质的自传，为研究亚东盛衰史提供了一些同类相参的佐证材料。

1927 年，新书业一落千丈，亚东图书馆尚未从这时代变幻中回过神来，战争又随之而来。1931 年发生九一八事变，随后是 1932 年的一·二八淞沪抗战。淞沪之役是日，日军飞机轰炸了上海闸北区。当时上海绝大部分印刷所和装订所集中于此地，不少正在排印和装订的原稿和书籍毁于日军的炮火之中。②商务印书馆损失最为惨重，设于闸北的总厂、书库、纸库、尚公小学和东方图书馆一时化为灰烬，全部损失 1630 余万元③（其时米价每石 10 元）。战争发生后，各书局大部分职工被遣送返乡，营业停顿一个月左右④，损失可想而知。亚东亦不能幸免，这一年，亚东只排了 580 页书。⑤

九一八事变、淞沪抗战对书业造成的直接经济损失巨大，间接的无形的损失更大。彼时汪孟邹给胡适的信中写道："上海自战事后百业萧条已极，各店无不亏本，为我到沪三十年来所未有，似是中国之不景气与世界之不景气两股合流以致成此状况，前途至为危险，深

---

① 张静庐：《在出版界二十年》，上海杂志公司 1938 年版，第 126—128 页。

② 参见杨寿清：《中国出版简史》，永祥印书馆 1946 年版，第 52—53 页。

③ 参见何炳松：《商务印书馆被毁经过》，载高崧编选：《商务印书馆九十五年：我和商务印书馆（1897—1992）》，商务印书馆 1992 年版，第 249 页。

④ 参见杨寿清：《中国出版简史》，永祥印书馆 1946 年版，第 52—53 页。

⑤ 参见汪原放：《回忆亚东图书馆》，学林出版社 1983 年版，第 176 页。

望略渐转机，以免人民痛苦更普遍深刻则幸甚矣。"①平襟亚也曾在回忆文章中述及一·二八事变后书业的不景气："整个书业市场冷冷清清，渐趋没落。商务、中华、开明、世界等尚可以教科书维持业务。其它小书店门可罗雀，往往口呼奈何，支持不下，门前扯起秋季大廉价的旗子，直到年夜还没有落下。有的改称大拍卖，有的说换新大赠送，可是营业一落千丈，依然不振。"②关于亚东的式微，汪原放曾作过相应的反思和总结，列举了 5 个原因，排在最前面的两个原因即为"九一八"和"一·二八"。

淞沪之役停战开市后，整个书业界一蹶不振，萧条冷落的局面延续了三四年，直到 1935 年才略有好转。然而好景仍然不长，1937 年七七事变发生，中国陷入旷日持久的抗日战争中，出版业遭受更为沉重的打击。本钱小、基础弱的小出版社和小印刷厂，不少从此陷入绝境，再无复出。对于那些大的出版和印刷机构来说，虽不至于到倒闭的地步，但房屋建筑、机器设备、书刊文具等有形资产的损坏，从记录的材料来看，也是异常怵目惊心的。而战争造成出版业的巨大创痛，却不仅限于资财等有形资产的损失，更为严重的创伤还在于市场不通与购买力低下造成的营业萎缩。③1948 年《大公报》举办"出版业现况"时事座谈会，汪孟邹作为代表发言，沉痛地谈到读者市场的疲软给出版业带来的沉重打击："现在一般青年看书的多，买书的少，主要原因就是经济问题。比如在四川路四马路一带各书店中，每

---

① 耿云志主编：《胡适遗稿及秘藏书信（27）》，黄山书社 1994 年版，第 438 页。

② 平襟亚：《上海滩上的"一折八扣书"》，载上海出版工作者协会编：《出版史料》（第一辑），学林出版社 1982 年版，第 137 页。

③ 参见吴永贵：《中国出版史（下册·近现代卷）》，湖南大学出版社 2008 年版，第 104—105 页。

天都有大堆的青年在看书，一天看不完，第二天再来，情况实在令人感动，要销书却是少有人问津了。现在因无钱买书而偷书看的人也不少，前两天大中国图书局抓到一位少年偷书，他说实在没有办法才这样。根据大中国图书局从去年十二月六日开幕直到前天为止的统计，拱北偷去了值二千一百几十万元的书，一般穷青年想读书，但哪里有钱来买书，而有钱人家的子弟却不大看书，真是大矛盾。书店处在这种情形下，苦痛不堪。"①

　　动荡的时局之下，出版业举步维艰。关于时势之于出版业的影响，在那次时事座谈会上，汪孟邹发表了富有洞见的论述："出版界的兴衰，常随时势为转移。出版界过去的黄金时代如康梁变法、五四前后、辛亥革命、北伐时期、抗战之前。每当社会濒于停顿，出版界必随之萎缩下来。"② 时势左右书业力量之强，汪孟邹有着深切的体会，他的话也反映出一个出版人在时势变幻的时代里无能为力的无奈与悲哀。据后人回忆，亚东图书馆自 1937 年上海被日本占领成为沦陷区后，无法再从事出版业，改为经营文具，并更名为"亚东文具社"，汪孟邹领着三四个职工，困守着店面打发日子。③

（二）·亚东内部的矛盾

　　在宏观的时局背景之外，亚东内部管理层的长期不和并因此最后

---

① 《出版业的盛衰常随时事转移》，（上海）《大公报》，1948 年 4 月 26 日。
② 《出版业的盛衰常随时事转移》，（上海）《大公报》，1948 年 4 月 26 日。
③ 参见陈彐初、陈罡午：《我们的父亲陈啸青》，载程庸祺：《亚东图书馆历史追踪》，安徽教育出版社 2016 年版，第 161 页。

分家，对亚东的发展也产生了不小的影响。

亚东图书馆由汪孟邹独资创办①，并与其侄子汪原放共同经营。汪原放，汪孟邹胞兄汪希颜的次子，从思诚初等小学毕业后即跟随汪孟邹从事书业，先是在芜湖科学图书社当学徒，亚东图书馆成立后，前往上海与汪孟邹一起经营亚东。汪孟邹为亚东的掌舵者，负责整体经营，汪原放则是亚东最重要的支撑力量。若以今天出版社的结构来类比的话，大概一个是社长，一个是副社长。虽然汪孟邹与胞兄感情笃厚，但叔侄俩关系却不算太融洽，这对亚东的发展产生了较大影响。特别是 30 年代初叔侄分家，亚东交由汪原放管理，情况一度十分危急，几临破产。

汪氏叔侄长期不睦，生活方式与经营理念的差异是关键原因。汪孟邹一生节俭。据胡适日记记载，1931 年 1 月，他在汪孟邹家写了整天的字，"汪孟邹家没有火炉，脚冷的很"②。1931 年时亚东的经营情况尚佳，汪孟邹作为一店之主，家里甚至没有配置冬季御寒用的火炉，何其俭省乎！关于汪孟邹十分勤俭这一点，后人的回忆中也多有谈及。同乡许启珍与晚年时的汪孟邹走得较近，他在回忆文中提到，汪孟邹热衷听收音机，"他本人又勤俭节约，虽购得起收音机，但却舍不得花费这笔钱。因此，孟翁每晚七时就风雨无阻来到我的阁楼凑热闹，看新闻、听广播至九时离去"③。侄外孙陈罡午在回忆文中也

---

① 汪孟邹在《亚东图书馆简史》一文中提到亚东资本的情况："亚东初开时，有的钱是作为股子的，可是后来生意不好，朋友都来拿去了，所以这个店完全是我个人的，并没有别股。"

② 胡适著，曹伯言整理：《胡适日记全编·6》（1931—1937），安徽教育出版社 2001 年版，第 41 页。

③ 许启珍：《我所认识的汪孟邹先生和胡适之先生》，载程庸祺：《亚东图书馆历史追踪》，安徽教育出版社 2016 年版，第 136 页。

写道:"先先(汪孟邹)作为'亚东'的老板,生活非常简朴",并提供了诸多细节,"先先处处注意节俭。哪怕餐桌添了一碟小菜,他也要过问一下,但丝毫没有训斥的意思","先先平时抽烟不多,但经常身上带一个烟盒——一个有了年份的旧金属的扁烟盒,里面装着的是不同品牌的香烟,好烟是用来待客的,自己抽差的烟"。他不由感叹:"所有这些就是一个从中国出版业的诞生时起,就在出版界驰骋了半个多世纪的出版家的另一面的点滴吧。"① 汪孟邹早早挑起一家生活重担,在出版界苦苦奋斗,亚东前期和后期境况又十分艰难,也唯有克勤克俭,方能维持。也因此,勤俭便成了汪孟邹一生重要的性格底色。

晚一辈的汪原放,相对来说,没有经历上一辈苦苦打拼的艰困局面,对生活的重压感受没有那么深刻,因此在用钱上自然会更加轻快一些。1933 年,汪原放独自经营亚东图书馆,遇到很大困难,陈独秀对此十分关切,去信宽解:"店中经济既如此困难,眼前救急,除节省开支外,实无其他办法",继而不忘叮嘱:"惟节省开支,必须以身作则,始能见谅于同事及家人,此层望兄特别注意。"② 从陈独秀的此番叮咛,也可看出汪原放在用钱方面与汪孟邹应该存在不小的差异。本来用钱的方式如何,节约或大方,没有对错之分,但叔侄二人同处一个屋檐下且一同经营事业,如存在较大差异,则不免会产生诸多摩擦与嫌隙。

除了生活方式的不同造成的摩擦与不洽外,叔侄二人的经营理

---

① 《罡午给无奇的信》,载汪无奇编著:《亚东六录》,黄山书社 2013 年版,第 117—118 页。

② 汪原放:《亚东图书馆与陈独秀》,学林出版社 2006 年版,第 169 页。

念亦有较大差异，互不认可。汪孟邹行事稳健谨慎，汪原放锐意进取。对于汪孟邹谨慎小心和过于节约的做法，汪原放不乏微词，在其回忆录《亚东图书馆与陈独秀》一书中多有流露："发行方面，外埠同行来结账，他都要自己直接处理。有时有的同行要抹几文零尾，如几元、几角，他总不肯。有时批评人，批评得受不了，有的同行很不满。店里同事说：'让抹一点小数，他代卖会起劲得多。'""他从来以为薪水不改也不妨，分红不加也不妨；我以为这是一个大毛病。我以为要便要加薪，要便要分红，一点不动，不能引起积极性了。""我的大叔口口声声地说'要节约'；我老要说：'单单节约，不讲生产，不顾生产，非常不好。'"①

又如汪孟邹喜欢将书店的盈余拿出一部分去做长期储蓄，认为此举颇有好处，汪原放对此则非常不满意："不怪哩！生意再也做不上去了！又不用银行的钱，又不用钱庄的钱，有余，还要搞长期储蓄，有死无生了！""你常说生意不好，做不上去，我看是由于储蓄的缘故。你多多印书，比储蓄好。"②

亚东编好的两部大书《独秀文存》二集、《秋白文存》因为时局关系不曾排印出版，汪原放认为"当时如果只管排、印、卖，也可以做到；可是我的大叔总说：'不能不看一看风头再动手。出事，吃不消呵！'"③

从诸如此类的表述中，我们可以深刻感受到汪氏叔侄在经营理念和经营方式上存在的抵牾。到1933、1934年，汪原放独立经营亚东

---

① 汪原放：《亚东图书馆与陈独秀》，学林出版社2006年版，第151页。
② 汪原放：《亚东图书馆与陈独秀》，学林出版社2006年版，第152页。
③ 汪原放：《亚东图书馆与陈独秀》，学林出版社2006年版，第79页。

图书馆，能将自己的想法落在实处时，也确实表现出锐意进取、与汪孟邹风格迥异的经营理念：首先，扩大生产，将店里的长期储蓄近万元，先后都设法拿了出来，办纸印书，同时向银行借款，把缺的书补齐，把已排成的纸型一概印出；其次，调动员工积极性，把薪水一律加以提高。

事实上，汪氏叔侄的经营理念各有优长，笔者也无意评论孰是孰非，但当一个出版机构的两个主要负责人之间长期理念相左，彼此感情又不够融洽时，其情可知。

面对这一局面，自 1927 年汪孟邹计划做一个分家的手续始，叔侄二人即在此问题上耗费大量的心神和精力。1928 年 4 月，汪氏叔侄往胡适处谈论家事，从胡适日记前后文推断，应是关于叔侄分离之事。1930 年 1 月，汪孟邹和胡适商量，由胡适介绍，请梅华铨律师做顾问，做了分家的法律手续。1933 年 3 月，汪孟邹请章士钊做证明律师，立法律文书，退出股本，把亚东交给汪原放兄妹接办，"我的大叔绝对不和我们兄弟姐妹合作，亚东图书馆交给我们负责，他只要了一个芜湖科学图书社"[①]。前后时间算起来，汪氏叔侄几近白热化的争执绵延达 7 年，从计划分家到最后分业，这个过程对亚东的营业显然不无影响。最后分业则产生了更为严重的后果——本来就已显衰落之态的亚东图书馆，分业之后几至不能维持。

汪孟邹脱离亚东后，由汪原放接手的第一年情况尚好，到第二年（1934 年），营业额从 4.4 万元锐减到 1.8 万元，1935 年进一步恶化，

---

① 汪原放：《亚东图书馆与陈独秀》，学林出版社 2006 年版，第 153 页。

营业额减为 1.06 万元，^① 收不抵支，已无法维持。为此，陈独秀、胡适等一班亚东的朋友都十分着急，各种设法，最后请汪孟邹重回上海接管，亚东才最终得以维持下去。本就已式微的亚东，经此一劫，元气更伤，用汪孟邹的话说："店事给原放搞坏了！他只要大，大，大，不要小。搞得真不像，我真没有办法了！"^② 亚东如此雪上加霜，此后又逢战乱，境况可想而知。

（三）亚东的人才结构问题

为了解亚东的用人情况，笔者根据《亚东图书馆与陈独秀》、《亚东图书馆历史追踪》、《都市文化视野下的旅沪徽州人（1843—1953年）》等相关资料，对亚东的职员情况进行了相应整理。据不完全统计，亚东图书馆前后共聘用 46 名职工，其中编辑所 20 人，发行所 26 人，他们几乎全部来自汪孟邹的老家——安徽绩溪。亚东的这些同事中，汪原放、汪乃刚、汪协如是汪孟邹的侄子、侄女，章洛声是其外甥，章焕堂为其内侄，其他也多沾亲带故。换言之，亚东在用人上表现出强烈的地缘性。

汪孟邹几乎全是从老家聘请职工，这与其浓厚的乡梓之情有关。与此同时，近代中国工商业初兴之际，人力资源市场尚不成熟，用人取地方主义也是当时企业界的共同特征。这种方式确实有其独特的优势——人力资源获取相对容易，信任成本低且便于管理。这种高度仰赖地缘关系的用人方式，有其优势，弊病也十分明显，对与思想文化

---

① 参见汪原放：《亚东图书馆与陈独秀》，学林出版社 2006 年版，第 285—286 页。
② 汪原放：《亚东图书馆与陈独秀》，学林出版社 2006 年版，第 187 页。

高度关联的出版行业而言尤为如此。

亚东所进员工，文化程度普遍不高，大多是从学徒做起。编辑所的员工文化程度略高，像章希吕、余昌之进过南洋公学，从事编辑校对工作自然无碍，但在选题的开拓上却未见有太多成绩。汪原放曾不无抱怨地说道："收稿，收与不收，要与不要，都是他（汪孟邹——笔者注）'一言而定'、'一言而决'。他只相信他所相信的几个熟人，只要是他们介绍来的，总是收、买。他只把编辑当校对，有时要希吕兄、昌之看看，说的话又没有用。"这中间固然有汪孟邹工作方式的问题，但于汪孟邹而言，这或许也是一种无奈之举。亚东内部的编辑人才难以组织到优质稿源，审稿工作亦不敢全权委托，不得不常请胡适、陈独秀帮忙裁定或由自己定夺。

也因此，亚东选题开拓与稿源获得的重任主要落在了汪孟邹身上。而仅在江南陆师学堂求学不到半年的汪孟邹，所能调动的资源主要是地缘一途。当然，他在地缘资源的调用上堪称杰出，胡晋接、陈独秀、胡适、高语罕、蒋光慈、陶行知等安徽籍知名人士对亚东都十分支持，将他们的著作交给亚东出版，他们的著作大多叫好又叫座，亚东图书馆因此名利双收。然而出版工作毕竟是长期的、持续的，除了他们几人的著作外，尚需补充大量新的出版选题，除地缘之外，汪孟邹获得作者资源的其他渠道相对有限，主要仰赖这些安徽籍文化人士的引荐。

汪孟邹在口述《亚东图书馆简史》时也说，亚东图书馆的书稿除了自己整理的旧小说外，主要是由朋友介绍来的，其中最力者：

1.胡适，介绍有陆志韦、朱自清、陶孟和、孟寿椿、刘半农、钱玄同、赵诚之、张慰慈、刘文典、李秉之、吴虞、陆侃如、俞平伯、康白情、徐志摩、孙楷第、顾颉刚。

2.陈独秀,介绍有高语罕(笔名张其柯、程始仁、戈普扬、王灵皋),蒋光慈(笔名有光慈、陈情),李季(笔名有魏兰女士),钱杏邨(笔名戴叔清、寒星),郑超麟(笔名林超真、绮纹、林伊文;他在别家出书,笔名叫唐虞世或唐盛),彭述之(笔名欧伯),小濮(笔名西流),王凡西(笔名有张家驹、李书勋、郭和、许庸、凤冈),洪灵菲(笔名林曼青)。

3.陶行知,介绍有邢舜田、一叶、西桥工学团、戴自俺、程万乎、胡立民。①

由此可知,亚东大量作者都是由胡适、陈独秀、陶行知等人介绍而来,借助这"几个熟人",亚东获得较为充沛的作者资源和稿源。但对外在力量过于依赖的稿件来源方式,使得亚东容易"因人而兴","因人而衰"。

仔细考察亚东黄金时期的出版情况,会发现胡适此时几乎是亚东不挂名的"总编辑"。他不仅把自己的书稿交由亚东出版,而且为亚东推荐了大量的稿件,并花费大量精力为亚东出版的书籍撰写序言。据笔者统计,1919年至1927年间,亚东共出版书籍73部,其中48部书稿与胡适密切相关,占此阶段出书品种的三分之二!也因此,亚东此时出版的书籍,呈现鲜明的胡适色彩,选题的方向、书稿的来源、所出书籍的声誉口碑,无一不与胡适高度关切,也难怪胡适晚年称亚东为"我们的书店"。1927年后,胡适因精力、兴趣及其在年轻人中影响力皆发生变化,尽管其仍是亚东举足轻重的支持力量,但逐

---

① 参见汪原放:《亚东图书馆与陈独秀》,学林出版社2006年版,第230页。

渐从亚东隐形的"总编辑"这一角色中退下来。

1927年后，胡适的色彩明显减弱，陈独秀的色彩则明显增强，亚东后期主要的选题方向革命小说、社会科学著作、抗战读物等，作者主要是蒋光慈、钱杏邨、高语罕、洪灵菲、郑超麟等，他们基本都是陈独秀一系。1953年，亚东因三四十年代出版了托派人士王凡西、郑超麟等的多种书籍，被军管会命令歇业。亚东内部人才结构的不够完善，使其不得不过于依赖陈独秀、胡适诸人及他们各系的作者，这种情况限制了亚东的发展，甚至导致了它的衰亡。

（四）出版资源惨遭侵蚀损害

高度依赖地缘性人才，开拓性人才缺乏；时代风云变幻，战争阴影下出版业难图发展；管理层之间矛盾激化，雪上加霜；与此同时，亚东还遭遇着另一重创，即已有的优势出版资源受到侵蚀损害。这主要体现在三个方面：亚东的重点产品——标点白话文小说系列遭遇恶性竞争；适销对路的书籍被翻印盗版；不少书籍惨遭查禁。

1. 标点本选题遭遇恶性竞争

"五四"以后，白话文逐渐演变为文学的主流，亚东适时而起，于1920年起率先对中国传统的优秀白话小说——《水浒》、《红楼梦》、《儒林外史》等进行标点分段出版。亚东的这一创举得到胡适、陈独秀等人的大力支持，积极帮助作序或考证以作号召。亚东版标点本小说上市后大受欢迎，亚东获利匪浅。这些小说几乎全是长版书，印数大，利润可观。汪原放说，这些标点小说最多的时候能销码洋3万元左右①，几占亚东总码洋的一半，可知标点本小说在亚东书业经营中所占的突出位置。

对旧小说进行标点分段，这一新的图书市场虽为亚东所开辟，但并不为亚东所独享，因为这些旧小说，本身原无版权可言。亚东初试成功不久，其他书店随即争起仿效。见于《申报》广告的有：泰东图书局标点的《老残游记》（1922 年 5 月 3 日，北大吴齐仁标点）、《夜谭随录》、《夜雨秋灯录》（1924 年 1 月 12 日）、《儿女英雄传》（1923 年 2 月 27 日，陶乐勤整理及序，胡仲持、陈仲回序），商务印书馆的《宋人话本四种》（1925 年 4 月 25 日），文明书局大字标点本的《红楼梦》、《三国演义》、《水浒》（1927 年 11 月），等等。仿效亚东成绩最为突出的当推黄济惠，他本是泰东图书局的店员，靠一部新式标点的《儿女英雄传》开办了一家书店——梁溪图书馆。② 从这一点也可看出当年标点本小说之盛行和利润之丰厚。

别家的介入，虽对亚东的标点本小说市场有所影响，但并不构成太大的威胁。亚东在这一领域自有其版本、质量、名人考证方面的强大优势，别家难以企及。然而这并不等于说亚东版旧小说就无懈可击，不可战胜。从书业经营的角度来说，由于亚东在质量上的精益求精——张静庐称之为"铅粒的亚东版"③，因而定价不低。而在书价上做文章，正是私营企业的出版商们竞争中的惯伎。早在 1922 年 4月，上海新华书局就曾在《申报》上登广告拍卖新书，其中《水浒》只收大洋一角。这大概是 30 年代初上海书业界"一折八扣制"的滥

①　参见汪原放：《回忆亚东图书馆》，学林出版社 1983 年版，第 197 页。
②　参见张静庐：《在出版界二十年》，上海杂志公司 1938 年版，第 103 页。
③　张静庐：《在出版界二十年》，上海杂志公司 1938 年版，第 123 页。

觞，当时因东风不俱，未能形成气候。1927 年大革命失败后，特别是九一八、一·二八事变发生后，国内经济凋敝，读者购买力陡跌，"价格"便成了书业竞争的焦点，最后演变为上海滩"一折八扣制"的跌价狂潮。亚东版旧小说在这场畸形的价格战中败下阵来。

所谓"一折八扣"，通行的说法是，定价 1 元的书，门售价 1 角，批发价 8 分。这类书绝大多数都是翻印的我国传统小说，其特点是植字紧密（32 开，排至 20 行、行 40 字；而亚东为 12 行、行 32—35 字），纸张低劣（水渍纸或对开的东洋纸；而亚东为加拿大纸或瑞典纸），校对粗糙（校对一遍或不校；而亚东则校对十遍八遍），人工投入少，加上生产的量大，在薄利多销的原则下，价格定得极低。更兼，定价与实价之间差额很大，贩卖者有厚利可图，所以外埠的批发市场也被这些低廉书所霸占。一时间"一折八扣"书在出版界掀起潮流，这种不正常现象约从 1930 年开始，持续至 1937 年抗日战争全面爆发，[①]时间不可谓不长。亚东标点书经营所遭受的重创可想而知。虽说亚东版标点书没有被"一折八扣"书置于最终的绝地——并不是所有的读者都图便宜去买那些粗制滥造、错误百出的低廉书，亚东版讲究的分段、标点、校勘、版本和考证，对于知识分子和文学爱好者仍有强大的吸引力——但毋庸置疑，绝大部分小市民读者都被"一折八扣"书挖走，亚东标点书的销量自然跟着剧降下来。

为了更好地说明"一折八扣"书对亚东标点书市场的冲击，我们可以将 1935 年经营这类书的春明书店、中西书局在同类书的书价方

---

① 参见平襟亚：《上海滩的"一折八扣书"》，载上海出版工作者协会编：《出版史料》第 1 辑，学林出版社 1982 年版，第 136—140 页。

面与亚东图书馆作一比较。列表如下：

书名	亚东（平装）	春明①	中西②
《红楼梦》	三元三角	一角九分六厘	二角二分四厘
《三国演义》	二元二角	一角五分四厘	—
《水浒》	一元八角	一角六分八厘	—
《西游记》	二元五角	一角六分八厘	二角八厘
《儒林外史》	一元三角	一角八分二厘	二角一分二厘
《儿女英雄传》	二元	二角五分二厘	二角四分
《官场现形记》	二元四角	一角九分六厘	一角二分
《老残游记》	八角	—	四分
《镜花缘》	一元六角	—	—

通过对比，不难发现，两两之间的价格悬殊何止十倍，亚东的定价成了其"被标点书商粗制滥造所打败的致命伤"③。

2. 适销对路的书籍被翻印盗版

旧时称书有四厄：水、火、兵、虫。唐弢在书话中将其扩展为六，所添二者一是反动政府的禁毁，一是牟利商人的翻印。④翻印对读者、著作者、出版者三方都构成损害。翻印书往往变乱旧章，面目全非，对读者是种欺骗。对"著书都是为稻粱谋"的作者来说，翻印自然要减少作者的收入，影响作者的生活。翻印书的倾销，以其低廉的价格侵占了出版者的图书市场，给合法出版者造成了直接的经济损失。

旧时出版界，盗版行为靡然成风。虽然在 1928 年 5 月，国民党政

---

① 参见《申报》广告，1935 年 5 月 3 日。
② 参见《申报》广告，1935 年 5 月 3 日。
③ 张静庐：《在出版界二十年》，上海杂志公司 1938 年版，第 123 页。
④ 参见唐弢：《晦庵书话》，生活·读书·新知三联书店 1980 年版，第 63 页。

府颁布了著作权法及实施细则，但对著作权的保护虚与委蛇，很不得力。1932年，仅据《中国新书月报》调查统计，社会上所见的翻版书就达201种。[①] 为了对付这些你种我收的寄生虫，出版界绞尽脑汁。有一则中华书局、文明书局联合做的"查究翻版赏格"广告，很能显示当时出版界对盗印行为欲治不能的无奈。摘引如下：

> 黎锦晖著各种歌曲，向来均由敝局等印行。兹查得翻版多种，除群友书局所翻《现代歌曲集》业经平和了结外，其余已发现者，尚有《美的歌曲集》、《教我如何不想他》等。兹为保护著作权起见，特悬赏格办法如左：（一）……（二）如有人报告翻印人或代售人，本局当即查究法办，将来所得赔偿之款，全数充作赏格。（三）如有人报告本局并作眼线，由本局呈报官方，导领搜捕人赃并获者，俟法庭案结，除前条赔款外，另加赏格一千元。（四）报告者姓名本局当代守秘密。[②]

1932年7月，著作者、出版者联合行动，在北京成立了中国著作人出版人联合会，共同打击翻版盗印行为。该会曾查获了双义书店、卿云书店、宝仁堂书局等翻版书大本营，轰动了当时的出版界。[③] 当时这种类似的翻印机构很多，活动十分猖獗。做盗版生意的窃贼专门瞄准社会上的畅销书。亚东广告上标明版次，这等于给盗

---

① 这一数字综合了《中国新书月报》第二卷第四五期合刊及第二卷第七期、第八期的统计结果。转引自唐弢：《晦庵书话》，生活·读书·新知三联书店1980年版，第77页。

② 《申报》广告，1931年7月9日。

③ 参见唐弢：《晦庵书话》，生活·读书·新知三联书店1980年版，第77页。

印机构提供了免费的信息，因而，亚东高版次的书均未能幸免，大书如《胡适文存》、《独秀文存》，小书如《白话书信》、《少年飘泊者》等。①凡能带来利润的书，其读者市场都被翻版书大肆抢占而去，剩下的是些卖不动的亏本书，一个出版社便难以立足了。亚东对不法之徒的侵害行为并没有坐以待毙，汪孟邹集中全部精力对付这些盗贼，他联合北新书局等，请史佐材律师协助查办，然而这帮不法之徒财大气粗，消息灵通，甚至包火车逃窜，逍遥于法律之外，未能被法办。②

3. 亚东众多书籍遭禁

1927 年的清党运动，拉开了国民党政府文化专制的序幕，表现在出版领域中，就是压制出版自由的出版法的出台和严格的图书审查制度的建立。国民党政府先后颁布了一系列钳制言论自由的文件，如《出版办法实施细则二十五条》、《审查法规汇编》、《审查手册》、《取缔书刊一览》、《抗战期间图书审查标准》、《杂志送审须知》、《图书送审须知》。

禁书极大地破坏了出版业的发展。1934 年 2 月 25 日，上海出版界由中国著作人出版人联合会出面，派出代表向市党部请愿，并向市党部呈文。③呈文深刻地反映了当时出版社在国民党文化专制政府下苟延残喘的生存状况。呈文有云："窃思商店等均系小本经营，一书之成，自收稿以迄出版，经过时日，常亘一年半载，所投资金不下四五百金。故印行之际，不敢不慎之又慎。此次奉令查禁各书，自信

---

① 参见汪原放：《回忆亚东图书馆》，学林出版社 1983 年版，第 142 页。
② 参见汪原放：《回忆亚东图书馆》，学林出版社 1983 年版，第 142—143 页。
③ 参见倪墨炎：《图书杂志审查委员会从产生到消亡》，《出版史料》1989 年第 1 期。

绝无干犯法令之处。……今不分轻重，一律禁毁，际此教育衰颓，商业凋敝之秋，商店等勉强维持，已觉万分竭蹶，受此重大打击，势将无以自存。"①

在现代出版史上，书店因触犯审查条例而被当局查封的事时有发生，出版社因出版物遭禁过多致使经营破产的事更是屡见不鲜。早在1915 年，亚东发行的《甲寅》，第 9 期刊载了《帝政驳议》一文，因反对袁世凯而遭禁。1924 年，北京的北洋政府采用非公开的策略禁售《胡适文存》、《独秀文存》，曾遭到胡适的抗议。钱玄同也以"夏"为笔名，故意转弯抹角，在 1924 年 6 月 17 日的《晨报副刊》第 138号上，对此事进行揭露，以引起社会的注意。文章自设谜底，层层挖掘，传为文坛佳话。到了国民党统治时期，禁锢之风愈演愈烈，亚东饱受其苦。

缘于禁书带来的巨大经济损失，也缘于汪孟邹本人的性格，应该说，亚东的经营是十分谨慎的，从不有意触犯政府的禁忌。看风头行事是汪孟邹一贯的经营作风。1927 年，《独秀文存》二集、《秋白文存》业已送往印刷厂排版，瞿秋白的稿子大约排出校好了五分之一，这时，发生了四一二反革命政变，汪孟邹赶忙从印刷厂把两部稿子抽了回来。稿子拿回来后，汪孟邹仍觉得放在亚东编辑所不安全，就把它们存进银行的保险箱，每日付保险费。② 因陈独秀的敏感身份，自1927 年大革命失败后，《独秀文存》一直到 1933 年不曾重印。1933年重印时，亚东仍不敢在日报上登广告，发售时也尽量躲过禁书的

<hr/>

① 倪墨炎：《图书杂志审查委员会从产生到消亡》，《出版史料》1989 年第 1 期。
② 参见郑超麟：《亚东图书馆保存瞿秋白文稿的经过》，载上海出版工作者协会编：《出版史料》第 2 辑，学林出版社 1983 年版，第 86—88 页。

风浪，当时有的同人说："这部书，六年不印，真正可惜！"①意思很明显：本该是一部能带来很大收益的书，因害怕遭禁而无形中承受了经济上的损失。亚东在日报上的广告，也反映了这一审慎的作风。原来为标点书作广告注明有陈独秀序的，在大革命失败后，都有意识地悄悄抹掉了，或改为刘半农序。

亚东谨慎至此，仍难逃图书遭禁的厄运：一来国民党文网严密，防不胜防，躲不胜躲；二来作为新书业代表的亚东，不可能不站在时代前列。而对新思想新文艺嗅觉敏锐、深恶痛绝的国民党审查老爷们，不可能不把魔爪伸向亚东，亚东出版物被禁被删被腰斩则是势之必然。下面列出亚东图书馆在国民党统治时期遭禁的书目。

亚东在国民党统治时期遭禁的书目②

	书名	著者	版次	查禁日期	查禁理由
1	《妇女运动概论》	杨之华	再版	1927	—
2	《转变》	洪灵菲	7版	1931.5 1934.2 1942.5	宣传共产主义 鼓吹阶级对立，诋毁"本党"
3	《白话书信》	高语罕	39版	1932.7 1934.2	宣传共产主义
4	《前夜》	戴万叶	6版	1932.8 1935.4 1942.6	言论反动普罗意识 鼓吹偏激思想，不合抗战要求
5	《义冢》	钱杏邨	3版	1934.2	—
6	《少年飘泊者》	蒋光慈	16版	1934.2	—

① 汪原放：《回忆亚东图书馆》，学林出版社1983年版，第168页。
② 资料来源：(1)汪原放：《回忆亚东图书馆》，学林出版社1983年版；(2)张静庐：《中国现代出版史料》乙编，中华书局1955年版；(3)张静庐：《中国现代出版史料》丙编，中华书局1956年版；(4)张克明：《抗日战争时期国民党政府查禁书刊目录》，《出版史料》1986年第4、5、6辑，1987年第1、2辑。

续表

	书名	著者	版次	查禁日期	查禁理由
7	《鸭绿江上》	蒋光慈	13 版	1934.2 1940	触犯审查标准
8	《纪念碑》	宋若瑜、 蒋光慈	10 版	1934.2 1940	触犯审查标准
9	《百花亭畔》	高语罕		1934.2	—
10	《两个女性》	华汉	再版	1934.2 1941.6	鼓吹偏激思想，强调阶级斗争
11	《从国际形势观察中国抗战前途》	陈独秀	—	1938.11	言论文偏激，怀疑政府，易招友邦反感
12	《准备战败后的对日抗战》	陈独秀	—	1938.11	同上
13	《人口西迁与中国之前途》	陈清晨	—	1940.3	描写压迫夷苗情形，足以引起民族恶感
14	《泛滥华北的游击潮》	王耀辰编	—	1941.1	触犯审查标准
15	《青年女子书信》	高语罕	7 版	1941.3	触犯审查标准
16	《中国思想界的奥伏赫变》	王灵皋	—	1941.4	言论偏激，强调无产阶级专政
17	《作文与人生》	高语罕 / 王灵皋	6 版	1941.4 1941.9	立论偏激，强调阶级对立；鼓吹偏激思想，强调阶级斗争
18	《读者顾问集》	王钧灵	—	1944.2	触犯审查标准
19	《大英帝国的两块基石》	刘少严	—	1941.12	鼓吹偏激思想，强调阶级斗争
20	《牺牲者》	高语罕	4 版	1941.12	思想偏激，强调阶级对立
21	《自然科学与社会科学的关系》	刘剑横	再版	1942.3	鼓吹偏激思想，强调阶级斗争
22	《抗战的理论与实践》	谷华	—	1942.7	以派系私利为立场
23	《中国的经济情势》	西流编译	—	1942.10	思想偏激，强调阶级对立

亚东这些遭禁的书，畅销的品类占比不少。数额不菲、具有重要发行价值的书籍被禁，不难想象其对亚东经营的深刻影响。

除了国民政府的禁毁外，出版界还受到过租界当局等的查禁。据汪孟邹回忆，曾遭遇过巡捕房的两次控告和罚款：一次是代售由陈乔年推荐来的郑佩刚关于无政府主义的书；另一次是新式标点的《宋人话本八种》，其中有"海陵王荒淫"一篇，据说有风化问题，汪孟邹指出这其实不过是帝国主义巡捕房借端生事罢了。[①] 除汪孟邹记得的两次外，实际上亚东还遭巡捕房控告过一次：1927 年 7 月 11 日，亚东图书馆出版的《人类的生活》一书被总巡捕房政治部检举为文字猥亵，后被判处罚金五十元，亚东图书馆所存此种书籍悉数没收。[②] 总之，从亚东的这一长串遭禁书目以及查禁事件中，不难寻出亚东走下坡路的原因所在。

二、汪孟邹等人的坚守

20 世纪 30 年代后，亚东走向衰落。尽管局面艰辛，汪孟邹始终以顽强的精神和极强的韧劲，努力维持亚东的发展，并寻求可能的突破。

（一）选题方向的调整

如前所述，1927—1928 年，亚东图书馆在出书方向上有较大的调整与变化。如果说之前亚东是以胡适为轴心展开选题，那么此后胡适在亚东的选题资源上发挥的作用与影响则有所减小。这与胡适和亚东两方面都有关系。

1927 年，胡适与徐志摩等创办了新月书店。当事人梁实秋对此

---

① 参见汪孟邹：《我与新书业——答萧聪先生》，《大公报·出版界》1947 年 8 月 24 日。
② 参见《亚东书馆罚锾》，《申报》1927 年 7 月 17 日。

有过相关回忆:"新月书店的成立,当然是志摩奔走最力,邀集股本不过两千元左右,大股一百元,小股五十元……参加业务的股东有胡适之先生、志摩……和我。胡先生当然是新月领袖。"① 新月书店股本不过两千元左右,其中胡适自己入股 100 元,并代妻子江冬秀、儿子胡思杜和老友张慰慈各入 100 元,占五分之一强,是新月书店最重要的股东,并被推为董事长。也因此,此时胡适的书稿资源向新月书店倾斜,自是在情理之中。胡适自己的著作如《白话文学史》、《庐山游记》、《人权论集》(与罗隆基、梁实秋合著)此时也交由新月书店出版。

与此同时,胡适的精力、兴趣与关注点也发生了一定的变化和迁移。胡适帮助作序的标点白话文小说是亚东此前的主打图书品种,而此阶段亚东出版的种类显著变少,仅 3 种:汪乃刚标点的《宋人话本七种》、《醒世姻缘传》和《今古奇观》。事实上,这并非因为亚东不想在该选题上继续耕耘,"有许多书,排成了,没有新序、考证等,又不能出版"②,也就是说,标点本白话文小说出版变少,非亚东不愿也,是无法也,因为缺少胡适等人的序言。为此,1931 年汪孟邹甚至让汪原放到北平去一次,"意思是让我同适之兄面商解决"③。汪原放去北平后,胡适与他谈了很多可出的书,汪原放记下来的书名不少④,仍多为白话文书籍。但最后无论是亚东已排好的书,还是胡适新推荐的这些选题,大都未能落实。

---

① 梁实秋:《志摩》,载《梁实秋散文集》,太白文艺出版社 2008 年版,第 152 页。
② 汪原放:《亚东图书馆与陈独秀》,学林出版社 2006 年版,第 154 页。
③ 汪原放:《亚东图书馆与陈独秀》,学林出版社 2006 年版,第 154 页。
④ 参见汪原放:《亚东图书馆与陈独秀》,学林出版社 2006 年版,第 155—156 页。

这与胡适在整理国故运动方面的态度发生变化有很大关系。1928年9月，胡适撰写《治学的方法与材料》，文中对其提倡"整理国故"进行了自我忏悔：

> 我们的三百年最高的成绩终不过几部古书的整理，于人生有何益处？于国家的治乱安危有何裨补？……现在一班少年人跟着我们向故纸堆乱钻，这是最可悲叹的现状。我们希望他们及早回头，多学一点自然科学的知识与技术：那条路是活路，这条故纸的路是死路。……我们应该换条路走走了。①

胡适对整理国故运动已有不同态度，投入在此的精力相应有所变化。没有胡适为标点的白话文小说作序、考证，亚东在此领域的选题也未能继续耕耘与拓展。

此外，胡适与汪孟邹此时也产生了一定的矛盾。毋庸置疑，两人保持着终生的友谊，但即便是一生的朋友，彼此的情感也会有特别融洽紧密之时，以及相对疏离时期。亚东因经济状况日渐不良，对胡适的版税有所拖欠，因此在经济上汪、胡之间难免会有一些小的龃龉。胡适1931年1月23日的一段日记颇可玩味："孟邹曾由我介绍，在浙江兴业银行开了一个透支户头（贰千元），今年十二月中到期，新六告我，行中定例，此项无担保品的透支户，须过了阴历年后方可续开。今早我告孟邹，劝他用存单等件去作担保品，他说：'那有存单，有存单还讲什么？没有法子，只好去借点公债票来做担保品。'今晚

---

① 胡适：《胡适文存（3）》，华文出版社2013年版，第89页。

新六说，今天孟邹送了三千元的存单去担保，透支已继续了。其实汪孟邹何必在我面前装穷！"①

　　江冬秀亦常为亚东的版税之事与胡适吵架，而且还牵涉一些感情问题。据汪氏后人说："胡夫人（江冬秀）不给'亚东'人好脸色看，除了经济因素外，主要还是她怀疑'亚东'给'胡、曹（佩声）恋'提供了某种方便，她常去'亚东'向'先先'（家人对汪孟邹的称呼）逼讨版税，以泄私愤，从而结下了一段难解之缘。"② 版税上的拖欠、江冬秀的责难，这些虽不足以动摇胡适与汪孟邹及其亚东的深厚友谊，但彼此之间合作与往来的密切程度确实有所下降。比起前一阶段，大到亚东的出版方向与选题结构，小到审稿校对等，胡适都深度参与；后一阶段中，胡适则主要是在重大事情、紧要关头上依然毫不保留地扶持和帮助亚东，在具体运作上投入的精力则相对较少了。

　　此外，商务印书馆与胡适关系的日益紧密，也使得胡适的精力和资源向商务有所倾斜。1923 年，胡适主办的《努力周报》改为月刊。实际上，亚东想要代派该杂志，争取之心甚切，胡适说"孟邹们情愿借债来办此事，情尤不可却"③，但发行权最后还是被商务印书馆争了去。1925 年，胡适在上海治疗痔疮期间住在亚东，据汪原放回忆："这期间，王云五先生常来看适之兄。张元济先生也曾来看过他。还有高梦旦先生，来的次数很多。"④ 可见商务对胡适的看重与倚重。商务印

---

①　胡适著，曹伯言整理：《胡适日记全编·6》（1931—1937），安徽教育出版社 2001 年版，第 41 页。
②　《罡午给循猿的信》，载汪无奇编著：《亚东六录》，黄山书社 2013 年版，第 113 页。
③　胡适著，曹伯言整理：《胡适日记全编·4》（1923—1927），安徽教育出版社 2001 年版，第 76 页。
④　汪原放：《亚东图书馆与陈独秀》，学林出版社 2006 年版，第 101 页。

书馆后来出版的重要出版物——"万有文库"，即是胡适此时替商务拟出的。①

事实上，像"万有文库"这种大体量的出版计划，非有大资本不办。亚东这种中小书店即便有心，也没有力量做。20世纪30年代，因为受国际国内经济危机的双重影响，民生凋敝，读者购买力弱，出版一般性新书为主的中小书局，日子相当不好过。此时整个出版业虽然整体向前，呈继续增长趋势，但这主要是依靠大书局出版古籍、综合性丛书和教科书来拉动，因为这些书籍有图书馆、少数富户和在校学生作为购买群，销路上相对有保障。吕思勉在《三十年来之出版界》中即写道：1927年国民政府建都南京以后，管理机构逐一设立，政策条文相继发布，"处今日之情势，已非大资本不能营业"②。换言之，当时的出版环境，也使得胡适只有与商务印书馆这样的大出版机构合作才能产生更多的成果。

至于亚东，因经济状况日益不良，在出书方面只能更加谨慎，呈收缩之势了。胡适此时仍为亚东推荐了一些稿源，可见诸当时他与汪孟邹的信件往来。其中一信中，汪孟邹提到："孟和先生所商之事（书稿出版——笔者注），如在平日真是欢迎之至，但值此多难之秋，再四筹思，苦无力量可以接受他的好意，目前不仅排好的不敢印，即存稿亦不敢付排，售缺之书只印极少之数，以资应市而已，乞代向孟和先生善为我辞。求代曲谅为幸。"③ 因此，即便胡适有心继续为亚东推荐稿件，亚东亦限于自身力量无法放手展开工作了。

---

① 参见汪原放：《亚东图书馆与陈独秀》，学林出版社2006年版，第102—103页。
② 吕思勉：《吕思勉遗文集（上）》，华东师范大学出版社1995年版，第382页。
③ 耿云志主编：《胡适遗稿及秘藏书信（27）》，黄山书社1994年版，第436—441页。

胡适退出主导位置后，亚东应该说还是开创了不少颇见声色的选题方向。

其一是革命小说。革命文学的第一部重要作品——蒋光慈的《少年飘泊者》即由亚东图书馆率先出版。换言之，亚东开启了革命小说的先河。随后革命小说形成出版热潮，亚东是重镇之一。尽管革命文学像潮水一样涌起，又像潮水一样退了下去，但就亚东出版的蒋光慈等革命文学作家的作品来看，它们在读者中是有着持久影响的。蒋光慈的《少年飘泊者》、《鸭绿江上》，杨邨人的《失踪》，戴万叶的《前夜》，志行（许志行）的《孤坟》，林曼青（洪灵菲）的《两部失恋的故事》，祝秀侠的《紫洞艇》这些书籍，并未随革命文学的落潮而见冷于读者，一直到在1940年都还在反复再版发行，发行的版次均在六版以上，蒋光慈的作品发行次数则更多。据吴似鸿回忆，蒋光慈1931年去世时倒欠亚东版税一千多元，此后不仅这笔欠款结清，吴似鸿还能不断从亚东收到版税，由此可知蒋光慈的作品在其身后依然销量可观，影响很大。甚至到抗日战争时期，汪孟邹还对吴似鸿表示："如今光慈的书籍，在南洋方面销路很大，我们顺利地运销出去了。就是在全国各埠，也能顺利运销。"[1]50年代初，亚东极度困难，郑超麟还建议汪孟邹重新打起精神来，重版蒋光慈的小说集以纾困境。[2] 由此可知亚东所出革命小说的生命力之旺盛。

其二是社会科学著作。用汪孟邹自己的话说："民十四后中国社

---

① 吴似鸿：《蒋光慈回忆录》，载方铭编：《蒋光慈研究资料》，知识产权出版社2010年版，第128—130页。

② 参见《罡午给无奇的信》，载汪无奇编著：《亚东六录》，黄山书社2013年版，第116页。

会科学的勃兴，亚东也是一个有力的促成者。所出李季，高语罕，林超真（郑超麟）等先生的创作与介绍，于我国社会科学的影响，亦属巨大。"① 比起亚东前期出版的新诗集、标点白话文小说等，后期出版的社会科学著作再版的种类和次数确实要少，但如果考虑到社会科学著作的读者本身相对要少，以及战事背景下书籍销售普遍受阻且读者购买力整体低下等原因，可以说亚东出版的社会科学著作之整体销量亦是比较理想的。亚东以马克思主义社会科学著作一宗的出版为重头，这类社会科学著作超过三分之一均有再版，其中《通俗资本论》、《社会经济发展史》、《宗教、哲学、社会主义》、《理论与实践：从辩证法唯物论的立场出发（书信体）》、《辩证法的唯物论》、《从唯心论到唯物论》、《恩格斯等论文学》等发行了四五个版次，称得上是社会科学著作中的畅销品种。据汪原放回忆，"《通俗资本论》有很多人来买，后来被禁止掉了"②，该书于出版一个月后即再版，目前知见的版本有 5 版。据译者李季本人在其《被剥削的文字劳动者》一文中提到，该书还被大量盗版："上海四马路那个为摩登青年所麇集的富于吸引力的书店偷印拙著《通俗资本论》至无数板（版）"，可知受众实在不少。

但必须要承认的是，较之亚东黄金时期的书籍，如《胡适文存》、标点白话文小说等始终具有强劲的生命力，后期出版的选题在文化价值和市场表现力方面还是要弱一些，经营的难度也更大，因此，亚东后期仅得维持之境，未能再创辉煌。

---

① 汪孟邹：《亚东图书馆》，《申报》1939 年 1 月 2 日。
② 汪原放：《亚东图书馆与陈独秀》，学林出版社 2006 年版，第 106 页。

（二）经营上的永不言弃

1933—1934 年间，亚东曾交由汪原放负责，汪原放有大刀阔斧的改革，试图通过多出、多印书籍来打破僵局。遗憾的是，亚东并未能因此走出衰微局面，情况反而更糟糕。为此，汪孟邹复出，继续接手亚东。此番情状之苦，汪孟邹在给亚东职员葛湘三的信中有所言及："我此次出外与'亚东'好时大有不同，恢复民国八年以前到芜状况，表面从容，寸心焦虑着急，眠食不安，苦哉。苦哉。我除支票以外各事均可放心，惟发（行）所收入减落至此令我欲死。"①

汪孟邹苦心经营，努力熬过难关，采取"小本而多出"的策略，旨在"力谋适应种种环境也"②。一方面是亚东财政紧张，无力出版大部头的书籍；另一方面读者购买力弱，小本书籍价格便宜相对易销。此项策略似乎颇奏效。"近出小本多种，生意大有进步，《国难教育面面观》一千部，不一月已销至八百部，《从苏联归来》二千部不到十日已去一千四百多部，《苏联党狱的国际舆论》二千部仅有四日已去一千有零，四月份之现款可收入近三千元。"③

亚东逐渐呈现出小中兴的局面，就此汪孟邹再次积极寻求改组的机会。此亦可见诸汪孟邹与葛湘三的通信："公司之事，高先生在港陈彬和处，可代招得数千元，要我自去一行；吴蝶卿允我代招五六千元；老陶在美亦愿代为努力；李立民在武昌省府亦要我去，方能着手，只因我不易走开，奈何！奈何！如有功夫前往各埠，外埠二三万

---

① 《孟邹给湘三的信》，载汪无奇编著：《亚东六录》，黄山书社 2013 年版，第 86 页。
② 《孟邹给湘三的信》，载汪无奇编著：《亚东六录》，黄山书社 2013 年版，第 87—88 页。
③ 《孟邹给湘三的信》，载汪无奇编著：《亚东六录》，黄山书社 2013 年版，第 88—89 页。

元决可得也。"① 不过，随着日本发动全面侵华战争，汪孟邹的改组计划只能无奈破产。

抗日战争全面爆发后，亚东随战情变化，于 1939 年起先后在金华、广州、昆明、桂林、香港等重要城市设立办事处。最先设立的金华办事处，是派华一鸣去开创的。据汪原放言："一鸣兄很年轻，身体很好，很能干，很会办事，看看他那么年富力强、生气勃勃的样子，谁都知道是'天下去得'的"。金华的生意很不差，"起初带去的书籍不很多，不久便把卖下的钱汇来了，又催发货"②。在此基础上，亚东决定将办事处开设到昆明去。昆明办事处仍派华一鸣前去开创，"昆明的生意更不差，于是常有汇款到来，又时有电报来往了"③。在战争的局面下，亚东虽然出书甚少，但之前出版的书籍生命力强劲，仍有可观的读者。在某种意义上，它们甚至焕发出更强的生机——"一折八扣本已经没有人家可以印了。纸张贵了，他们无法再做了。"④ 亚东的主打书标点白话文小说此时重新获得了较好的生存环境。

亚东在金华、昆明等办事处的生意是比较红火的。汪原放在 1941 年 3 月 9 日的日记中有这样一则记载："一鸣兄到去年才有上规则的分红，每百元有三元。他今年得分红六百元，实在不能算多。"⑤ 据此推算，可知昆明办事处一年的销售额当有 2 万元。用汪孟邹自己

---

① 《孟邹给湘三的信》，载汪无奇编著：《亚东六录》，黄山书社 2013 年版，第 88—89 页。
② 汪原放：《亚东图书馆与陈独秀》，学林出版社 2006 年版，第 202 页。
③ 汪原放：《亚东图书馆与陈独秀》，学林出版社 2006 年版，第 202 页。
④ 汪原放：《亚东图书馆与陈独秀》，学林出版社 2006 年版，第 204 页。
⑤ 汪原放：《亚东图书馆与陈独秀》，学林出版社 2006 年版，第 204 页。

的话说："我们在昆明做了三年生意，才把店又维持住了"①。汪原放也说：在上海的大本营，"……西藏中路，标点本（旧小说，通称'亚东本'）年年还有一点生意，所以勉强还可以敷衍"②，"金华、昆明两个办事处成立以后，亚东已有起死回生之望。我不曾佩服过大叔，这两个办事处的设立，是有识的成果。和同行往来，从众行事，大有好处。"③

战争期间，亚东和其他出版机构一起在重要城市设立办事处，一来可以节省成本，分担风险，二来众书局一起，对读者市场的开拓也大有帮助，确实效果明显。书业同行中，亚东此时联系较多的有亚光舆地学社、东方书店等。亚东在香港的办事处，是与东方书店、北新书局三家一起合租的房子。

此外，有资料表明，在战争局面下亚东除了卖以前的存书外，还在广州和昆明出过一些新书。广州出版新书主要集中在 1937、1938 年这两年，数量不少，多为抗战读物，有欧伯（彭述之）的《西班牙内战与国际局势前途》，萧形编《战时教育：集体主义的自我教育》，曾恭的《国际政论家之中日战争论续集》，王耀辰的《泛滥华北的游击潮》，以及陈独秀的《抗日战争之意义》、《准备战败后的对日抗战》、《我对于抗战的意见》、《从国际形势观察中国抗战前途》、《我们断然有救》、《民族野心》、《告日本社会主义者》、《实庵自传》等。在广州时，亚东发行所地址也是几度变更，知见的有广州永汉北路 261 号（《抗战持久必胜论》版权页），盐运西路二巷 9 号（《我对于抗战的意

①　汪原放：《亚东图书馆与陈独秀》，学林出版社 2006 年版，第 230 页。
②　汪原放：《亚东图书馆与陈独秀》，学林出版社 2006 年版，第 230 页。
③　汪原放：《亚东图书馆与陈独秀》，学林出版社 2006 年版，第 203 页。

见》版权页）。不过抗战期间，亚东大本营似乎一直未曾离开上海，笔者所见 1939 年 4 月的《藏晖室札记》、1940 年 1 月的《两个女性》第 6 版、1947 年 5 月的《胡适文存》二集第 8 版等书的版权页上均印有同一发行所地址：上海虞洽卿路 475 弄 6 号。

1941 年后，因到仰光的海路已经不通，昆明办事处无法去货，对亚东影响很大。1945 年抗战胜利后，又物价飞涨，通货膨胀严重，亚东依然只能静守局面。从抗战胜利到全国解放，亚东总共只出了两册书，一是《马克思致顾格尔曼的信》，一是汪协如标点的《十二楼》，甚至连《胡适文存》都无力重印。后来，胡适打算将《胡适文存》转交商务印书馆出版，对此汪孟邹去信胡适，希望能有更好的转圜方法，"一旦改归商务出版并发行，面子实在有点过不去，于亚东候时势稍转，或有改组中兴之希望，不宜损伤"①。换言之，即便在最艰难的时刻，汪孟邹依然老骥伏枥，怀抱"改组中兴"之志。汪孟邹一生寄情出版，壮心不已，这在亚东的人才储备上也有所体现。亚东于 1947 年新招了一位职员——汪孟邹绩溪老家的亲戚胡国芳。胡国芳做事认真，手脚勤快，汪孟邹培养他学会计，对此胡国芳认为，"当时管账的鉴初先生患病很重，孟邹先生可能是要培养我接鉴初的班"②。

1950 年 8 月，亚东积极加入通联书店（"通俗出版业联合书店"的简称），这是一个八十家左右私营出版发行单位的联营机构。亚东的书籍由通联书店统一发行，共 11 种，主要为标点本旧小说。

---

① 耿云志主编：《胡适遗稿及秘藏书信（27）》，黄山书社 1994 年版，第 453—454 页。
② 胡国芳：《汪孟邹为新书业奋斗一生》，载汪无奇编著：《亚东六录》，黄山书社 2013 年版，第 156 页。

1952年"五反"以后，旧小说生意不如从前，亚东再通过通联书店代卖10种其他的书，算是得以维持了下来。1952年，亚东出版了汪原放译的高尔基的两本小说，生意又渐有起色。[1] 据汪原放说，高尔基小说《我的旅伴》，亚东开始决定首印1500册，"不到两天，通联书店又要二千册"，决定印3000册，"那里知道，不两天，又卖完了。于是又印了五千册"。[2] 汪孟邹也表示："最近出原放译的高尔基的小说，虽只出了一册，已有把每月四五百万元的营业额加上若干的希望"，"如再续出，仍有销路，似可站得住脚的"。[3] 若不是不久后上海书业整顿，亚东于1953年2月13日被上海军管会宣布歇业[4]，亚东维持下去应该不成问题。然而历史不容假设，亚东最终停格于这一幕。

（三）积极发起和参与同业公会

亚东中后期，汪孟邹除了从自身出发，选题上加以调整、经营上努力寻求突破，还积极发起和参与了多种书业公会，试图通过团体的力量，为亚东，也为整个出版业的经营发展谋求更好的环境。

1. 参与发起上海新书业公会

1928年冬，新书业群体鉴于新书店运动勃兴，向无联络机关，

---

① 参见汪原放：《亚东图书馆简史》，《出版史料》1988年第3/4期。

② 汪原放：《亚东图书馆与陈独秀》，学林出版社2006年版，第218页。

③ 汪原放：《亚东图书馆与陈独秀》，学林出版社2006年版，第231页。

④ 参见汪原放：《回忆亚东图书馆》，学林出版社1983年版，第213页。

对于同业利益及营业发展诸多妨碍，因此发起成立上海新书业公会之组织。是年 12 月 5 日，上海新书业同业公会成立大会召开，大会选举常务委员 9 人，分别为：李志云（北新）、张静庐（光华）、章锡琛（开明）、赵南公（泰东）、洪雪帆（现代）、曾虚白（真善美）、萧克木（新月）、梁预人（创造社）、汪孟邹（亚东）。由此可知，汪孟邹是重要发起者之一。《上海新书业公会宣言》[①] 揭示了创办这一公会的宗旨和意义，是新书业从业者试图在限制放账、防止翻版、沟通读者、稳定作者、推销书籍、合理查禁等多个层面，展开合作共同努力，以改良新书业的生存环境，由此也能看出汪孟邹热心参与其间的内在动力。不过遗憾的是，上海新书业公会最后未能获当局批准。

2. 参与中国著作人出版人联合会的创立

1932 年 7 月，中国著作人出版人联合会在北京成立。创立"缘起"[②] 对联合会成立的因由有充分说明：一来著作人和出版人加强联系势在必行，二来打击盗版也是联合会成立的重要目的。盗版作为一种书业现象，古已有之，但到了近代，尤其是民国时期，这种寄生虫行为更是放肆地搅得三江水浑，严重扰乱了正常的出版秩序，令出版界和文化界头疼不已，亚东亦深受其害。也因此，亚东是中国著作人出版人联合会的积极参与者。

---

① 参见汪耀华编著：《中国近现代出版法规章则大全》，上海书店出版社 2018 年版，第 381—382 页。

② 参见汪耀华编著：《中国近现代出版法规章则大全》，上海书店出版社 2018 年版，第 457—458 页。

考察中国著作人出版人联合会的发起人，著作人方面有胡适、周作人、谢冰心、郑振铎、傅斯年等40人，出版人方面包括史佐材、沈松泉、汪孟邹、洪雪帆、赵南公等32人。从现存档案中一份出版人分七等缴月费的名单来看[①]，亚东图书馆位列丙等，前面甲、乙两等仅商务和中华两家，可知亚东在该会中有不小的分量与职责。

汪孟邹对联合会的活动亦十分积极。联合会见诸《申报》报道的几次活动，汪孟邹都在其列。1932年11月20日，联合会驻沪办事处召集出版业开会，欢迎该会总干事史佐材来沪，汪孟邹与开明书店章锡琛等30余人出席；1933年1月7日，联合会驻沪办事处于福州路致美楼召集出版组会议，由主席洪雪帆报告史佐材在西北一带彻查翻版经过情形等，汪孟邹、李志云等20余人到会；等等，不一而足。

亚东深受盗版翻版之苦，参与发起成立中国著作人出版人联合会，亦是汪孟邹积极设法自救的重要举措之一。联合会成立后不久即查获了双义书店、卿云书店等翻版书大本营，轰动了当时的出版界，"半年以来，东西市场各书摊，已不敢发售，我著作界出版界受惠匪浅"[②]。在当时的社会环境下，打击盗版非凭出版机构一己之力所能够实现，不得不借助团体的力量以增其效。

3. 成为上海书业同业公会骨干成员

1930年7月，国民党上海市党部组织成立上海商人团体整理委员会，将上海书业公所、上海书业商会和上海新书业公会三个书业同

---

① 参见陈福康：《中国著作人出版人联合会聚散始末》，《新文学史料》2014年第8期。
② 《著作人出版人会集会记》，《申报》1932年11月21日。

业团体合并，成立统一的上海书业同业公会。陆费逵当选为主席，下设秘书处、编辑科、事务科和会计科，分科办事，汪孟邹被推定为编辑科主任。也就是说，自上海书业同业公会成立始，汪孟邹即是重要骨干成员。以下是汪孟邹参与上海书业同业公会的相关情况。

1933 年 6 月 23 日，上海市书业同业公会举行第四届会员代表大会，执行委员周掬忱辞去代表，汪孟邹作为候补第一委员递补。

1936 年 7 月 19 日，上海市书业同业公会召开第七届会员代表大会，讨论事项包括请求出会问题以及滞纳会费等问题，同时选举执监委员和修改会章。汪孟邹当选为监察委员。此次大会再次提议制定业规，其中亚东与商务、中华、世界、大东等 19 家被推选为起草委员会委员，汪孟邹与张叔良、陆高谊等 19 人作为代表出席。是年 10 月底，书业同业公会通过业规。

1946 年 12 月 16 日，上海书商业同业公会（即改组后的上海市书业公会）① 召集全体会员召开临时大会，大会由主席李伯嘉报告开会原因，随后汪孟邹与徐启堂、姚蓬子等作为同业代表相继发表意见。因社会动荡、物价飞涨，出版业发展受到很大影响，上海书商业同业公会决议请求政府免征书业营业税，经大会讨论公决，推定汪孟邹、徐启堂、储祎等 20 人定日赴京，分向行政院、财政部等请愿。

1946 年 12 月 24 日、1947 年 1 月 6 日，汪孟邹两度与李伯嘉、郑农山、徐伯昕、刘季康、姚蓬子等 20 人赴京请愿，要求免征书业营业税。

由上可知，汪孟邹在上海书业同业公会一直承担着重要职责并发

---

① 1942 年 4 月，上海市书业公会被上海书业联合会接收；同年 7 月，上海书业联合会奉命改名为上海特别市书业同业公会；1946 年 1 月，再度改组为上海书商业同业公会。

挥着重要作用，他热心于此，一方面是作为书业元老，自觉为书业的整体发展贡献自己的力量；另一方面，这也是为亚东谋求更好发展环境的重要一途。

汪孟邹（1877—1953）

亚东图书馆旧址（右侧较高的楼房。现已拆除）

亚东图书馆标志

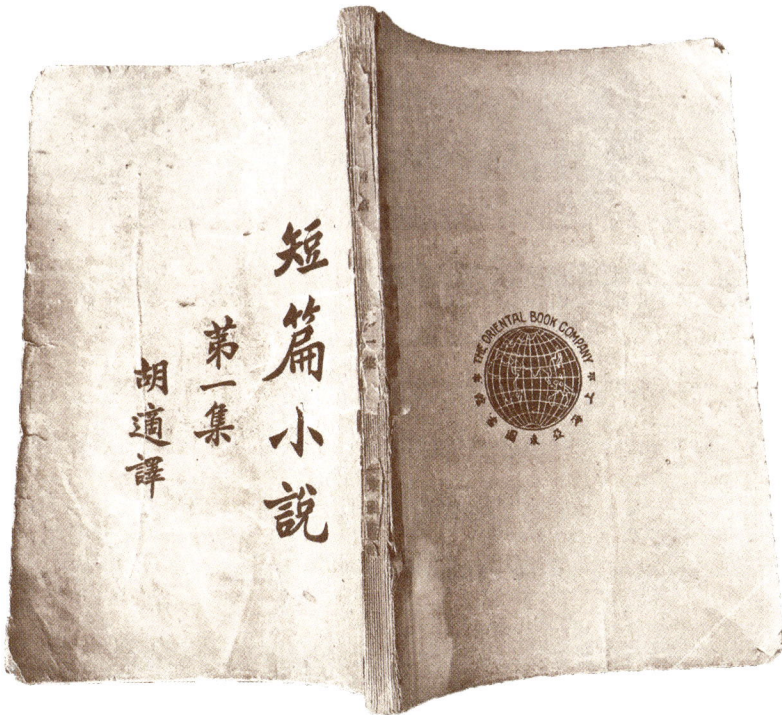

亚东图书馆标志第一次使用是在 1919 年胡适译《短篇小说》上

亚东图书馆编辑所同人合影（前排左起：汪协如、汪乃刚、章希吕、程健行、余昌之；后排左起：章近江、章志金、章焕堂、汪原放、吴嗣民、周道谋）

芜湖科学图书社出版
发行的《安徽俗话报》

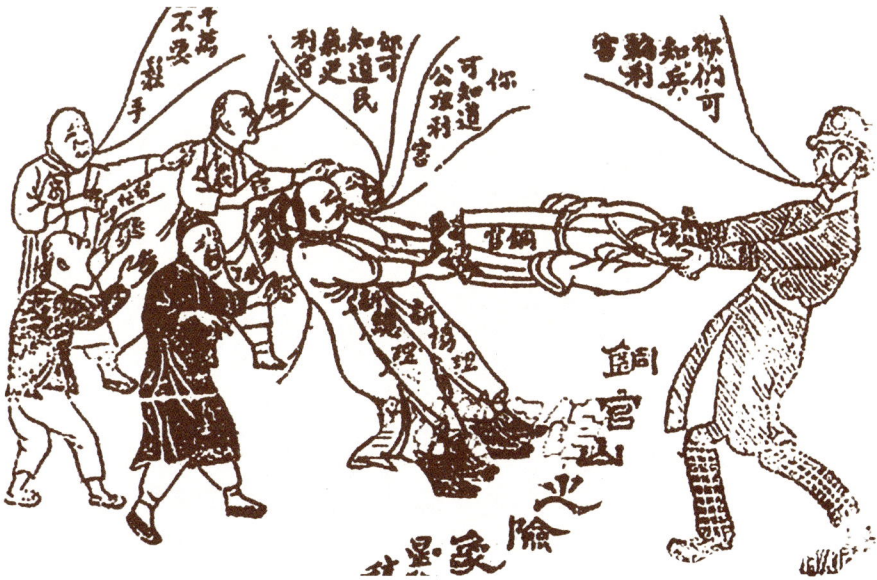

《安徽俗话报》第四期刊登的宣传画《铜官山之险象》

汪孟邹致陈独秀信札

陈独秀为
亚东图书馆
《科学与人生
观》一书所写
的序

亚东版《红楼梦》、《水浒》书影

亚东图书馆刊物《我们的七月》（1924）、《我们的六月》（1925）封面

钱君匋为亚东图书馆图书设计的封面（《翠英及其夫的故事》、《雨点集》）

第五章

友谊与出版：汪孟邹与朋友们

　　出版工作是联结人的工作，友谊交情是出版工作展开的重要推手。其中，由学者文人组成的作者队伍是出版机构的"衣食父母"，其意义自然不同凡响。汪孟邹与陈独秀、胡适、章士钊、陶行知、高语罕等的密切关系，历来为人歆羡与称道。这一作者队伍与支持力量，自然是亚东成功的重要原因。不过，如若仔细考察，会发现汪孟邹还有两类重要的朋友，无论是于汪孟邹本人而言，还是于亚东发展而言，都意义非凡，不容忽视。其一是出版业同道，其二是乡党职员。把乡党职员归为朋友，或许不算特别准确，但汪孟邹与乡党职员之间确乎洋溢着类似于友谊的深情，互相扶持、支撑，亚东也赖之得以运转和发展。也因此，本章从汪孟邹与出版同道、汪孟邹与学者文人、汪孟邹与乡党职员三个层面展开论述，考察他们之间的友谊，以及这些友谊对汪孟邹及其亚东图书馆的意义与价值。

一、汪孟邹与出版同道

"同行必妒"、"同行多冤家"，我们对这些俗语之所以耳熟能详，在于它生动道出了同业之间的某种状态。因竞争和利益关系，同业之间确实容易滋生龃龉乃至冲突，书业经营概莫能外。张静庐在其自传《在出版界二十年》中，对同业的关系多有描写："廿四年（1935）冬，我因患着'准政治病'，宣告名义上的下野……'下野'广告刊出后，有许多小型报纸不断地对我做人身攻击，和不曾'盖棺'的论定……就是甘苦同尝的同业中人，也唯恐你不早些倒坍，好让他在文化街上独步"[1]。1937年卢沟桥事变发生后，上海杂志公司早作战时准备，把一些年轻的练习生遣送回家，结果也遭到同业的中伤，"这完全是内部的事情，不料竟蒙关心我们健全问题的同业中人到处宣传：'上海杂志公司七月底要关门了！''连练习生都遣散了！'"[2]张静庐的这些描述生动地展示出了同行之间可能存在的竞争与紧张关系。

汪孟邹一生从事书业经营，与同业关系良好。更难能可贵的是，他在同业中还收获了深刻的友谊。汪孟邹与群益书社的陈子沛（又写为陈子佩）、陈子寿兄弟，泰东图书局的赵南公，太平洋书店的张秉

---

① 张静庐：《在出版界二十年》，西北大学出版社2019年版，第118页。
② 张静庐：《在出版界二十年》，西北大学出版社2019年版，第122页。

文等，交情至深，彼此之间互相支持，抱薪取暖，砥砺前行。鉴于史料，本节以汪孟邹与陈氏兄弟、赵南公的友谊为中心展开论述，并进而阐述这样的同业友谊于新书业经营的重要价值与意义。

（一）一致的出版追求

张静庐将从事出版业的工作者分为两类：一类是以出版为手段而达到赚钱目的之"书商"；一类是以出版为手段，而图实现其信念与目标而获得相当报酬者，曰之为"出版商"，"虽然出版商也要为生活，为维持事业上的必要开支而顾到'钱'……然而，出版商人似乎还有比钱更重要的意义在这上面"。[①] 汪孟邹与陈氏兄弟、赵南公等人，支持新思想，与新思潮同节拍，始终在出版工作中寄寓自己的理想与关怀，显然都属于张静庐所定义的"出版商"。汪孟邹也曾表示，他们这群老友在出版上的追求较为一致。汪孟邹、陈氏兄弟、赵南公等，对出版工作心怀一致的理想追求，是他们拥有深刻友谊的重要基石。

陈子沛、陈子寿兄弟于 1902 年在湖南长沙创办群益书社，1907 年在上海创办分社，1912 年在上海成立总社，主要出版教科书。群益早期以编纂理科教科书为主，随后译刊最多的是外语教科书和外语参考读物，经营得颇有声色。汪孟邹在芜湖开办科学图书社时，因时常到上海办货购书结识了陈氏兄弟。他们彼此十分投契，结识之后，即"过从甚密，情谊极深"[②]，汪孟邹此后到上海办货时就改在群益书

---

① 张静庐：《在出版界二十年》，西北大学出版社 2019 年版，第 128—129 页。
② 汪原放：《亚东图书馆与陈独秀》，学林出版社 2006 年版，第 33 页。

社搭铺。

虽然汪孟邹已有一定的出版发行经验，但科学图书社主要从事图书售卖，较少涉及图书出版工作，因此汪孟邹与群益的"过从甚密"，也使得汪孟邹对图书出版工作有了更多更深的了解。群益为其展示了这一领域的相关经验、前景与可能，这对于一个新入行的人来说无疑是极为重要的。群益生意越做越旺，陈氏兄弟曾邀请汪孟邹帮助他们经营，汪孟邹没有答应。① 群益书社的成功经营对汪孟邹应是一个不小的鼓舞。1913 年，汪孟邹到上海创办亚东图书馆。亚东最初出版工作的展开，即不无取法群益的痕迹。

亚东图书馆的成立宣言，据汪原放所说，"黑底白字的一行'上海亚东图书馆宣言'好像是陈子沛翁的笔迹"②。如果确实是陈子沛的笔迹，说明陈子沛甚至参与了亚东出版蓝图的构建，同时也反映出汪、陈在出版理想的追求上有着接近的态度。

1913 年陈独秀在上海时，对汪孟邹表示想出一本杂志。此时尚在困境中挣扎的亚东实在没有力量做，因此找到了群益书社。汪孟邹说："他们竟同意接受，议定每月的编辑费和稿费二百元，月出一本，就是《新青年》"③，如果斟酌字眼的话，汪孟邹述及此事时，加一"竟"字，思来或不无深意，反映出在汪孟邹内心对群益要接受这一提议的惊叹。

学者邹振环指出，《青年杂志》出版时整个报刊出版环境并不理想。因为袁世凯的复辟，1913 年后的两年，全国报纸的发行量从

---

① 参见汪原放：《亚东图书馆简史》，《出版史料》1988 年第 3/4 期。
② 汪原放：《亚东图书馆与陈独秀》，学林出版社 2006 年版，第 25 页。
③ 汪原放：《回忆亚东图书馆》，学林出版社 1983 年版，第 32 页。

4200万份减少到3900万份①，是中国出版业发展的低谷时期。群益在此背景下同意赞助出版《新青年》，实属不易。《新青年》后来的销量十分可观，但刚出版时，每期却只印1000本。对群益此项决定的投入产出，我们可以进行一个大致估算。商务印书馆的《英文杂志》每月发行1万本，每本印刷成本为七分一厘，印刷花费七百一十元。②我们以此为参照，《青年杂志》每期印刷1000本，那么它的印刷费至少要七十一元；再加上支付给陈独秀的编辑费两百元，总开支是二百七十一元。而《青年杂志》每册售价仅为银圆两角，在不考虑销售时还要进行折价的前提下，杂志售出1000册的码洋仅两百元，其收入尚不能抵消总支出。也就是说，一开始群益做的其实是亏本生意。这也就不难理解汪孟邹何以会用"竟"字来表达群益的接受之举了。

若以后见之明，我们会容易想当然地认为群益书社当时所作出的出版《新青年》之抉择，是一个轻快的决定。但若考虑到当时的出版环境，以及新生杂志发展前景的未知，不得不说群益书社的主持人决定出资赞助此杂志的出版，是极具勇气与胆魄的，其中亦不无对陈独秀理想的认同与道义的支持。

在《新青年》的创办过程中，群益对其种种创举亦全力支持。《新青年》呱呱落地后，很快成为宣传新式标点符号的重地。正如新文化运动健将钱玄同所说："《新青年》杂志拿除旧布新做宗旨，则自己便须实行除旧布新，所以认做'合理'的新法，说了就做得到的，总

---

① 参见［美］周策纵：《五四运动：现代中国的思想革命》，周子平等译，江苏人民出版社1996年版，第56—58页。
② 参见张人凤整理：《张元济日记（上）》，河北教育出版社2001年版，第172页。

宜赶紧实行去做，以为社会先导才是。"①《新青年》从 4 卷 1 号（1918 年 1 月）起采用新式标点和分段编排的新方法，而当时中国最有名的两大书局——商务印书馆和中华书局所办的刊物都尚未使用新式标点符号。《新青年》的这一举措，一方面开创了中国编辑业务的新风气，另一方面对出版方着实是一项不小的挑战。这从汪孟邹给胡适的信中即可窥见："上海印业商务、中华不愿代印，其余民友各家尚属幼稚，对于《新青年》以为花头太多，略较费事，均表示不愿。目前是托华丰，尚不如前之民友。炼今日代群益向民友相商。子寿之意如可如期，决不惜费，奈民友竟一意拒绝，使人闷闷。拟明日更至别印所接洽"②。各印业公司因嫌《新青年》排版复杂加以拒绝，而"子寿之意如可如期，决不惜费"，说明陈氏兄弟对《新青年》采用新式标点和分段编排的新版式，予以全力的支持。据汪原放回忆，《新青年》标点符号的铜模，最后是陈子寿和太平洋印刷所张秉文先生商量，用外文的标点符号来做底子刻成的。由此可知，群益为支持《新青年》杂志采用新法作出了很大的努力。

从接受出版《新青年》到出版《新青年》过程中的全力支持，群益这么做，除了在商言商的出版业务之努力拓展外，不能不说其中包含着对陈独秀新文化运动事业的深刻同情与切实帮助。也就是说，陈氏兄弟与汪孟邹一样，都是抱持某种理想追求的"出版商"。

汪孟邹的另一业内好友赵南公——泰东图书局主人，与汪孟邹、陈氏兄弟一样，也是有着相应信念追求的"出版商"。

民国初期，鸳鸯蝴蝶派小说正在市场上大行其道的时候，赵南公

---

① 钱玄同：《句读符号》，《新青年》第 4 卷第 2 号。

② 耿云志主编：《胡适遗稿及秘藏书信（27）》，黄山书社 1994 年版，第 268—269 页。

也跟随潮流出了好几种"礼拜六派"的消遣作品，颇赚了一些钱。特别是袁世凯称帝失败以后，泰东及时出版的杨尘因写的长达100回、70多万字的"洪宪演义"——《新华春梦记》，因选题契合时代，内容实录存真，宣传又大张旗鼓而畅销一时。然而尽管眼前的出版经济效益不差，赵南公却毅然"决定放弃过去的一切，重建理想的新泰东"[①]。在新文化运动风起云涌时，泰东另辟新路，开发了"新人丛书"、"新潮丛书"、"小本小说"三个系列的图书选题，出版了胡怀琛编的《〈尝试集〉批评与讨论》，陶乐勤译的《政治经济学》，邵飘萍著的《失业者问题》，以及杜威的三个演讲集《教育哲学》、《哲学史》和《实验论理学》等"新潮"图书。

为了这个"理想的新泰东"，赵南公无疑必须付出经济上的代价。泰东出版上的新起炉灶，使得它原有的发行路线不复发生作用，以前为卖书而给各地书店铺设的"账底"，由于双方不再有贸易往来而失效，而新书的发行，又必须重新"打桩"。旧的"账底"收不回来，新的"账底"又必须放出去，久在书业的赵南公，对这一抉择所带来的经济后果，自然心中有数。而观诸当时的出版界，"号称文化街的上海四马路上，鳞次栉比的书店橱窗里，正满摆着艳情小说和黑幕大观"[②]。敢于或者说乐于出版"新潮"书的，只有亚东图书馆、群益书店、商务印书馆、中华书局等少数几家，泰东能在新文化运动大潮来临之际，甘受不小的代价，棋先一着，除旧布新，充分展现出赵南公不凡的胆识和勇气，也尽显赵南公的出版品格。

---

① 张静庐：《在出版界二十年》，上海杂志公司1938年版，第92页。
② 萧聪：《汪孟舟——出版界人物印象之一》，《大公报》1947年8月10日。

（二）互相支持，砥砺前行

正因为有着一致的理想追求和深厚的友谊，汪孟邹们在新书业经营的过程中，互相之间充满信任，多有支持。

我们先以汪孟邹与赵南公为例。1923 年，中国思想界掀起了一场"罕见的大波澜"。是年 2 月，张君劢在清华学校给出国留学生做了一场题为《人生观》的演讲，宣称科学不能解决人生观问题。这引起了他的朋友、地质学家丁文江的不满，丁文江于是年 4 月在《努力周报》上撰文反驳张的观点。随后其他学者纷纷上阵，或支持张君劢，或拥护丁文江，由此掀起了一场民国思想文化史上著名的"科学与人生观论战"，又称"科玄论战"。汪孟邹在日记中记道："近日看'科学与人生观'各方面论文甚多，甚有意味"[1]，于是将收集到的近 25 万字的论战文章结集成《科学与人生观》，并请陈独秀和胡适各写序言一篇。亚东正紧锣密鼓准备出版该书时，泰东图书局因不知情，也在准备出版"科玄之战"的系列文章集。但是，当赵南公了解到亚东也在忙于此事时，便主动找到汪孟邹。汪孟邹在给胡适的信中具体写到此事："（赵南公）云我们《科学与人生观》未出版以前，张君劢之友人郭梦良与他接洽，云君劢编有一部《人生观之论争》，君劢并做有序送他印行，并未说明我们将要出版等情，乃他已排了大半，竟与我们《科学与人生观》大致相同，似乎有对我们不住意思"。面对此事，汪孟邹这边的态度是："我当时告以并不妨碍，各出各的，其实不但不妨碍，或者尚有裨益也。"[2] 后来，亚东图书馆和泰东图书局两家分

---

[1] 汪原放：《亚东图书馆与陈独秀》，学林出版社 2006 年版，第 89 页。

[2] 耿云志主编：《胡适遗稿及秘藏书信（27）》，黄山书社 1994 年版，第 329—334 页。

别推出了"科玄论战"的文章集，亚东的书名为《科学与人生观》，泰东的书名为《人生观之论战》。两者的内容高度重合，都收论战文章29篇，其中仅有1篇不同。同业经营中，遇到选题高度撞车，一方主动以告，一方表示出善意的理解与容让，实为不易，堪称一段出版佳话。这其中也折射出汪孟邹和赵南公之间的坦诚信任以及真挚的友谊。

汪孟邹与陈子沛、陈子寿兄弟之间的互相支持与帮助则更多了。亚东早年出版的挂图和地图集，印刷精美，冠盖一时，这与群益书社的大力协助不无关系。①在汪孟邹推荐下，《新青年》出版发行权落归群益书社，这也反映了两家关系的不同寻常。从群益的角度来看，平心而论，当时出版这样一本并没有很大把握的期刊，确实存在一定的风险，二百元的编辑费和稿费，也是一个不小的数目。群益最终接受了这些条件，这与陈氏兄弟和汪孟邹的友谊多少是有些关系的。

群益办《新青年》时，亚东亦办有《甲寅》，两家的业务往来更加密切，互相之间有着更多的支持。从两家为对方刊登广告这件事上，便能很好地说明这一点。1915年，《甲寅》杂志第5号起由亚东出版发行，统计群益书社在《甲寅》上作的出版物广告，有《英文辞典》系列、《法律要览》系列、《政法讲义》系列、《理科书类》系列，以及《国民经济学原理》、《商业簿记》等共58种，几占《甲寅》广告面积的三分之二。由群益书社发行的《青年杂志》（第2卷第1号改为《新青年》）的出版预告，也在《甲寅》上发布。同样，群益的

---

① 参见汪原放：《回忆亚东图书馆》，学林出版社1983年版，第25页。

《新青年》上，"亚东图书馆"的字样也屡见不鲜。亚东最初出的三本地理书，计在《新青年》上出现六次。由亚东代为发行的《建设》杂志、《新潮》第 1 卷第 3 版出版预告、《少年中国》再版预告等，群益均在《新青年》上辟出专门位置代为宣传介绍。

这些事实反映出，亚东、群益两家情同手足，互相支持，共谋新书业的发展。如前所述，亚东和群益两家还曾试图合并，成立一大书局，与商务、中华等大公司并驾齐驱。合并的计划最后虽然没能实现，但由此也可以看出汪、陈之间的交情与信任。

事实上，很多事情都充分显示出，亚东和群益是彼此最重要和最可信任的支持力量。1919 年，陈独秀的儿子陈乔年介绍郑佩刚在亚东托售几种书籍，是关于无政府主义的，汪孟邹为此惹上官司，巡捕房的人来查办时把他捉了去。汪原放随即赶去群益请求帮忙[1]，群益全力以赴，视为己事。同样，群益需要帮助时，亚东也是其首选。那时候，经济往来总要有担保，群益的房租担保人即是汪孟邹。到 1935 年时，群益书社因后辈不能维持而倒闭，亚东因此蒙受很大的损失——汪孟邹要为这项担保赔偿五千元左右。最后，群益拿出《新青年》的纸型给亚东重印一版作其了结。重印的《新青年》，版权页署的是"亚东图书馆、求益书社印行"，其中求益书社与陈子寿的后辈陈汉声有较深的关系。如此刊署，不无亚东对求益书社的提携之意。由此我们亦能看出汪、陈之间深厚绵延的情谊。

书店不易做，同道之间就更需要彼此支持帮助。有形的、具体事务上的帮扶很重要，无形的、精神上的同道携行亦不可或缺。汪孟

---

① 汪原放：《亚东图书馆与陈独秀》，学林出版社 2006 年版，第 52 页。

邹、陈氏兄弟、赵南公之间真挚的友谊、共同的精神追求，使得他们无论于具体事务上，还是精神上，都互相支持。仔细考察这几家书店的寿命，会发现它们经营的时间都很长：亚东一直维持到 1953 年才收歇；群益传到了后辈手上，因经营不善于 1935 年停业，但后辈陈汉声仍继续躬耕书业，改称"求益书社"，并于 1945 年将群益书社复业，直至 1952 年歇业；泰东图书局几经起落，赵南公尽管亦热心从事社会活动，但重心始终未曾离开过书业，直至 1938 年赵南公去世，泰东图书局才结束了它的历史，从创立到消亡历时共 24 年。曹聚仁说，书店中心棋盘街上的故事，正是替我们所说的"秀才开店，三年不成"的话作注脚①，可知现代出版机构极易旋生旋灭，寿命大都不长。汪孟邹、陈氏兄弟、赵南公他们主持的出版机构能够始终维持，原因很多，其中主办人拥有吾道不孤、砥砺携行的业内好友，彼此守望相助，大概也是重要原因。

二、汪孟邹与学者文人

（一）概说出版业与学者文人的关系

出版是精神产品的生产与传播工作，它一开始便注定了要与知识分子发生密切的联系。如果说中国古代知识分子对人生选择着力于仕途的追求，希图通过政治活动将其拥有的知识价值转化为社会财富，

---

① 参见曹聚仁：《书林三话》，生活·读书·新知三联书店 2010 年版，第 199 页。

而出版还只是一种辅助手段的话，那么到了近现代，随着科举制度的废除、帝制的结束，中国古代知识分子赖以生存的学统失去了效用，知识分子的价值观念随之发生了转移，思想文化运动成为失去了仕途的现代知识分子的主要活动方式。而举凡革命主张的鼓吹、世界思潮的介绍、现代文学的提倡、新兴艺术的引进、科学精神的展开、哲学理论的探讨……其所持的工具，莫非为报章、杂志、书籍，凡此无一不属于出版事业。

一方面，越来越多的学者文人投身书林，从事编辑出版工作，在贯穿他们智民之梦的同时，把出版业作为谋生的手段。在这些人物中间，有张元济、陆费逵、章锡琛、邹韬奋、李公朴、钱俊瑞、薛暮桥、陶行知、汪孟邹等。中国现代出版事业得以迅猛发展，即得力于学者文人的积极参与和大力支持。以商务印书馆为例，1901 年张元济加盟商务印书馆，他以渊博的学识、敏锐的时代意识、求新的人才思想、广泛的社会关系，号召和组织了一大批学者文人，他们或者入馆任编辑，或者提供优质书稿，商务借此成为中国一个很重要的文化教育事业单位。

另一方面，文人学者的作品，在现代出版技术下，于极短的时间内成千上万地印刷出来，遍布各地，传之久远；他们的思想与艺术、发明与创造也随之流传、散布、保存与积累，从而影响大众的生活和国民的思想。知识分子所固有的匡时济世的人生抱负也由此得以实现。翻开现代思想史，严复翻译的《天演论》和陈独秀创办的《新青年》，代表了中国现代思想演变过程中的两座里程碑，推动了现代思潮两次巨大的质的飞跃，影响了近代中国整整两代人。在文学领域，林琴南翻译的西方小说，胡适、汪静之等人的新诗，改变了人们的文学观念和创作形式，极大地促进了文学运动的革新。这当中，出版机构功不可没。著作者和出版者之间，一方以著作传世，一方以出版物扬名，在共同的理想实施中相得益彰，共创了 20 世纪中国文化。现代出版制度的确立，使得现代知识分子在实现其人格理想的同时，也将其拥有的知识转换成了个人财富。稿酬和版税为知识分子提供了一个经常的收入来源。"著书为稻粱谋"成为二三十年代许多知识分子的主要生存方式。

广而论之，有一流的作家，才会有一流的出版物。因而现代出版史几个彪炳史册的著名出版社，无不注重联络作者，广交人才，在自己周围团结一大批站在时代前列、有真才实学的著译家。从某种程度上来说，出版社之间的竞争，就是对优质书稿的竞争，也就是对名流作者的争夺。出版社因出版名家作品，提高了出版物的品位，给企业带来莫大的声誉，同时还可借重名人的影响号召读者，促进图书销售，获得丰厚利润。亚东在激烈的书业竞争中崛起，从一家很小很穷的独资经营的书店，发展为一家有特色、对传播新思想新文化作出巨大功绩的出版社，很大程度上得益于胡适、陈独秀、章士钊这些名家的鼎力支持。他们不仅是亚东的重要作者，而且是亚东重要的军师，不挂名的总编辑，对他们来说，亚东是"我们的书店"。而寓含在亚东出版物中的高品位文化品格、强烈的时代意识和久远的生命力，也很好地实现了现代知识分子以出版为手段干预社会的人生理想。这种作者与出版者良性互动的关系很值得我们探讨，下面以人物为纲，分别叙说。

（二）汪孟邹与胡适

1910 年，19 岁的胡适在上海读书期间，通过许怡荪、程乐亭等同乡结识了时年 33 岁的汪孟邹。此事在胡适的日记中有相应记录："初二日……怡荪往访汪孟邹，余则往视弼臣疾，小坐，即往觅怡荪，与孟邹谈甚久。孟邹极言劝业会之佳，与各报异。盖孟邹多历世故，故不事苛求；各报责人无已时，亦非忠恕之道耳。"[①] 汪孟邹比胡适年长 14 岁，此时已多世事历练，其见识胸怀为年轻的胡适敬重和钦佩。

1. 汪孟邹的帮助与胡适的起飞

汪孟邹对胡适这个小同乡青眼有加，从胡适的日记中可知，不几日后汪孟邹即回访胡适。两人过从甚多，胡适尊其为"孟翁"。"五月十三日，乐亭、慕侨、绍庭自复旦来，橘丈、印翁、孟翁皆来会，饭于予所。是日吾邑得八人，盛会难再，自此以后，将不可复见此种胜事矣。"[②] 不久后，胡适去美留学，汪、胡两人书信往来不断。

汪孟邹此时仍在经营芜湖科学图书社，但已有若干出版计划，汪孟邹曾根据胡适当时所学的农科专业，有针对性地向其约稿："我国农务急应参以新法……本人则诣日本，此科甚为幼稚，西欧各国则地土又不相同，适合吾国施之而无碍者惟美，拟请吾兄择（邀）友人于

---

① 胡适著，曹伯言整理：《胡适日记全编·1》（1910—1914），安徽教育出版社 2001 年版，第 31—32 页。

② 胡适著，曹伯言整理：《胡适日记全编·1》（1910—1914），安徽教育出版社 2001 年版，第 37 页。

有暇之时编辑农务各书，务求切实可用，特于上海印行，至印行之责，其事务则由我社担任，其利益则斟酌支配之。海上新学会社现亦有农学书发行，但俱译自东籍，无甚新颖，吾兄其有意乎?"① 从胡适的回信来看，胡适当时已允诺汪孟邹拟译《农学发凡》一书，并拟组织农事编译社。只是后来胡适改变求学方向，这一编译计划也就因此而搁浅了。汪孟邹大概是最早将胡适作为重要作者人选的出版者，尽管此项计划最后未能落实，但折射出了汪孟邹对胡适的高度赏识与信任。

1915 年，胡适入哥伦比亚大学研究院，攻读博士学位，师从杜威，研究哲学。这个时候《新青年》已出版，汪孟邹第一时间寄给胡适，并向其介绍陈独秀，"今日邮呈群益出版《青年杂志》一册，乃炼友人皖城陈独秀君主撰，与秋桐亦是深交，曾为文载于《甲寅》者也"。同时，汪孟邹代陈独秀为《新青年》向胡适约稿："拟请吾兄于校课之暇担任青年撰述，或论文或小说戏曲均所欢迎，每期多固更佳，至少亦有一种。炼亦知兄校课甚忙，但陈君之意甚诚，务希拨冗为之。"② 由此可知，胡适与陈独秀这两位新文化运动的旗手，是因汪孟邹的牵线而相识的。

此后，汪孟邹向胡适催稿甚紧，"《青年杂志》二、三亦已寄呈，陈兄望吾兄来文甚于望岁，见面时即问吾兄来文否，故不得不为再三转达，每期不过一篇，且短篇亦无不可，务求拨冗为之，以增该杂志光宠，至祷至祷！否则陈兄见面必问，炼深穷于应付也"③。随后，汪

---

① 耿云志主编：《胡适遗稿及秘藏书信（27)》，黄山书社 1994 年版，第 250—253 页。
② 耿云志主编：《胡适遗稿及秘藏书信（27)》，黄山书社 1994 年版，第 260—261 页。
③ 耿云志主编：《胡适遗稿及秘藏书信（27)》，黄山书社 1994 年版，第 265 页。

孟邹又代为催之:"《青年杂志》已出至五期,六期不日即出,陈兄望兄文有如大旱之望云霓。来函云新年中当有见赐,何以至今仍然寂寂,务请吾兄陆续撰寄是所同感。"[①] 在汪孟邹的反复催稿下,胡适的宏文《文学改良刍议》终于于 1917 年 1 月在《新青年》上与读者见面了。陈、胡联手,轰轰烈烈的新文化运动由此拉开帷幕。

汪孟邹为《新青年》向胡适约稿催稿时,已在上海创办亚东图书馆,因此亦不忘约请胡适为亚东撰译小说。胡适应约而行,此次约稿的短篇小说,就是 1919 年 10 月由亚东出版的胡适译著《短篇小说》(第一集)。从约稿与成稿的时间来看,这大约可算是胡适丰硕的著译史上的第一本书。[②] 换言之,亚东是胡适的第一位伯乐。

汪孟邹对胡适留学毕业归国后的去处十分关心。1916 年 5 月 19 日,汪孟邹寄胡适的信中,即关切地询问胡何时毕业返国,汪孟邹告以皖省有人拟俟时局平静时组织一日报,均谓请胡适主任其事为佳妙,汪孟邹为此询问胡适的意思。[③] 胡适归国后就任北大,亦与汪孟邹有很大关系。汪孟邹在 1917 年 1 月 13 日致胡适的信中说道:"兄事已转达,仲甫已代为谋就,孑民先生望兄回国甚急,嘱仲甫代达。"可知此事是由汪孟邹托陈独秀帮忙设法并最终成就的。

笔者将汪、胡早年相交的事项细细排比出来,由此可知二人最

---

① 耿云志主编:《胡适遗稿及秘藏书信(27)》,黄山书社 1994 年版,第 268 页。

② 1919 年 2 月,胡适在商务印书馆出版《中国哲学史大纲》,比在亚东出版的《短篇小说》(第一集)要略早几个月。但《中国哲学史大纲》是胡适以自己的博士论文为主干,以其在北京大学的哲学讲义为依据,于 1918 年 7 月完成的。当时蔡元培读到初稿大为赞赏,推荐给商务印书馆,很快,商务即将此书正式出版了。而《短篇小说》(第一集)的约稿发生在 1916 年,同年 5 月胡适即答应了亚东的这一组稿要求。因此,我们若从对胡适的约稿及其完稿的时间来看的话,《短篇小说》(第一集)显然更早。

③ 参见耿云志主编:《胡适遗稿及秘藏书信(27)》,黄山书社 1994 年版,第 273 页。

初的交往中，汪孟邹对胡适是有着重要的知遇之恩的。胡适人生中最早几次关键的出场：与陈独秀的结识，成为《新青年》的重要作者，入职北京大学——都与汪孟邹密切相关。也因此，难怪有论者认为："没有纤夫汪孟邹，胡适大名难起飞。"①

2.胡适对亚东的支持与帮助

汪孟邹对胡适帮助不少，胡适对汪孟邹及亚东更是意义非凡，这体现在多个维度。

首先，胡适将自己的作品大部分交由亚东出版，为亚东赢来了巨大的声誉与可观的发行量。胡适 1949 年以前的著作，除少数几种由商务、申报馆、新月书店等出版外，大多数都交给了亚东，亚东是胡适著作最重要的出版机构。

其次，胡适为亚东介绍了大量国内知名学者和作家的稿件。汪孟邹在口述《亚东图书馆简史》时指出，亚东图书馆的书稿，除了自己整理的旧小说外，主要是由朋友介绍来的，并对相关朋友及其介绍而来的作者有清晰列举。以此按图索骥，可查知由胡适介绍到亚东的作者及书稿包括：陆志韦的《渡河》，朱自清写的《踪迹》、编的《我们的六月》，陶孟和的《孟和文存》、《国文故事选读》，孟寿椿的《世界科学新谭》，赵诚之的《普希金小说集》，张慰慈的《市政制度》，刘文典的《进化论讲话》，李秉之的《俄罗斯名著第一集》、《俄罗斯名著第二集》、《俄宫见闻记》，吴虞的《吴虞文录》，陆侃如的《屈原》、《宋玉》，俞平伯著的《冬夜》、《西还》、《红楼梦辨》，主编的《我们

---

① 胡国芳：《汪孟邹为新书业奋斗一生》，载汪无奇编著：《亚东六录》，黄山书社 2013 年版，第 150 页。

的七月》以及标点的《三侠五义》，康白情的《草儿在前集》、《河上集》，顾颉刚编订的《崔东壁遗书》以及《顾颉刚通俗论著集》。

此外，除汪孟邹明确示知为胡适一系的作者外，胡适推荐到亚东的作者及书稿还包括：胡思永的《胡思永的遗诗》，任白涛的《应用新闻学》、《恋爱心理学研究》、《近代恋爱名论》、《给志在文艺者》，徐嘉瑞的《中古文学概论》[1] 和江绍原的《实生论大旨》[2]。

再次，胡适对亚东的另一重大贡献是为亚东所出书籍作序考证。鲁迅说："在一本书之前，有一篇序文，略述作者的生涯、思想、主张，或本书中所含的要义，一定于读者便宜得多。"[3] 这句话是针对读者而言的。就出版者而论，序文往往是一种吸引读者的强有力招牌，是推销术之一种。名家的序跋更是画龙点睛，所起的作用无异于顺风而呼，登高而招。胡适以其社会声望、社会关系资源和政治参与经历，不厌其烦地为亚东出版物作序或考证，使亚东的营业获益匪浅。

胡适自己在亚东出版的作品均有序；胡适推荐到亚东出版的书籍，其中不少有其序言予以介绍，如《吴虞文录》、《胡思永的遗诗》、

---

① 关于徐嘉瑞《中古文学概论》一书的出版，据记载："1923 年 3 月，他的《中古文学概论》由云南官书局印行，由新亚书社经售，徐 '曾托新亚书社经理陈予新君携沪请胡适之评阅'。1924 年，该书由胡适作序，在上海第二次印刷。"（蒙树宏：《蒙树宏文集·第4 卷·现代文学六人集》，云南大学出版社 2016 年版，第 199 页。）可推知亚东出版该书的书稿当来自胡适。另外，材料中关于《中古文学概论》1924 年第二次印刷的表述不够准确，应为 1924 年亚东图书馆出版。

② 关于江绍原《实生论大旨》一书的出版，据记载："1921 年 8 月 5 日江绍原致信胡适，请胡费神审议译稿，卖钱作为姐姐的学费。"（方光华：《旌德人文》，合肥工业大学出版社 2011 年版，第 112 页。）查江绍原年谱，1921—1923 年间，其翻译出版的书籍仅《实生论大旨》，其他翻译的几篇均为报刊文章，因此可推知江绍原请胡适审议并出版的译稿，当为亚东出版的这本《实生论大旨》。

③ 鲁迅：《〈文艺与批评〉译者附记》，载陈漱渝、肖振鸣整理：《编年体鲁迅著作全集（1928—1932）》，福建教育出版社 2006 年版，第 199 页。

《中古文学概论》、《市政制度》、《文木山房集》、《崔东壁遗书》等。亚东出版的新诗集《蕙的风》、科玄论战文集《科学与人生观》，胡适亦作有序言，为这些书籍增色不少。尤为浓墨重彩的是，亚东出版的标点白话文小说，胡适为其中 15 种撰有考证文字！这 15 种标点白话文小说，初版、再版、重版时，胡适分别作有不同的考证文字，或序言，或作者年谱，不一而足。为支持亚东出版标点本白话文小说，胡适还充分发挥其影响力，召集学术圈中的同道好友如顾颉刚、钱玄同、刘半农、徐志摩、孙楷第等一起为亚东写序。胡适、钱玄同等的序言，也成为亚东版标点白话文小说最强有力的招牌。若胡适的序言一时无法写成，亚东即便已经排好了也宁愿搁住不出版，这反过来也说明，胡适不厌其烦、付出大量精力为亚东出版物所作的序，于亚东而言是何等重要的支持！

胡适把自己的作品交由亚东出版，为亚东推荐作者和书稿，为亚东出版物作序，介绍学者作序——笔者对其数量进行统计，发现亚东出版物中与胡适密切相关者近 70 种，占亚东出版物总量的四分之一强，比例不可谓不高！与此同时，亚东出版物的篇幅大小差异比较悬殊，既出版有大部头书籍，多达上千页，也有不少小册子，仅十几页，而其中大部头书籍主要集中在标点本白话小说及文存上。这也就是说，亚东出版的书籍中与胡适有关的，同时也是亚东最重要的出版物。也因此，如果从印张来看的话，与胡适密切相关的书籍大致要占到亚东出版物印张总量的一半。由此我们可以深切感受到胡适对亚东的贡献与帮助。

此外在图书选题上，胡适也为亚东贡献了大量的智慧与心力。胡适虽然没有办过出版社，但他对出版业并不陌生。1917 年，甫归国门的胡适，对国内出版界已十分注意。趁船在上海停泊期间，他专门花了整天时间调查上海的出版界。1921年，胡适对商务印书馆进行考察后提出的改革建议也显示了他对出版领域的熟稔。在北大任教期间，他还担任过一段时间的北京大学出版部主任。这些实际经验加上他本人的学识才情，使得他在策划图书选题时，能高屋建瓴地把握文化潮流的方向。经他策划的选题，既有浓厚的时代气息，又能结合出版社的实际情况。事实上，亚东黄金时期出版的图书选题，无论是新诗集，还是系列标点白话文小说，或是新文化主题的书籍，都与胡适高度相关。而且，胡适还根据亚东翻印古书的传统，为亚东提出过不少相关选题。胡适曾提议亚东出一套"中国哲学丛书"，收入《朱子年谱》、《王阳明传习录》、《颜氏学记》、《费氏遗书》、《李直讲集》、《明夷待访录》、《伯牙琴》、《近思录集注》①，基本上包括了与中国哲学史有关的重要著作。1926年3月，胡适又提出"古短篇小说丛书"计划，他为亚东开列的书名有：《京本通俗小说》、《今古奇观》、《拍案惊奇》、《石点头》、《醒醒石》和《觉世十二楼》。②1931年4月，汪原放到北平检查身体，胡适又和他谈起出书的事，汪原放记下有二十余种书名。③胡适为亚东厘定的这些选题，亚东虽没有全部出版，但其整理出版的古代作品，均没有超出胡适选定的范围。

事实上，胡适对亚东的帮助与贡献，不仅有才智层面的，还包括情感意义层面的。胡适晚年谈及亚东时，用的是"我们的书店"，此语道出亚东在胡适内心的分量。胡适把亚东当作自己的书店，关心它

---

① 参见汪原放：《回忆亚东图书馆》，学林出版社1983年版，第97页。
② 参见汪原放：《回忆亚东图书馆》，学林出版社1983年版，第98页。
③ 参见汪原放：《回忆亚东图书馆》，学林出版社1983年版，第152页。

的发展，想其所想，急其所急，这样的例子实在太多，我们举其一二即能窥见。

1923 年，胡适主编的《努力》改为月刊，亚东和商务印书馆都想争得该刊的出版发行权，此事在胡适的日记中有详细记载：

（10 月 16 日）到亚东，与孟邹谈。《努力》改为月刊，孟邹、原放、鉴初、希吕诸人都要我把他交给亚东出版发行。我也愿意这样办。但商务印书馆知道了此事，云五力争此报归商务出版。今夜我劝亚东不必争。亚东此时在出版界已渐渐到了第三位，只因所做事业不与商务中华冲突，故他们不和他争。此时亚东公然与商务争此报，即使我们给了他，也不是亚东之福，因为亚东从此要遭忌了。孟邹终不肯让。

半夜回旅馆，为此事踌躇不能睡，——两方都是极好朋友，而孟邹们情愿借债来办此事，情尤不可却……

胡适第二天的日记中再记此事，终于有了较为两全的办法：

（10 月 17 日）云五先生来，作长谈。他说，昨日商务的总务处会议，决计要争《努力》去办，无论什么条件都可遵依。从前梁任公办《大中华》，给中华书局抢去了，他们至今引为憾事。故此次决不让亚东拿去办。我预料亚东是争不过商务的，只好提出几个条件：

（1）本社保留四页广告，得以两页赠与亚东。

（2）认亚东为分发行所，得代定《努力》。

（3）我的文章可保留版权，不受稿费，以后可自由在别处出单本集子。

云五都答应了。

……

午刻，孟邹邀我到第一春吃饭……谈《努力》事，孟邹说，今早实庵来，也劝他不要和商务争，免得适之为难。鉴初要求认亚东为分发行所，实庵主张保留我的文章的版权。这两项都不出我所料，我早已预备好了，孟邹也就满意了。[①]

胡适对亚东的关切，为其考量的周到，从这两段日记中，读者自能获深刻的感受。亚东的发展，胡适一直关切于心。汪孟邹和汪原放叔侄不合，胡适一直居间努力调解。据汪原放回忆，1926年胡适出国时，还特意写信给他和汪乃刚，劝他们把店事搞好，工作做好。[②]后来亚东衰落，汪氏叔侄间的意见分歧加剧及至分家，汪原放接手亚东，不久后危机更甚，几不能维持，胡适屡屡为亚东向银行周借款项。为了帮助亚东走出困境，胡适甚至凭借他与商务印书馆总经理王云五的深交，亲自为亚东拟订了一份与商务合股的详细办法，嘱托汪原放面交王云五，希望王云五能用他的大力与大才救济亚东眼前的难关。合并之事最终未果，但胡适救危济困之心实在可感。

胡适年轻时即获得大名，但其与汪孟邹相识于微，汪孟邹对早年的胡适颇有知遇之恩，而且新文化运动初起时，应声而起的出版机

① 胡适著，曹伯言整理：《胡适日记全编·4》（1923—1927），安徽教育出版社2001年版，第76—77页。

② 参见汪原放：《亚东图书馆与陈独秀》，学林出版社2006年版，第104页。

构并不多，商务尚因循守旧，因此胡适最初与亚东的合作，可以说是情谊与时势下的必然。随后，商务很快调整了步伐，并于 1921 年力邀胡适任编译所所长，胡适虽未答允，但此后胡适与商务印书馆的关系十分亲厚紧密。商务居全国出版业之首，应该说无论哪个方面都胜亚东一筹，而胡适并没有因此而改弦易辙，仍一如既往尽全力支持亚东，引亚东以为"我们的书店"，个中原因颇引人深思。

这一方面是胡适本人的性格使然。胡适生平最重视友情，对朋友爱之以德，热心相助，与人结下的友谊大多终生不渝。胡适与汪孟邹既有深厚的情谊，合作又一贯良好，自然不会轻易发生改变。亚东职员基本都是安徽绩溪人，胡适到上海时，总要到亚东图书馆看看、谈谈，与他们也都有着很好的关系。除汪孟邹外，汪原放、章希吕、余昌之等亚东同人与胡适都有书信往还，从现今保存下来的大量手迹来看，有不少纯粹是彼此的相互问候。极重乡梓情谊的胡适，与亚东上上下下关系都如此切近，亚东很难不成为其一生情之所系。

另一方面，这与汪孟邹的努力亦不可分。胡适对亚东劳苦功高，亚东方面也是投之以桃，报之以李。1923 年 4 月 28 日《孟邹日记》："下午到馆，晚请适之于都益处，旋同至馆中谈商一切，告以每月送他一百元：一是报他已往助我们的劳绩；一是托他以后介绍并审查各稿云云。"[①] 亚东除月送胡适百元作酬谢外，在其作品的版税上也格外优待。亚东的版税一般为 10% 或 15%，而对胡适，则按他自己的规定，初版为 15%，再版 20%。[②] 据陆费逵说，胡适版税收入，有的

---

① 汪原放：《回忆亚东图书馆》，学林出版社 1983 年版，第 68 页。
② 参见陆费逵：《六十年来中国之出版业与印刷业》（文后注释 10），《出版史料》1992 年第 2 期。

年份达二三千元之数目。① 无疑，亚东要支付其中的大部分。这是亲兄弟明算账的部分，而汪孟邹与胡适的交往中更有深切的关怀。1925年11月，胡适专程到上海医治痔疮，寄居于亚东约四月之久。亚东特意为他准备了一层楼房，并精心作了布置，以便他学习和接待来访客人②，殷勤备至，可见其中的情谊。

此外，亚东图书馆谨严的工作作风与胡适的治学精神相契合，这也是胡适能与亚东长期合作的关键因素。作为一代学术宗师的胡适，对自己作品极为爱护，而亚东同人在他作品出版方面付出的艰苦努力令他感动不已，胡适在其作品的自序中一再表达自己的感激之情。

同时，亚东还为胡适提供了大量的便利，这也使得胡适在与亚东的长期合作中深感默契愉快。胡适社交频繁，又笔耕不辍，深感时间短缺，他的许多书稿都是请亚东同人代为整理的，如《胡适文存》等。胡适热心于家乡地方志的收集，有一部难得的《绩溪县志》是让店中朋友照原书的格式代抄一份给他的。有些绝版的图书，胡适委托汪孟邹找同行设法购置。③ 胡适学术界朋友很多，相互之间常常交换文章和互赠书籍。他为亚东图书写的序文，往往要求亚东单独抽印出来，装订成册，以便他送人，亚东都一一遵循照办，如1923年12月3日，胡适给亚东编辑章希吕写信，请他将《吴敬梓年谱》和《西游记考证》印成100册单行本。这些单行本尚有留存于世者，安徽省图书馆即收藏有《水浒传考证》单行本。亚东对胡适作品的宣传也不遗余力，而

---

① 参见陆费逵：《六十年来中国之出版业与印刷业》，《出版史料》1992年第2期。

② 参见汪原放：《回忆亚东图书馆》，学林出版社1983年版，第96页。

③ 参见《胡适致章希吕、胡绍庭等人的信》，载颜振吾：《胡适研究丛录》，生活·读书·新知三联书店1989年版，第226页。

且这宣传并不局限于只介绍本家出版之书。亚东在对胡适作品作专门介绍时，也连带把胡适在别家出版的作品一并列举出来。这方面的宣传，目见的有：1925 年 4 月再版的《水浒续集》附页，1925 年 9 月再版的《中古文学概论》附页，1925 年 10 月 8 版的《胡适文存》附页、1926 年 4 月出版的《教育理法问题》附页、1928 年 4 月出版的《上古的人》附页等。这种作者利益至上的经营风范一定也为胡适所赏识和感念。

3. 平等与互助

在汪孟邹与胡适的交往中，因胡适声名烜赫，我们往往更容易注意到胡适对汪孟邹的帮助与影响。然而，他们的关系，并非一味是显赫名人对关系亲近的同乡之提携帮助。事实上，考虑到汪孟邹年长胡适十余岁，以及他们最开始认识时的方式，汪孟邹于胡适而言，多少有些家乡贤长的身份在。后来胡适出名，因此"家乡贤长"与"大名鼎鼎"之间形成一种微妙的平衡。整体而言，二人的情谊是较为平等的，此有两事可展开论说。

其一，1925 年执政后的段祺瑞政府筹备召开"善后会议"，段祺瑞和安徽省长许世英分别致电胡适，特邀他参加。胡适参加"善后会议"的信息一经传出，社会舆论哗然，支持胡适出席"善后会议"的朋友也劝其务必谨慎。陈独秀致信胡适，"兄毅然出席善后会议去尝试一下，社会上颇有人反对，弟却以兄出席为然。但这里有一个重要问题，就是兄在此会议席上，必须卓然自立，不至失去中国近代大著作家胡适的身分才好"。汪孟邹一同附信则言："我意此事关系吾兄前途的确极为重大，他们恐属有意的利用吾兄，切勿无意的受他们的利用，出席之日，务望独立发挥自由言论，千万谨慎，至祷至祷！怡荪、洛声均不在世，我亦不得不随同仲父（陈独秀——笔者注）自附于诤友之列也，惟吾兄谅之恕之。"①

其二，据汪原放回忆，1925年胡适与陈独秀发生"问题"与"主义"之争，在汪原放家里，二人为此发生了一次争论。两人谈着谈着，陈独秀说："适之，你连帝国主义都不承认吗？"胡适生气了，说："仲甫，哪有帝国主义！哪有帝国主义！"第二天汪孟邹知道了，对着胡适说："适之，你怎么连帝国主义也不承认呢？不对吧？"②

由以上二例可以看出，尽管胡适名望盛大，汪孟邹也始终能以诤友身份相劝，甚至进行直言不讳的质问，这显示出汪、胡之间友谊的平等、深厚与真挚，这也是他们友谊能维持终生的重要基石。

胡适对亚东的巨大帮助，使亚东成为同行称羡的对象，而关于亚东对胡适事业的助益，人们往往认识不足。胡适倡导白话诗，发起新诗运动，是亚东为之承担起了"新诗消息的发布者"的角色，一本接一本地出版新诗集。亚东创意策划的对白话文小说进行标点、分段出版的系列选题，与当时胡适倡导的整理国故运动不谋而合，因此亚东借由标点白话文小说，也成为胡适发表整理国故作品与传播整理国故思想最重要的舞台。换言之，亚东的出版工作，为胡适主导的这些重要思潮承担起了助产婆和赞助人之角色。设若没有亚东这一平台，胡适无论是发起白话文运动，还是整理国故运动，恐怕其成效都将大打折扣。胡适对亚东帮助良多，而亚东的出版工作也助益了胡适的人生事业，两者之间毋宁说是一种互助。

---

① 耿云志主编：《胡适遗稿及秘藏书信（27）》，黄山书社1994年版，第354—356页。
② 汪原放：《亚东图书馆与陈独秀》，学林出版社2006年版，第97页。

（三）汪孟邹与陈独秀

汪原放《回忆亚东图书馆》一书再版时，书名改为《亚东图书馆与陈独秀》，将陈独秀予以凸显。这一改动，大概有利用名人效应之商业上的考量，但同时它也是符合史实的。陈独秀对亚东影响极大，亚东"因陈而生，因陈而兴，因陈而衰，因陈而终"①。陈独秀一手促成了汪孟邹前往上海创办亚东；也因其新文化运动旗手的身份，为亚东带来新书刊的大量发行，使得亚东营业的局面由此逐渐兴旺；此后陈独秀对亚东的经营与发展一直十分关切，具有重要影响。

陈独秀对亚东的关心，体现在诸多细节上。汪原放回忆，陈独秀每到店里总要问问出版的书的销场，听说还好，便非常高兴。②1927年，汪原放被高语罕电召到武汉担任《民国日报》编辑，陈独秀在武汉看到汪原放，立刻问："你怎么来了？""语罕真乱来。你走了，孟邹怎么好？店事怎么好？我看，你还是回去罢。"③甚至是身陷囹圄时，陈独秀仍时刻关注着亚东的情况。1933年8月9日，陈独秀致信汪原放，有一节专讲亚东译书之事，为亚东提供可翻译书目及人选。1933年，鉴于亚东的萧条景况，陈独秀向汪原放提议重印《独秀文存》。同年9月12日又致信汪原放，提议亚东重印何礼的小册子和《中亚细亚游记》，并建议选译日本的几种刊物，主动表示可承担选编指导之责。1934年12月7日致信汪原放："亚东近出二书，书名及作者之名均不能号召读者，不知何以要印那样的书？行翁《论衡》及李译《马可波罗》都要

---

① 汪无功：《序一》，载汪无奇编著：《亚东六录》，黄山书社2013年版，第2页。
② 参见汪原放：《亚东图书馆与陈独秀》，学林出版社2006年版，第93页。
③ 汪原放：《亚东图书馆与陈独秀》，学林出版社2006年版，第116页。

行销些。"①此时段陈独秀虽在狱中，对亚东的店事却了如指掌。那些年亚东生意萧条，陈独秀急亚东之所急，想亚东之所想，从筹款、合资到店中人事安排，无不为亚东考虑。

正因为陈独秀对亚东的影响，人们往往注意到陈独秀对汪孟邹的帮助，这固然是事实，但与此同时，汪孟邹对于革命人士陈独秀的意义亦举足轻重，值得关注。汪孟邹为一生从事革命的陈独秀提供多维度与全方位的支持，包括出版支持、经济支持、家庭支持、情感支持、政治支持等。可以说，汪孟邹是陈独秀革命事业中最重要的支持力量，没有汪孟邹，陈独秀的革命生涯是难以想象的。

1. 汪孟邹为陈独秀的文化与革命活动提供重要的出版支持

自芜湖科学图书社起，汪孟邹即以自己的一方出版领地，为陈独秀的文化和革命活动提供重要支持。举科学图书社之力协助陈独秀将《安徽俗话报》办好，为《新青年》之诞生设法，以及随后大量代派各类新式期刊为新文化运动鼓与呼，这些在前文中多有述及。除此之外，汪孟邹还予以陈独秀多方面的出版支持。

1922 年 9 月，中共中央机关报《向导》在上海创刊，此事陈独秀指派汪孟邹来操办。亚东迅速筹措最好的纸张以作《向导》印刷之用，《向导》印好后，亚东图书馆承担了它的发行任务，对外只称是《向导》代售处之一。实际上，汪孟邹及亚东对党的出版事业的支持，还可以追溯到更早。1920 年 5 月到 7 月间，因陈独秀的担保，汪孟邹曾将亚东的书赊给毛泽东的长沙文化书社和恽代英在武昌创设的时

---

① 汪原放：《亚东图书馆与陈独秀》，学林出版社 2006 年版，第 169 页。

中书局进行销售，亚东的"万年青"账册对此均有记录。汪孟邹生前交代说："这里欠了多少，不必再算账。不过这是资料、史料，将来或者有用处。"

此外，亚东积极将陈独秀零散发表在刊物上的文章结集成《独秀文存》予以出版。陈独秀等新文化运动代表人物的文章多发表在当时的新杂志上，起着振聋发聩的作用，但是杂志的传播特性一方面使其传播速度快、传播范围广，同时也容易星散。汪原放谈到编陈独秀的《独秀文存二集》（因时局及内容敏感，最后未能出版）时，一些文章就难以找到，"在目录上，哪些文章没有找到，他都一一注明，要我们想办法找一找，他自己也在找，找到，就拿来。他有时来，会带一些他找到的文章来，有的是剪下来的，注有时日等等"①。亚东出版陈独秀等人的文存，是第一次将他们在新文化运动中的言说文论进行结集，这一书籍化过程对他们的文章起到了固定、系统化的作用。这至少在两方面有着深远的价值。其一是文化保存价值，若没有亚东将陈独秀等人散见在各报刊上的文章结集出版，使之成为一种广为通行的本子，许多有价值的资料也许已经散佚。单就文献保存这个方面来说，亚东也是功莫大焉。其二，在新文化运动方兴未艾之时，亚东将新文化代表人物的文章结集出版，实际上是新文化新思想继在报刊上吹响第一轮号角后，再次获得了书籍这一场域，进而展开第二轮的传播。这对已有成果的巩固及新文化运动的进一步发展无疑具有重要作用。此外，抗战时期汪孟邹为陈独秀出版了不少关于抗战的小册子：《抗日战争之意义》、《怎样使有钱者出钱有力者出力》、《准备战败后

---

① 汪原放：《亚东图书馆与陈独秀》，学林出版社 2006 年版，第 77—78 页。

的对日抗战》、《我对于抗战的意见》、《从国际形势观察中国抗战前途》、《我们断然有救》、《民族野心》、《告日本社会主义者》等，陈独秀的抗日主张得以被广泛传播。

2. 汪孟邹不计回报地为陈独秀提供经济保障

关于革命家的经济生活，王凡西说过这样一段话："当一个革命大党的'职业家'比较容易，因为党有充足经费，可以保证那些以全部时间与全部精力从事革命的党员们的生活，至少可以保障他们最低限度的生活。弱小的革命政党情形却大不相同，它既无国际援助，又无大笔党费。'职业家'们不但无薪资可领，还得设法筹措组织之所需。他们得寻找一些'兼职'，得从事一点'副业'，借以维持本人及其家人的生活，同时提供组织活动的经费。"① 陈独秀一生从事革命，其经济来源除了亲朋好友偶有接济外，主要依靠汪孟邹的亚东图书馆。

就公的方面而言，是亚东给予的稿费。仍引王凡西所言："在政治反动与经济衰落的环境里，革命者能够找到怎样的'兼职'与'副业'呢？除了卖文之外，几乎别无门路。"② 亚东是陈独秀"卖文"最重要的买家，陈独秀的绝大部分著作由亚东出版，而且以高标准支付稿酬。1933 年 10 月 11 日，陈独秀收到亚东寄去的一纸账单，账单上反映出亚东给陈独秀的版税为 15%。

就私的方面而言，汪孟邹个人给予了陈独秀大量无私的经济资

---

① 王凡西：《从鲁迅的一封信，谈到陈其昌这个人》，载奚金芳、伍玲玲主编：《陈独秀南京狱中资料汇编（下卷）》，上海人民出版社 2016 年版，第 643 页。

② 王凡西：《从鲁迅的一封信，谈到陈其昌这个人》，载奚金芳、伍玲玲主编：《陈独秀南京狱中资料汇编（下卷）》，上海人民出版社 2016 年版，第 643 页。

助。据汪原放回忆，大叔汪孟邹说："仲甫真是一个硬汉，他从来不开口要钱。我看见他坐的时候多了，总要问他一句：'要拿一点钱罢？'他点点头。他拿了一元、两元，再坐一会，回去了。"① 那个时候陈独秀仅在亚东出版有《新体英文教科书》，并不太行销，原计划分四册，生意不好，后来都没有出完。尽管亚东生意清淡，汪孟邹维持得十分辛苦，对陈独秀却不时予以接济，甚至包括对其眷属的接济与照料。1914 年，陈独秀赴日协助章士钊编辑《甲寅》，其妻高君曼独自留在上海，即由汪孟邹为之照顾；陈独秀之子延年、乔年亦每月到亚东拿学费，每人每月给五元。据汪原放回忆，有时汪孟邹要出去，十元钱会放在抽屉里，兄弟俩来时，立刻可以交给他们，免得空跑。1924 年秋，陈独秀和高君曼感情破裂，提出离婚。经汪孟邹调解，不离婚，高君曼和两个孩子迁居南京，由亚东图书馆每月汇去 30 元生活费。② 实际上，此时陈独秀并无多少稿费存在亚东，然而汪孟邹不以为意，陈独秀后来表示："我欠亚东的钱实在不少了，心里很难过，你可以把《独秀文存》重印出来，让我快快拿版税把亚东的账结清才好。"③ 为此陈独秀嘱咐汪原放："务请抄一细账赐知。无论如何深交，账目必须清楚。令叔对此往往胡里胡涂，望兄一矫正之。"④ 事实上，汪孟邹在账目方面并不糊涂，对钱财的进度与使用甚至可说异常精细，汪氏叔侄共同经营亚东矛盾不断，其中一个主要原因就是汪原放不满于汪孟邹的过于节约。如此对比，可以看出汪孟邹对于陈独秀

---

① 汪原放：《亚东图书馆与陈独秀》，学林出版社 2006 年版，第 94—95 页。
② 参见王光远编：《陈独秀年谱（1879—1942）》，重庆出版社 1987 年版，第 176 页。
③ 汪原放：《亚东图书馆与陈独秀》，学林出版社 2006 年版，第 171 页。
④ 汪原放：《亚东图书馆与陈独秀》，学林出版社 2006 年版，第 172 页。

是怎样的一种支持。

3. 汪孟邹予以陈独秀情同手足般的友谊滋养与安全救援

陈独秀从事革命工作，孤勇一生。汪孟邹是他自二十几岁起即知根知底的老友，终其一生给予其情同手足般的友谊滋养。据汪原放言："依我看，仲翁和他（汪孟邹——笔者注）是无所不谈的。"① 无论何时，陈独秀只要在上海，就常要去亚东，汪孟邹的日记中也常见"今日又与仲甫闲谈一切"、"今日又与仲甫讨论"② 的文字。诸多方面都显示出汪孟邹与陈独秀之间真挚深厚的友谊。1923 年 12 月 9 日，汪孟邹的日记写道：希吕、昌之去看梅兰芳戏，而仲甫独在编辑所做文，未免寂寞，我因陪他，至晚饭后方回馆中。③ 为免老友一人寂寞，主动作陪，其间友谊的细腻与温厚可见一斑。

陈独秀从事革命，牢狱之灾乃至生命危险难以避免，汪孟邹一生为其悬忧，为其奔走。1919 年 6 月，陈独秀等人试图对北京政权进行根本性改造，为此起草了《北京市民宣言》并亲自到前门外散发，结果不幸被捕。汪孟邹对此十分担心："仲翁如此意料之中，奈他不听人言何。前途如何，实令炼时刻不安也。"④ 关切之情溢于言表。1920 年 2 月，陈独秀微服离开北京，抵达上海后，先是寄住在亚东图书馆，后来搬到老渔阳里二号寓所。1921 年 10 月 4 日晚，陈独秀在该寓所被法国巡捕房逮捕。汪原放回忆说，汪孟邹第一时间知道消

---

① 汪原放：《亚东图书馆与陈独秀》，学林出版社 2006 年版，第 140 页。
② 汪原放：《亚东图书馆与陈独秀》，学林出版社 2006 年版，第 94 页。
③ 参见汪原放：《亚东图书馆与陈独秀》，学林出版社 2006 年版，第 89 页。
④ 耿云志主编：《胡适遗稿及秘藏书信（27）》，黄山书社 1994 年版，第 293 页。

息，"吓坏了，立刻起床，商量了一会，他说：'你们还是回去罢，我马上去看子沛、子寿去'"，"第二天，我们到店，我的大叔道：'昨夜和子沛、子寿又一道去找过行严（章士钊），再看今天的情形怎么样。真急人哩！……后来我的大叔从外面回来，很高兴地告诉我们：'好了！好了！险呵！险呵！仲甫已经出来了！……'"① 汪原放的生动回忆，再现了汪孟邹在营救陈独秀时的担忧紧张与竭尽全力。1927年八七会议后，陈独秀欲回上海，先找汪孟邹打探上海的安全状况，随即汪孟邹派汪原放、陈啸青二人把陈独秀接回上海。1932年10月，陈独秀在上海岳州路永兴里11号再次被捕，亚东同人对此十分着急，汪孟邹常到章士钊的律师事务所打听陈独秀的消息，并与章士钊一起进行各种营救活动。陈独秀此次入狱直至1937年才被释放，他在狱中与外界的联系，生病就医，所需药品、食物、书籍，均由亚东帮助解决。陈独秀在狱中所写的《金粉泪》组诗（56首），亦由汪孟邹探监时携出，辗转秘藏，颇为不易。"这个册页，有一个时期，很不容易收藏，只有东藏西藏的，有时连自己也记不得是藏在哪里了。"② 幸未遗落。1937年8月23日，因抗战全面爆发，陈独秀被提前释放出狱，他前往武汉，临行前夕以"实庵"笔名给化名"耕野"的汪孟邹去信，老友汪孟邹是陈独秀第一时间告知自己行止及通信方式的人。

晚年陈独秀淹留川渝，每月至少两次与汪孟邹通信③，可惜这些信件均未保留下来。观诸此时段汪孟邹致胡适的信，可深深地感受到汪孟邹对陈独秀生存境况之关切："近得他（陈独秀——笔者注）来

---

① 汪原放：《亚东图书馆与陈独秀》，学林出版社2006年版，第54页。
② 汪原放：《亚东图书馆与陈独秀》，学林出版社2006年版，第177页。
③ 参见耿云志主编：《胡适遗稿及秘藏书信（27）》，黄山书社1994年版，第444页。

讯,说胃病复发,血压高之老病亦发,甚至不能低头写字,他今已至六十高龄,使弟十分悬虑,未能去怀。私意如就吾兄在美之便,或向政府设法,或向知友设法,为他筹得川资,使他与他爱人潘女士得以赴美游历旅行,病体当可易愈,因他体气素强,诸事乐观之故。到美之后,如林语堂卖文办法,陶知行演讲办法,该可生活无虑。此事国内友人均无力量办到,不得不十二分仰望吾兄为此高龄老友竭力为之……"① 后因陈独秀不愿前往美国,此事作罢。然而汪孟邹对老友关爱之深,视改善老友境况为己责之情切,读来令人感动。

4.汪孟邹政治上终身追随陈独秀并予以全然支持

从芜湖科学图书社开始,在政治倾向上汪孟邹即始终追随陈独秀,并为其提供各种可能的支持。

陈独秀在科学图书社创办《安徽俗话报》时,科学图书社即成为芜湖革命活动开展的基地,一度还是安徽革命者的"会议机关"。1905年夏,陈独秀、吴樾、赵伯先(赵声)等人策划暗杀清廷官吏,想以此"震动已死的人心,唤醒同胞的弥天大梦",反对君主立宪。该革命活动的密谋之地就在芜湖科学图书社。汪孟邹作为科学图书社的主人,对此无疑是知晓并提供支持的。汪孟邹创办亚东图书馆时,尽管经营困难,自顾不暇,仍然常常设法帮助柏文蔚、陈独秀等"倒袁"调款。这是汪孟邹早期对陈独秀革命活动的支持。

陈独秀等创建中国共产党前后,亚东是陈独秀的一个对外个人联络点。当时,凡有人要见他,汪孟邹总是替人约好见面时间在亚东会

---

① 耿云志主编:《胡适遗稿及秘藏书信(27)》,黄山书社1994年版,第444—445页。

面。汪原放回忆："亚东五马路的发行所是陈独秀几乎每天要来的地方。他一上楼，就坐在那张红木八仙桌旁，和我叔叔（汪孟邹）滔滔不绝地谈论起来"①。1926年时，汪孟邹甚至感叹过："近来，我们的门槛都给人踏坏了！要看仲甫的人真多呵！"②

1937年抗战全面爆发，南京至上海的交通中断，郑超麟出狱后无法回沪，汪孟邹接受陈独秀的安排，让郑超麟在其老家安徽绩溪避难，住在其侄女汪慎如家。③郑超麟指出，凡与陈独秀关系很密切的人，包括瞿秋白在内，同汪孟邹都有来往。④由此可知两人之间的深刻信任与政治上的同步。

陈独秀时刻关心亚东，对亚东影响深远，汪孟邹为陈独秀不计回报地提供经济上、出版上、情感上、政治上的支持，他们各自都为对方的人生事业提供了最大的帮助。这一切建基于他们之间密切深厚的友谊，相知日深，志同道合，荣辱与共，终生不渝。相识相知于少年，性情相契，是他们友谊的起始，共同怀抱的"热烈的革新感情"则是他们友谊的灵魂。此外，汪孟邹与陈独秀的相识还有一个特殊的桥梁，即汪孟邹的哥哥汪希颜，因此陈、汪的友谊还包含着对好友/哥哥的真挚情感之投射。汪孟邹对陈独秀的追随与服膺，如同是对自己素所钦慕的胞兄的无条件支持。这种支持，帮助陈独秀掀起了新

① 汪原放：《陈独秀与上海亚东图书馆》，载丁晓平编选：《陈独秀印象》，中共党史出版社2016年版，第23页。

② 汪原放：《亚东图书馆与陈独秀》，学林出版社2006年版，第105页。

③ 参见汪无功：《郑超麟在绩溪——怀念郑超麟、吴静如老师》，载汪无奇编著：《亚东六录》，黄山书社2013年版，第215—217页。

④ 参见郑超麟：《亚东图书馆保存瞿秋白文稿的经过》，载上海出版工作者协会编：《出版史料》第2辑，学林出版社1983年版，第86—88页。

文化运动的狂飙，没有经济和家庭的后顾之忧一心革命，在"寂寞而悲伤"时得到友谊的滋养，也为他的革命活动提供了一方安全的空间。因此，无论是就新文化运动而言，还是就革命事业而言，汪孟邹的默默付出都有着很大的贡献。

有论者借诗人海涅对亡友摩西·摩塞所说的一段话以喻汪孟邹，值得转述："他还企图有所作为，来医治人类的疾苦，他永远不倦地帮助别人，他不炫耀自己，而是把他爱的学说静静地付之实行。世人听不到他辛勤的工作，他的姓名不为人知……"①

（四）汪孟邹与章士钊

汪孟邹的名人朋友还有章士钊。与陈独秀、胡适一样，章士钊对亚东的影响至为深远。亚东人出版认真，不肯苟且，对读者对社会负责的精神——我们或可称之为"亚东作风"，据汪孟邹所说，"一半是由于个性使然，一半也是许多朋友，如章行严、陈仲甫、胡适之诸先生督促之力"②。

众所周知，章士钊是反对文学革命的主将之一，而亚东在五四时期，高奏新文化运动的主旋律，在文言白话孰是孰非、孰优孰劣的争论中，坚定地站在了陈独秀、胡适等革命派一边。在出版领域，亚东首举义旗，充当白话文运动的急先锋，出版了一大批白话文学尝试之作，整理了中国历代优秀的古典白话小说。显然，亚东的这一出版方向是与章士钊的文学主张背道而驰的。1925 年，章士钊主编《甲寅》

---

① 惠泉：《记汪孟邹先生》，（香港）《明报月刊》第七卷第二期。
② 汪孟邹：《我与新书业——答萧聪先生》，《大公报·出版界》1947 年 8 月 24 日。

周刊，以此为阵地，与胡适、陈独秀唱起对台戏，掀起白话文运动之后的第二次复古浪潮。他撰文大骂白话文"不成文理，味同嚼蜡，去人意万里"[①]，"以鄙佞妄为之笔，窃高文美艺之名；以就下走圹之狂，隳载道行远之业"[②]，恼恨人们"以适之为大帝，绩溪为上京。遂乃一味于胡氏《文存》中求文章义法，于《尝试集》中求诗歌律令，目无旁骛，笔不暂停。以致酿成今日底他它吗呢吧咧之文变"[③]。《胡适文存》、《尝试集》都是由亚东出版印行而传播全国的，很显然，这一时期，章士钊不可能授稿给紧紧追随胡适、陈独秀的亚东图书馆。他与亚东的三次书稿合作，分别是 1916 年由其选编的"名家小说"，1933 年由其编纂的《陈案书状汇录》以及 1933 年由其注释而后来没有出版的《论衡》，都不是在亚东风头正盛的 20 年代。尽管亚东的出版方向与章士钊的文学观点相背离，但这并不妨碍章士钊对亚东的大力支持，这与章士钊的为人处世之道很有关系。

章士钊跟胡适、陈独秀一样都很重视友情，尽管三人的学术思想存在分歧，所持的"道"不同，但三人之间早年建立的友谊彼此都难以忘怀。1932 年陈独秀被捕，章士钊自告奋勇，不计 1926 年陈独秀因其帮助北京政府镇压学生运动而与他绝交之前嫌，以他著名大律师的身份毛遂自荐做陈独秀的辩护律师。[④] 由此可见章士钊的一般做人原则。

章士钊与汪孟邹的交往可以追溯到 1901 年。当时章士钊在江南

---

①　章士钊：《评新文学运动》，《甲寅》1925 年第 14 期。
②　章士钊：《评新文化运动》，《新闻报》1923 年 8 月 21 日。
③　章士钊：《评新文化运动》，《新闻报》1923 年 8 月 22 日。
④　参见唐宝林：《陈独秀传（下）》，上海人民出版社 1989 年版，第 138 页。

陆师学堂学习，与汪孟邹胞兄汪希颜是同学，关系十分要好。汪孟邹也曾在江南陆师学堂插班跟读半年，因此汪孟邹与章士钊之间也有一小段时间的同校之谊。1902 年夏，汪希颜病殁于陆师学堂，章士钊作挽诗吊唁。[1] 缘于章士钊与汪氏兄弟早年的同学情谊，章士钊对汪孟邹的人生事业一直很关心。汪孟邹 1903 年在芜湖开办科学图书社时，时常到上海办货购书，章士钊的苏报馆就是汪孟邹常落脚的地方。1904 年，章士钊在自己创办的东大陆印书局为汪孟邹印刷《安徽俗话报》，刷印精良，墨油色重，冠盖当时白话报之首。《安徽俗话报》的行销，章士钊不无功劳。1915 年，章士钊将有影响的《甲寅》杂志交给当时毫无名气的亚东发行，为汪孟邹的出版事业注入了新鲜血液，亚东经营的转机实从此时开始。当初亚东出版的地理书和地图，销行不旺，1916 年，章士钊为之撰写书评，登载日报。1915、1916 年由陈独秀牵头，计划合组亚东与群益，集合安徽和湖南的资本成立一个大书局，章士钊为之出谋划策，大力支持，同时应该也是计划中的重要参股对象。[2] 汪孟邹与汪原放叔侄不和，1933 年 3 月，章士钊作为证明律师为他们立有分家的法律手续，为此付出不少精力，反复调解。1933—1934 年，汪原放独当一面，因经营乏术，闹得焦头烂额，情况危急，用胡适的话说，当时"他们只有一个章行严可以帮忙"[3]，汪原放自己也说那段时间几乎每天都要到章士钊的律师事务所去，"有时是为了银行接洽的事，有时是为了担保的事，有时

---

① 参见汪原放：《回忆亚东图书馆》，学林出版社 1983 年版，第 7 页。

② 参见沈寂：《汪孟邹与陈独秀》，载沈寂主编：《陈独秀研究》第 1 辑，东方出版社 1999 年版，第 381 页。

③ 胡适著，曹伯言整理：《胡适日记全编·6》（1931—1937），安徽教育出版社 2001 年版，第 422 页。

是为了仲翁的事"①。为维持住亚东，章士钊以他的地位为亚东担保贷款和提供资金，并联合胡适、陈独秀给汪孟邹打电报及分头写信，请其回沪重新掌印。② 显然，章士钊同胡适、陈独秀一样，都不想让汪孟邹一辈子苦苦经营的这个出版社就此偃旗息鼓，寄希望于汪孟邹回沪后能重振雄风，东山再起。这一良好的愿望因种种原因未能变成现实。1953 年亚东歇业时，欠章士钊的债务最多，可见章士钊在经济上经常援助汪孟邹。③

　　章士钊既是文化名人，又是著名律师。亚东所涉及的法律纠纷多仰仗章士钊的力量帮助解决。1919 年，亚东与泰东图书局因经售无政府主义的书，汪孟邹、赵南公被租界巡捕房捕去拘押，章士钊为之介绍律师，并设法从中周旋，最后以各罚大洋五十元结案，得以从轻处罚。④1935 年，正是亚东经济上的困难时期，偏在这时候，群益书社破产，亚东不得不为之担负五千元的房屋保金赔偿，最后还是请章士钊出来了结此案，以重印《新青年》一版为补偿的方式，为亚东挽回部分经济损失。⑤

　　如果说，胡适是亚东的柱石，陈独秀是亚东的灵魂，那么，章士钊以其大律师的身份，为亚东既得利益和合法权利，提供了有力的保障。亚东内部的经营矛盾，也多赖其帮助解决。就此而言，章士钊则可看成亚东的靠山。胡适、陈独秀、章士钊这三位中国现代史上叱咤风云的人物，如同亚东前进中的三驾马车，为亚东出版物名垂青史立

---

① 汪原放：《亚东图书馆与陈独秀》，学林出版社 2006 年版，第 188 页。
② 汪原放：《回忆亚东图书馆》，学林出版社 1983 年版，第 181—183 页。
③ 参见汪原放：《亚东图书馆简史》，《出版史料》1988 年第 3/4 期。
④ 参见汪原放：《回忆亚东图书馆》，学林出版社 1983 年版，第 49—50 页。
⑤ 参见汪原放：《回忆亚东图书馆》，学林出版社 1983 年版，第 184 页。

下了不朽的功勋。他们对亚东一心奉献的多，希图回报的少。

他们之所以这样不遗余力地帮助亚东，就大的方面而言，是建立在对出版教育事业有高度责任心这一共同基础之上的。作为一代学人，他们自觉地站在历史的高度，把振兴中国出版教育事业当作感化众生、启迪民智、光大文化、振兴中华的一个重要手段。《苏报》、《甲寅》、《新青年》、《向导》、《努力周报》，这些在中国历史上掀起轩然大波的报刊，便是他们这一认识付诸实践的产物。而对异曲同工的图书领域，他们也以同样的热情，通过自己的影响力，积极参与，热心扶持那些有社会责任感的出版企业——对亚东图书馆的关心即是其中一例。就小的方面而论，他们对亚东图书馆厚爱有加，一方面是出于与汪孟邹早年建立起来的不同寻常的私交情谊；另一方面还在于，汪孟邹以出版为手段参与社会改良，以传播新知为己任的书业动机，与他们匡时救世的理想高度契合。正是这内在追求的高度同一，才使得他们乐此不疲地为亚东效力。而亚东出版物所展示的质量意识和对读者负责的精神，也表现出了汪孟邹作为一个出版家的社会良知与强烈的文化使命感，不负他们所望。

（五）·汪孟邹与钱玄同

与陈独秀、胡适一样，钱玄同是五四新文化运动的旗手之一。在早期文白之争中，钱玄同立场坚定、旗帜鲜明地支持白话文。《新青年》第 4 期改为白话文，使用新式标点，便是钱玄同的建议。因此，他对亚东图书馆率先用新式标点整理我国古代优秀白话小说的举动十分赞同，替亚东版的《儒林外史》、《三国演义》作序，为这类图书的整理出版鼓与呼。在他看来，《儒林外史》"不但是文学家的研究品，并且大可列为现在中等学校的一模范国语读本"①；《三国演义》可作"由今语入古语底媒介"，"高等小学底学生读过几部今语体小说之后，即可看此书，以为渐渐看古语体书之用"。② 显然，钱玄同把亚东整理白话小说与贡献于中国国语教育这一意义连在一起，相提并论。亚东也照这一思路号召读者："五百年来，无数的写字的国民从这本书里（指《三国演义》——笔者注）得着了无数的智慧……学会了看书、作文的技能……得着了做人应事的本领。"③

　　1921 年 7 月 28 日，钱玄同就亚东重印旧小说的事，专门给胡适写了一封信，上了九点"条陈"④，几乎涵盖了古典小说整理的各个方面。概括起来有四类内容：

　　（1）关于版本。建议亚东选本要根据当时可以见到的最早最精之本。据此，主张《红楼梦》应据程乙本，《儒林外史》则应据他本人送给胡适的本子（即嘉陵手本）；而亚东将要付印的《西游记》、《镜花缘》、《三国演义》等也须购求善本为据。

　　（2）关于校勘编排。对于原底本的疏漏和纰误，建议照原文排印，而将参校改正之文，节录附在某回之后。

　　（3）关于选题。认为《三国演义》、《金瓶梅》都有整理出版的价值。建议胡适对《金瓶梅》先进行删改，重新编排，然后交付亚东

---

① 钱玄同：《儒林外史·新叙》，亚东图书馆 1920 年版。
② 《胡适、钱玄同等人往来函札》，载颜振吾：《胡适研究丛录》，生活·读书·新知三联书店 1989 年版，第 237—239 页。
③ 《申报》广告，1922 年 6 月 5 日。
④ 《胡适、钱玄同等人往来函札》，载颜振吾：《胡适研究丛录》，生活·读书·新知三联书店 1989 年版，第 237—239 页。

出版。

（4）关于标点分段。指出亚东已出版的《水浒》、《红楼梦》、《儒林外史》等书中存在不少标点、分段上的错误，并打算亲自校读他特别钟情的《儒林外史》，以便将匡谬后的本子嘱亚东照改。建议亚东将来重排时，应该对标点符号、分段分节，仔仔细细地用上一番工夫。

这些指导性建议，在亚东后来的古典小说出版中，大多被吸收采纳了。如《红楼梦》、《儒林外史》都在重排时更换了更好的版本。至于标点分段更是"就正有道"，屡印屡改。亚东的种种改进，充分体现了学者对出版业的有效干预与积极影响。

钱玄同是章太炎的高足，本是从旧学阵营中反戈出来的，旧学根底很深厚。1921 年，亚东准备出版《吴虞文录》。由于书中很多内容引自古书，胡适估计亚东编辑力难胜任标点、分段工作，找钱玄同相助，钱玄同很快答应下来。这事吴虞在日记中也有记载，1921 年 7 月 9 日《师今室日记》："十一时玄同交稿来，予将香祖文又校一遍，予文增入《荀子》、《韩非子》各一条，玄同看得极仔细……"①

亚东曾想援引《胡适文存》、《独秀文存》的范例，出版《钱玄同文存》，但钱玄同在给胡适的信中却认为："时过境迁，不足存。即是真有'存'的价值，也要亲自为笔削而定"，不肯让别人"跳过肉碗代我做厨子"。②汪孟邹与钱玄同的交往不多，并未建立与胡适、陈独秀那样深刻的友谊与信任，出版《钱玄同文存》的愿望最终未能实现。但就亚东的标点白话文小说出版而言，因这一出版计划的重大价值，

---

① 吴虞：《吴虞日记》上册，四川人民出版社 1984 年版，第 612 页。

② 吉少甫：《亚东图书馆的盛衰》，《出版史料》1992 年第 2 期。

以及亚东同人在出版过程中表现出的十足的干劲、勤勉与谨严，钱玄同是主动地、无私地为之贡献自己的智慧与力量的。

对于亚东标点的本子，鲁迅也十分嘉许，他说："我以为许多事是做的人必须有一门特长的，这才做得好。譬如，标点只能让汪原放，做序只能推胡适之，出版只能由亚东图书馆，刘半农、李小峰、我，皆非其选也。"①1932年，他为日本友人增田涉购书，还在函请北新书局主持人李小峰代办时特地注明："标点本要汪原放的，未知是否亚东出？"②可见他对亚东版标点白话文小说的印象之深。在鲁迅留存下来的藏书中，就有亚东版的《水浒》、《西游记》、《镜花缘》。③

正因为对这些本子的好感，鲁迅对亚东标点白话文小说的出版工作亦十分关心。1924年1月5日，鲁迅致信胡适："自从《海上繁华梦》出而《海上花》遂名声顿落，其实《繁华梦》之度量技术去《海上花》远甚。此书大有重印之价值，不知亚东书局有意于此否？我前所见，是每星期出二回之原本，上有吴友如派之绘画，惜现在不可复得矣。"④亚东后来将《海上花列传》出版出来，胡适为该书所作的序言中还引用了鲁迅的观点："鲁迅先生称赞《海上花列传》'平淡而近自然'。这是文学史上很不容易做到的境界。"⑤亚东出版该书，应是

---

① 鲁迅：《华盖集续编·为半农题记〈何典〉后，作》，载《鲁迅全集》第3卷，人民文学出版社1973年版，第285页。
② 鲁迅：《鲁迅全集》第12卷，人民文学出版社1981年版，第85页。
③ 参见北京鲁迅博物馆编：《鲁迅手迹和藏书目录》（内部资料）。
④ 王景山：《鲁迅书信考释增订本》，文化艺术出版社2013年版，第112页。
⑤ 转引自孙玉祥：《猛兽总是独行：鲁迅与他的朋友圈》，江苏凤凰文艺出版社2018年版，第150页。

鲁迅建议的结果。钱玄同和鲁迅与汪孟邹及亚东并不熟悉，却如此慷慨相助，无疑都是感于汪孟邹所做之事的价值及其做事的精神态度。所谓天助自助者，人亦助有真精神者。

（六）汪孟邹与顾颉刚

顾颉刚是以古史研究名噪学林的，而启迪顾颉刚向古史领域迈步进军的，则是他的老师胡适。胡适研究历史的方法以及对他学识的器重，极大地影响了顾颉刚一生的治学活动。因为胡适的缘故，顾颉刚很早就与亚东有了联系。最值得关注的，要数顾颉刚为亚东搜罗、点校、编纂《崔东壁遗书》这个大工程。

这个大工程一开始还是胡适起的头。1921 年 1 月 24 日，胡适致函顾颉刚，告知自己获得《东壁遗书》一书。[①]1922 年，顾颉刚自告奋勇要求承担该书的标点工作。1924 年 2 月 21 日，亚东图书馆在《申报》上公布了该书的出版预告。一般来说，出版社既登了出书预告，很快就会有新书出售，然而这本书的出版却旷日持久，推延到 1936 年。个中原因，顾颉刚在该书的序中特意作了解释，表达了对出版者和读者无限的歉意：

> 自十一年起，到十四年，我在业务余闲，把这些工作做完。到十五年，馆中已排印完成了，照例作一篇序文即可出版。不幸我的好求完备的癖性总觉得应当把有关本书的材料辑出，列为附

① 参见［马来西亚］郑良树编著：《顾颉刚学术年谱简编》，中国友谊出版公司 1987 年版，第 29 页。

录，作"论世知人"之一助；这样一来，范围就放宽了，出版之期就延长了。更不幸的，那时受内战影响，国立大学的经费积欠了两年，使我不得不为衣食而奔走，于是先到厦门，再到广州，三年后又返北平，每搬动一次，半年内的生活就不能上轨道，读书且难，何论作文，因此，这篇序文竟不得作。适之先生曾在北京大学季刊上发表了半篇《科学的古史家崔述》，未写毕而他于十五年游欧洲。临行时把草稿交给我，嘱我续成了编入此书，我亦未能报命。许多朋友早知道我点成了，而久久不见印出，常来问我，使我惭愧得怕听他们的问话。亚东图书馆又屡次告我，说常接到各方人士的函讯，问此书究竟何时可以出版，这些馆中来信，真使我没有揭开看的勇气。然而眼见上海的书肆，北平的书肆已把这书一印再印三印，常有人对我说："你这书出版时，已成了过时货了！"唉，我担负这良心上的罪过已有九年了，除了对出版者和读者们郑重道歉伏罪之外，更有什么话可说！但有一事比较可以自慰的，就是为了出版期的延长，收集的材料也逐渐增多了。

一部排校好的三千余页的大书，耽搁十多年时间才出版，亚东仅成本积压造成的利息损失已十分可观，且不论同行出版在先，抢走市场所造成的无形损失。尽管如此，亚东虽曾委婉地催稿，却不曾违背顾颉刚的意愿，草草出版。这是对顾颉刚笃实治学精神的敬重和无言的支持。

胡适作序说："这部大书出版期所以延搁到今日……最重要的原因当然是顾先生不肯苟且的治学精神。他要搜罗的最完备，不料材料越搜越多，十几年的耽搁竟使这部书的内容比任何《东壁遗书》加添了四分之一。……这样一位'好求完备'的学者的遗著，在一百多年后居然得着一位同样'好求完备'的学者顾颉刚先生费了十多年的精力来搜求整理，这真是近世学术史上最可喜的一段佳话！"事实上，这种"好求完备"的精神也为汪孟邹及亚东同人所共有，否则不可能甘愿承受损失来成全作者。"好求完备"的学者，遇着"好求完备"的出版者，这也是出版史上的一段佳话吧！

大概出于对汪孟邹及其亚东同样"好求完备"的赞赏与感激，1936年10月，顾颉刚主编《大众知识》半月刊时，即将该刊交由亚东图书馆印行，顾颉刚在《大众知识》上发表的文章，也允许汪孟邹收集整理成《顾颉刚通俗论著集》出版。书前王伯祥所作的序，交代了该书的缘起："这个小集，包含着八篇通俗论文，便是汪孟邹先生从《大众知识》上选集而成的。……现在这小集将单印出版，本来要顾先生自己写点感想作序文的。因为他正从事于西北边省的实地考察，在万里征途中已无暇再顾到这一点。汪先生知我与顾先生有相知之雅，便把这序文交托给我。我虽敬佩他的热诚和毅力，其实也无话可以增加他的重要和伟大。不过感于汪先生尽力广布，以冀深入人心的宏愿，只好在这小集的前面说一句话……"《顾颉刚通俗论著集》1937年12月在亚东出版后，1939年3月再版，1947年4月出版第3版，可知该书是受到读者欢迎的，这对战局中经营困难的亚东当不无小补。

40年代，顾颉刚先后担任中国史地图表编纂社社长、大中国图书局总经理，躬耕于出版，与汪孟邹和亚东图书馆有了更多往来。据汪原放回忆："1945年12月间，我妹妹协如去上海一次。她来信说，大叔告诉她，上海各书店要组织一个公司，顾颉刚先生充总编辑，一共四、五家，亚东也并入，这样前途尚有希望，否则死路一条。不过，这个计划，后来并没有实现。"① 也就是说，亚东甚至曾考虑与顾颉刚等合组大书局，虽然最后没有实现，但也说明了汪、顾彼此的信任与交情。

顾颉刚与汪孟邹之间的情谊，还有一事值得说道。1947 年，已是风烛残年的亚东，在战后纸张、印刷费用高昂的情况下，连《胡适文存》都无力再版。胡适找人与汪孟邹约谈，拟将其《文存》三集移交商务出版。《文存》是亚东的好销书之一，此书的继续发行与否也关系到亚东的声誉。此时正好顾颉刚到上海检查身体，汪孟邹与其相见时谈及此事，两人为此商议出一个方案：通过顾颉刚与胡适和大中国图书局的双重关系，拟以"亚东出版，大中国发行"名义，由大中国投资再版《胡适文存》。这样胡适的版税既有着落，亚东亦可将纸版从售改为租，《文存》版权名义上仍能归亚东，他日能据契约收回。同时，这于大中国图书局这一新创之书局，亦是一发展良机。顾颉刚为此热情地给胡适写信，并请求胡适把近十年的文章编成四集，交由大中国出版。② 这一方案最后虽然没有成功，但由此我们亦能清楚感受到汪、顾之间的信任与相互帮扶。

实际上，汪孟邹与顾颉刚本无直接渊源，两人由胡适介绍而认识，正是在《崔东壁遗书》出版过程中汪孟邹展示出来的出版精神，使两人成为朋友。汪孟邹一生朋友众多，得朋友帮助甚多，这既与机

① 汪原放：《回忆亚东图书馆》，学林出版社 1983 年版，第 202—203 页。
② 参见中国社会科学院近代史研究所中华民国史组编：《胡适来往书信选》下册，中华书局 1980 年版，第 211 页。

缘所赐有关，更与他做人做事的精神有关，其与顾颉刚的友谊便是其中一例。

（七）汪孟邹与高语罕

高语罕于 1911 年任安徽青年军秘书长时认识陈独秀，此后一生追随陈独秀左右。汪孟邹在介绍亚东的作者资源时，亦把高语罕归为陈独秀一系，因此高语罕应是由陈独秀介绍给亚东的。

有史料显示，汪孟邹与高语罕 1920 年始有交往，一年后亚东即出版了高语罕的《白话书信》。因此，此书或为汪、高二人经陈独秀介绍认识后，由汪孟邹向高语罕组稿所获。自出版《白话书信》以后，高语罕便一发不可收拾，先后在亚东出版书籍 23 种，成为在亚东出书最多的作者，数量甚至远多于胡适，而且它们绝大多数都是再版书，其中《白话书信》版次高达 39 版。

高语罕在亚东出版的书籍，如果作一个不太严谨的划分的话，大致可以分为三类。一是教材类书籍，如《白话书信》、《白话书信二集》、《国文评选》（1—3 集）、《作文与人生》等。二是书信集，如《现代情书》（1—3 集）、《青年女子书信》、《读者顾问集》（1—2 集）等（事实上，《白话书信》和《白话书信二集》亦是书信集，但亚东销售时更侧重其教材属性，故将其列入教材类书籍）。值得注意的是，高语罕的这些书信集，有的是真实的书信解疑，有的则是"假语村言"，高语罕借书信这种生动通俗的方式，来引导读者关注和思考社会问题。三是关于辩证唯物论的翻译及论著，如《康德的辨（辩）证法》、《斐斯特的辨（辩）证法》、《辨（辩）证法经典》、《理论与实践：从辨（辩）证法唯物论的立场出发（书信体）》等。四是关于革命实践的书籍，如《百花亭畔》、《烽火归来》等。

高语罕在亚东出版的书籍类型多样，但它们之间有一个显著的共同特点，即热切地召唤并启发读者对社会问题进行思考，学会运用马克思主义立场的观点和方法，把个人前途和社会问题、国家命运联系起来，进而成长为中国革命的火种。

经陈独秀介绍相识后，同为安徽人的高语罕与汪孟邹及亚东同人很快便建立起了深刻的友谊。高语罕与亚东常有书信往来，亚东帮助高语罕寄钱、寄书，联系其爱人王丽立等。1927 年春，高语罕还电召汪原放到武汉担任《民国日报》编辑，汪原放因此前往武汉，后来还担任了中央出版局局长职务。1928 年 1 月，革命中的高语罕回到上海，首先去的便是亚东。汪孟邹对高语罕十分爱护，见其穿着广东装十分显眼，赶紧请人到衣店买了一件深灰色哔叽长衫，据说高语罕"这件长衫一直穿到 1945 年"[1]。同乡青年许启珍，在汪孟邹晚年时常伴其左右，据许回忆，汪孟邹和胡适见面时，"谈得最多的是陈独秀、高语罕、章士钊"[2]。捎带一提的是，高语罕在其《中国思想界的奥伏赫变》一书中对胡适进行了严厉的批判，而该书即由亚东图书馆出版。主义之不同却无损于他们之间的友谊，也可见胡适、汪孟邹、高语罕他们的君子精神和为人处世之道。1947 年 4月 23 日，高语罕病逝于南京中央医院。汪孟邹是从胡适处听闻此消息的，"我看见孟翁掉下了眼泪，孟翁说：'语罕对亚东图书馆的

---

[1] 王军：《高语罕年谱》，黄山书社 2012 年版，第 142 页。

[2] 许启珍：《我所认识的汪孟邹先生和胡适之先生》，载程庸祺：《亚东图书馆历史追踪》，安徽教育出版社 2016 年版，第 138 页。

贡献不少。'嘱咐侄孙汪无级有便时去祭拜"[1]。高语罕为亚东作出的巨大贡献及彼此间深刻的交情，让汪孟邹听到高语罕的死讯时忍不住动容。

高语罕不仅将自己备受欢迎的作品贡献于亚东，同时还积极地为亚东介绍书稿。汪孟邹曾说："真古怪！想不通！适之的书，本人的，行；介绍来的，都不很行。高（语罕）的，本人的，也行；介绍来的，也不行。光赤（蒋光慈）的书，本人的，好，行；所有介绍来的，也都不及他自己的。"[2] 可知高语罕也是积极为亚东介绍书稿的作者之一。对胡适、高语罕、蒋光慈介绍来的书稿之出版情况，汪孟邹的表述或稍显保守。比较起胡、高、蒋他们自身书籍的极为畅销而言，介绍来的书稿确实弱一些，但它们的销路并非"不行"。整体而言，它们也多是重版书，多次再版。以程浩的《人类的性生活》和《节制生育问题》两书为例，由序言可知此二书是由高语罕推荐到亚东的，前者知见版次9版，后者7版，无疑都是受欢迎的。

高语罕对亚东的贡献，还在于他的书籍启发或带动了亚东几种类型书籍的系列出版。其一是教材类书籍。在高语罕的《白话书信》被开发为教材读本后，亚东开始重新切入教材类书籍出版板块。其二是书信类书籍。虽然之前亚东已出版宗白华等人的《三叶集》，然而是在高语罕的多种书信集在亚东出版后，亚东的此类书籍才渐成规模。在出版高语罕书信书籍的基础上，亚东又陆续出版了宋若瑜、蒋光慈的《纪念碑》，李季译的《欧洲近二百年名人情书》、《欧洲近二百年

---

① 许启珍：《我所认识的汪孟邹先生和胡适之先生》，载程庸祺：《亚东图书馆历史追踪》，安徽教育出版社2016年版，第138页。

② 汪原放：《亚东图书馆与陈独秀》，学林出版社2006年版，第143页。

名人情书续集》，陶行知的《知行书信》，程万孚译的《柴霍夫书信集》，汪原放编的《书信选辑》，林超真译的《马克思致顾尔曼的信》、《马克思恩格斯书信选》等，由此书信类出版物也渐成亚东的一个招牌，是亚东在广告中重点向读者推荐的一类出版物。其三是马克思主义社会科学著作的出版。1927 年后，社会科学著作渐成亚东重要的出版品类，其起点大致是 1921 年出版的高语罕的《白话书信》。《白话书信》启发青年学生和社会底层人民对社会问题的思考，向他们就阶级斗争、无产阶级专政等马克思主义基本原理作通俗易懂的介绍，此书后来屡因"宣传共产主义"、"言论反动，普罗意识"而被国民政府查禁。汪孟邹指出，1925 年后中国社会科学的勃兴，亚东是一个有力的促成者，其中以高语罕和李季、郑超麟的创作和介绍影响为大。其中，高语罕的《白话书信》出版时间最早，远远早于亚东出版的其他社会科学著作。换言之，高语罕《白话书信》的出版，开了亚东出版马克思主义社会科学书籍的先河，其畅销盛行也推动了亚东在此领域的进一步深耕。

高语罕的书籍，无论是在声誉上还是在财政上，对亚东都助益良多。与此同时，高语罕的书稿也幸得亚东赏识，不仅因此获得了出版的可能，而且还收获了优良的传播效果。由于内容敏感、思想先进等原因，高语罕的书籍屡遭政府查禁，因此出版高语罕的著作无疑是非常考验出版者的勇气和智慧的。从亚东对《独秀文存》二集、《秋白文存》的处理情况来看，汪孟邹是极为谨慎。风险太大时，宁愿放弃可观的出版效益，也决不冒进。然而从高语罕著作的出版情况来看，亚东则似乎取更加积极的态度。这一方面是高语罕的敏感度比陈独秀、瞿秋白相对要低，他的书虽然经常被禁，但尚不至于给亚东带来灭顶之灾；另一方面也反映出汪孟邹对当时的出版红线有着准确灵活的把握。亚东出版的高语罕著作，大多不曾直署"高语罕"之名，署的多是各种笔名：戈鲁阳、张其柯、程始仁、王灵均、王灵皋等。试想若无亚东的悉心谨慎而又灵活主动，高语罕的书籍难有如此顺利的出版，也难有如此大的发行量与影响力。

汪孟邹及其亚东是高语罕作品的知音与伯乐。明知高语罕的作品风险高，亚东却仍坚持大量出版，这不仅是因为高语罕作品销量可观，具有营业上的吸引力，还在于汪孟邹与高语罕两人有着一致的内在精神追求，因此互相支持。在政治取向上，汪孟邹与高语罕都认同并向往马克思主义，这是汪孟邹积极支持高语罕的重要根基。在理想情怀上，高语罕深具"平民教育"和"教育救国"的思想，他孜孜不倦地与读者讨论各种社会问题，其深层意涵是以平民百姓为教育对象，努力培养他们独立思考、忧国忧民和敢于革命的精神；汪孟邹一生同样深怀忧国忧民、补时济世之志，只是在实现智民之梦的手段上与高语罕有所不同而已。一个体现在作品创作上，一个体现在出版工作上，两人同气相求，故而同道携行。

（八）汪孟邹与蒋光慈

汪孟邹与蒋光慈的关系亦非同寻常，有选择出来一记的价值。

蒋光慈，安徽六安人。他在芜湖第五中学读书期间，接受老师高语罕、刘希平进步思想的熏陶，经常到出售新书刊的科学图书社看书、买书。时为新文化运动期间，汪孟邹已到上海经营亚东图书馆，芜湖科学图书社交由职员陈啸青负责经营。蒋光慈热心好学，深得陈啸青优待，两人由一般的关系发展成为朋友。① 不久，蒋光慈高中毕业，由中国共产党保送到苏联留学。其后，陈啸青也到上海亚东图书馆工作，蒋光慈留学期满，由苏联回国后，通过陈啸青的关系，认识了汪孟邹②，从此，两人结成了忘年交。

蒋光慈在亚东出版的第一本书是《少年飘泊者》。出版以后，风靡一时，受到广大青年的热烈欢迎，两年内印刷 3 次，前后再版 16 次。《少年飘泊者》的成功尝试，加上汪孟邹本人同情革命，革命小说随后成为亚东的重要出版门类。阿英、洪灵菲、杨邨人、戴万叶、孟超、华汉、祝秀侠等人的作品纷纷在亚东出版，其中不少就是由蒋光慈推荐到亚东的。就蒋光慈自身而言，《少年飘泊者》之后，亚东陆续出版了他的短篇小说集《鸭绿江上》、通信集《纪念碑》、译著《爱的分野》等，均十分畅销。革命小说由蒋光慈发端，亚东因此得其先声，并成为革命小说出版的重要力量，这是蒋光慈对亚东贡献不小的地方。与此同时，汪孟邹与蒋光慈的交往细节，亦让我们深刻感受到出版者与作者之间情谊的真挚与温暖。如果说胡适、陈独秀、章士钊于汪孟邹而言更多是引领者，那么与蒋光慈的交往，更可看出汪孟邹对其作者是何等的关心与爱护。

汪孟邹对蒋光慈十分喜爱和器重，用蒋光慈的妻子吴似鸿的话说，汪孟邹把蒋光慈"当作子侄看待"③。在白色恐怖下，汪孟邹在保护蒋光慈的安全方面，给予过许多无私的帮助。蒋光慈朋友来访、信

---

① 参见吴似鸿：《蒋光慈回忆录》，载上海文艺出版社《中国现代文艺资料丛刊》编辑组编：《中国现代文艺资料丛刊（第 3 辑）》，上海文艺出版社 1963 年版，第 135—179 页。

② 参见吴似鸿：《蒋光慈回忆录》，载上海文艺出版社《中国现代文艺资料丛刊》编辑组编：《中国现代文艺资料丛刊（第 3 辑）》，上海文艺出版社 1963 年版，第 135—179 页。

③ 吴似鸿著，费淑芳整理：《浪迹文坛艺海间》，浙江文艺出版社 1984 年版，第 52 页。

函往来等事务，汪孟邹替他接待、保管。[①] 蒋光慈有肠胃病，作为一个革命者，不便到公共医院就诊，汪孟邹就介绍自己的好朋友、医术高明的黄钟医生为他诊治，亦嘱托黄钟医生代为保密。[②] 蒋光慈亦把汪孟邹当成自己的慈爱长辈，既信赖又尊重。蒋光慈的第一任妻子宋若瑜，在他们结婚不到一个月时便因病而亡，蒋光慈悲痛万分。1927年11月，宋若瑜逝世一周年，蒋光慈痛哭流涕，找汪孟邹倾诉，捧着他和宋若瑜的恋爱信要烧为纸灰，献给亡妻。经汪孟邹劝说，最后决定把几十封信整理出来，一切如旧，一字不易，由亚东出版，作为对亡妻永久的怀念。[③] 这本书即是《纪念碑》。没想到这火中抢出来的情书竟十分畅销，这大概也是上天对汪孟邹情义之举的回报吧。

遇到情感上的悲痛，蒋光慈向汪孟邹寻求宽慰。打算展开新的生活时，汪孟邹的意见对蒋光慈来说亦至关重要。据吴似鸿回忆：

> 一天，光慈对我说，要带我到亚东书局去走走。我并不了解他的意图，就跟着他去了。
>
> ……
>
> 原来光慈把我带到亚东书局，是想借此征询汪孟邹和陈啸青的意见，看他们对我的印象如何？
>
> 过了几天，光慈在亚东书局的发行部——西藏中路四百七十五弄六号，摆了几桌酒席，请亚东的朋友们喝酒。大概是因为我已经

---

① 参见吴腾凰：《蒋光慈传》，安徽人民出版社1982年版，第25页。
② 参见吴似鸿：《蒋光慈回忆录》，载上海文艺出版社《中国现代文艺资料丛刊》编辑组编：《中国现代文艺资料丛刊（第3辑）》，上海文艺出版社1963年版，第135—179页。
③ 参见吴腾凰：《蒋光慈传》，安徽人民出版社1982年版，第25页。

得到他们的承认了吧！①

由此可见，在某种意义上，蒋光慈把汪孟邹当成了在异乡真诚关心庇护自己的长辈。

1931 年蒋光慈病重，当时他的生活已经非常窘迫，书籍被禁，稿费无着，汪孟邹知道后借钱给他住院，并叮嘱吴似鸿："住到闹市的医院去，人多容易混，不容易发现他。"② 处处为蒋光慈的安全考虑。蒋光慈被医院诊断为肠结核、肺病二期，是绝症。汪孟邹与陈啸青知道后，主动为蒋光慈代拟了遗嘱，包括版税、遗孀的安排等事项，由蒋光慈在遗嘱上签字。1931 年 8 月 31 日，蒋光慈病逝，终年31 岁。汪孟邹为他料理了一切后事：代付了他住院期间的费用，代定了墓穴，准备了殓衣和棺木，安排了送殡汽车。当天下午出殡，汪孟邹携亚东同人为之送葬。③

蒋光慈殁时，倒欠亚东一千元版税，即便如此，汪孟邹依然设法关照吴似鸿的生活。吴似鸿回忆："汪孟邹先生十分重情义，念在光慈面上，他每月给我三十元，要我好好养病。"④ 蒋光慈的著作在当时是禁书，亚东努力设法出售，并根据遗嘱，将版税一半汇寄给蒋光慈在安徽农村的父母，一半交给吴似鸿。版税总是自动交去，

---

① 吴似鸿著，费淑芳整理：《浪迹文坛艺海间》，浙江文艺出版社 1984 年版，第 52—53 页。

② 吴似鸿：《蒋光慈回忆录》，载上海文艺出版社《中国现代文艺资料丛刊》编辑组编：《中国现代文艺资料丛刊（第 3 辑）》，上海文艺出版社 1963 年版，第 135—179 页。

③ 参见吴似鸿：《蒋光慈回忆录》，载上海文艺出版社《中国现代文艺资料丛刊》编辑组编：《中国现代文艺资料丛刊（第 3 辑）》，上海文艺出版社 1963 年版，第 135—179 页。

④ 吴似鸿著，费淑芳整理：《浪迹文坛艺海间》，浙江文艺出版社 1984 年版，第 79 页。

从不需要她催问。①

　　蒋光慈的手稿、书版纸型等，汪孟邹十分爱惜，一直珍藏在家。遗憾的是，这些手稿纸型于"文化大革命"时被抄走，不知所终。蒋光慈的墓地情况，汪孟邹也一直留心关注。抗战开始后，日军要把蒋光慈落葬的江湾公墓改作飞机场，勒令居民把棺木统统迁走。当时吴似鸿在香港，对此并不知情。汪孟邹接到通知后，托他的同乡、也是蒋光慈的热心读者，利用他作为迁墓工作人员的身份，对蒋光慈的棺木特别照顾，在他的墓前插上了醒目的标志。1953 年 5 月 23 日，上海文学艺术界联合会根据这个标志把蒋光慈的灵柩迁到虹桥公墓安葬。② 蒋光慈若地下有知，当含笑于九泉。

　　汪孟邹对蒋光慈的关爱，生前身后，始终如一。汪孟邹与蒋光慈的交往，可以说比较典型地代表了汪孟邹对待身边关系比较密切者的一般态度。由此也不难理解，何以不仅大家名流陈独秀、胡适、章士钊等乐于热忱帮助亚东，年轻一辈的顾颉刚、高语罕、蒋光慈等，对汪孟邹亦有着真诚的支持与爱戴了。

（九）汪孟邹与其他学人作者

　　与汪孟邹交厚的学人作者还有很多。胡晋接鼓励和支持汪孟邹走上新书业，并提供自己的地理类书稿支持亚东的成立，这些书稿成为

---

　　① 参见吴似鸿:《蒋光慈回忆录》，载上海文艺出版社《中国现代文艺资料丛刊》编辑组:《中国现代文艺资料丛刊（第 3 辑）》，上海文艺出版社 1963 年版，第 135—179 页。
　　② 参见吴似鸿:《蒋光慈回忆录》，载上海文艺出版社《中国现代文艺资料丛刊》编辑组:《中国现代文艺资料丛刊（第 3 辑）》，上海文艺出版社 1963 年版，第 135—179 页。

亚东出版的第一批书籍。宗白华主编《少年中国》时，经陈独秀、胡适介绍在亚东出版，此后与亚东的关系十分密切，先后在亚东出版了《三叶集》、《流云小诗》。陶行知与汪孟邹亦是安徽老乡，作为教育大家的他在亚东出版了不少作品，也推荐了不少其他作家的作品在亚东出版。郑超麟在汪孟邹的老家避难多年，他与王凡西、陈其昌、彭述之、小濮、刘少严等与陈独秀关系密切，汪孟邹与他们也都有很深的交情，为支持他们的革命事业，汪孟邹出版了不少他们的著作或译著。

在亚东，同一作者多次赐稿的现象非常突出。除上面所举之学人作者外，还有汪静之、孙俍工、任白涛、陶孟和、李秉之、丰子恺、李季、钱杏邨、戴平万、洪灵菲、鲁彦、程万孚、刘剑横，等等。愿意将自己的作品不断交由亚东出版，这也反映了作者们对亚东的出版质量与发行能力普遍有着高度信任。

因为与胡适、陈独秀等名流的深厚关系，亚东与众多学者文人建立起良好的关系，然而，陈独秀、胡适等能始终如一地帮助亚东；这些在亚东出过书的作者，能一而再再而三地将自己的心血之作交由亚东出版，究其根本，还在于汪孟邹所怀抱的精神及其做人做事的态度。这从以上举其要者的论述中，即可知见。

三、汪孟邹与乡党职员

亚东的职员，几乎全部来自汪孟邹的老家绩溪，而且多沾亲带故。除人才进用及管理上的便利外，还有一个重要的原因，即汪孟邹对乡邻乡亲的真诚关照。徽州人有"亲帮亲，邻帮邻"的传统做法，爱乡情重的汪孟邹更是如此。从亚东职员后辈的一些回忆文章中，亦可看出汪孟邹聘用他们时所含的帮扶之心。

亚东职员汪焕如在亚东工作了十年，其后辈说："这十年是他人生最愉快安乐、精神充实的时段，也是他认知社会、开阔眼界、努力进取的十年。"① 汪焕如年轻时因染上抽鸦片烟的恶习，不能自拔，又出入赌场，不务正业，使得贫困、悲观与暴躁的阴霾笼罩家庭。汪孟邹与汪焕如是近邻，得知这一情况后，好心规劝和开导汪焕如，认为其可塑可用，要把他引上正路，以此挽救一个人和一个家庭，于是要求汪焕如彻底戒去抽鸦片烟和赌博的恶习，如果能够做到，则邀请其去亚东工作。② 由此可知，汪孟邹聘用汪焕如到亚东工作，其中包孕着"挽救一个人和一个家庭"的情义。

徽州条件艰苦，在当时的社会经济环境下，家境窘迫、生计艰难者更是所在多有，亚东为乡邻提供一个岗位，也意味着为他们提供了一份出路与希望。汪原放曾抱怨说："店里加同事，他并不和人谈谈，说用就用了，说来就来了。做事合不合手，他不问、不管。有些并做不长。"③ 汪孟邹做事并不糊涂，对店里的事情可说是了如指掌，却如此"随意"地安插人员，其中当不无济困帮扶之心。

实际上，汪孟邹在很多方面都表现出这一特质，尽可能帮助那些肯做事的人。1934 年，汪孟邹搭股开的京货店正和号忽然倒掉，汪

---

① 汪嘉健：《我的祖父与亚东图书馆》，载程庸祺：《亚东图书馆历史追踪》，安徽教育出版社 2016 年版，第 182 页。

② 参见汪嘉健：《我的祖父与亚东图书馆》，载程庸祺：《亚东图书馆历史追踪》，安徽教育出版社 2016 年版，第 178—179 页。

③ 汪原放：《亚东图书馆与陈独秀》，学林出版社 2006 年版，第 152 页。

原放说："我的大叔喜欢东搭股、西搭股，说是帮助肯做事的人，后来常吃亏……所以我从来不赞成他不单单努力做书店。"① 汪孟邹精明不输汪原放，可无论是聘用职员还是入股投资，他宁愿吃一些亏，也愿意对那些肯做事的人予以一些帮助。从这些日常生活的细微处，我们亦可深刻感受到——汪孟邹的人生并非仅在追求独善其身，惠己达人才是其一贯的选择与坚持。

在尽力照拂乡梓的同时，汪孟邹也表现出可贵的识人之才与用人之明。亚东的陈啸青、胡鉴初等都是干才，进入亚东后很快成为汪孟邹重要的辅佐，被汪原放称为"左膀右臂"、"左臣右相"。1935 年亚东情况危急，汪原放、陈独秀等拟对书店进行改组，陈独秀为此给汪原放写有一封长信，其中写道："书店改组后，孟翁只任董事，推鉴初任经理，我甚以此见为然。"② 由此可知胡鉴初能力之强及其对亚东的重要性。

胡鉴初、陈啸青等人对亚东有着很深的感情，全副身心贡献于亚东的发展，甚至可以用"鞠躬尽瘁"来形容。胡鉴初为亚东的辛苦操劳程度，汪孟邹曾如此表述："我之劳苦太甚，有时难免伤感……只（胡）鉴初（亚东职员）之劳苦真倍于我，我心殊难过也。"③1948 年胡鉴初因病去世，为亚东工作到了生命的最后一刻，其将一生心血贡献于亚东。陈啸青亦然，自 1910 年因向往新书店的工作生活，主动从更高薪水的茶庄托人转入汪孟邹创办的芜湖科学图书社后，一直为汪孟邹工作，直到 1953 年亚东图书馆

---

① 汪原放：《亚东图书馆与陈独秀》，学林出版社 2006 年版，第 193 页。
② 汪原放：《亚东图书馆与陈独秀》，学林出版社 2006 年版，第 170 页。
③ 《孟邹给湘三的信》，载汪无奇编著：《亚东六录》，黄山书社 2013 年版，第 88 页。

被关停为止，中间从未离开过。据称，亚东关停后，陈啸青等到了新的工作单位，人们得知他们原来的工作待遇时都吓了一跳：上海怎么有这么低的工资？因此亚东的停业，"反成了它最后三个职工的一次解脱，使他们走上了新的工作岗位，开始了新的生活"①。陈啸青等能在"这么低的工资"的情况下，毫无怨言、不畏艰难地帮助汪孟邹维持亚东，其中饱含着对汪孟邹深刻的理解与真诚的支持。

汪孟邹对亚东职员之诚挚关切，亦有如家人。1947年胡鉴初病症突发，汪孟邹在给胡适的信中提到相关情况，焦急、担忧之情跃然纸上："此数日中，均为此事，多方商量，反复考虑，强自支持，然已疲劳万状，刻已决定明日开刀，深愿上帝保佑，得以顺利，则万幸矣。"② 随后汪孟邹给胡适的回信中，继续谈到此事，整个过程中汪孟邹之悬忧与操劳，如待至亲。

亚东职员葛湘三之子葛循猿的回忆文章，也深刻反映出汪孟邹与亚东职员之间关系之真挚深厚，他指出，"父亲对汪孟邹先生是非常尊敬的，无论是与母亲或是与外人谈话，对汪先生的称呼都是称孟师，这是我多次听到的"③。他进而写道："父亲参加汪孟邹老先生的葬礼后，曾写信给母亲赞扬火葬的科学与文明，仅仅五个月后，父亲竟随他敬仰的孟师而去。……我抱着父亲的骨灰盒，跟在汪孟邹先生的骨灰盒后，流着泪水，走向止原公墓。父亲的墓紧邻在汪孟邹先生右

① 《罡午给无奇的信》，载汪无奇编著：《亚东六录》，黄山书社2013年版，第116—117页。
② 耿云志主编：《胡适遗稿及秘藏书信（27）》，黄山书社1994年版，第449页。
③ 葛循猿：《我的父亲葛湘三》，载程庸祺：《亚东图书馆历史追踪》，安徽教育出版社2016年版，第171页。

侧——生是他的学生，死仍然追随。"[1] 由此可知，汪孟邹与职员之间不仅仅是主雇关系，他们之间还有着如同师生的深刻情谊，这一点亚东职员的后人亦能真切体会到。

从遗存的汪孟邹与葛湘三等的通信来看，汪孟邹确实并非仅把他们当职员，而是视这些来自家乡的子弟如后辈、如挚友。抗战爆发后，亚东局面已经很小，职员大多已离开回老家了，汪孟邹与葛湘三等依然有书信往来，在信中汪孟邹时时不忘予以谆谆教诲：

> 社会是讲现实的，不讲道理的，思之凛然……你们初入社会办事，种种社会原因实易犯此毛病，贵在拼命大（打）通此道难关，则此后此种毛病不敢多来袭击，亦渐可应付，一生前途均系于此。曾文正《黄仙峤前辈诗序》解释"器识"二字最精切："智足以析天下之微芒，明足以破一隅之固，识之谓也。"一隅之固破之最难，我愿与你们二人共勉之……再谈祝好。[2]

汪孟邹对他们的真诚关心溢于笔端，他的以身示范，亦给予了他们深刻的影响。葛循猿说："汪孟邹先生治事严谨，工作一丝不苟。在汪孟邹先生的影响下，父亲工作兢兢业业。……父亲从汪孟邹先生那里学到了严谨的工作作风，做事认真负责，就连信件很多都是用复

---

① 葛循猿：《我的父亲葛湘三》，载程庸祺：《亚东图书馆历史追踪》，安徽教育出版社2016年版，第176页。

② 葛循猿：《我的父亲葛湘三》，载程庸祺：《亚东图书馆历史追踪》，安徽教育出版社2016年版，第171页。

写信笺书写，多年的账本一页不漏"①。葛循猿还回忆，汪孟邹鼓励亚东职员在做好本职工作的同时，再学一门技术，其父因此半工半读，在亚东工作时还在上海美专夜校学习过美术。章洪立回忆其父亲章致治时也谈道："在这么一个学习气氛很浓的环境中，耳濡目染，父亲也研起墨，拿起了毛笔，练起书法来了"，父亲的书法因此很得一位老书法家称赞，"父亲每忆及此事，便微笑着说：'是亚东培养了我，是亚东给了我学习的好机会'"。②

关于汪孟邹鼓励亚东员工上进，职员胡国芳的故事尤其具有代表性。亚东聘用胡国芳入馆后，出钱让他去立信会计夜校（今上海立信会计学院）学会计。不久后胡国芳考上了军校，汪孟邹尽管舍不得，却尊重与支持其人生选择，"第二天他带着我一同上街，跑了几个店买了一顶蚊帐、一只旅行袋、一双皮鞋送给我。还对我说：'你母亲写信给我，要我关心一下你的婚姻大事，我的意思是你要回家乡绩溪找。'离开'亚东'那天，他又送我《唯物辩证法》、《马克思主义》等四本书，可惜'文革'时丢失了"③。汪孟邹对亚东职员人生发展的支持、人生选择的尊重，以及为其出发送行打点的细微点滴，在在展现出汪孟邹动人的精神和品格，也再次证明汪孟邹的"智民之梦"不是凌空蹈虚的，它扎实、具体地体现在日常生活中，体现在对那些能做事的人的梦想之成就上。

---

① 葛循猿：《我的父亲葛湘三》，载程庸祺：《亚东图书馆历史追踪》，安徽教育出版社2016年版，第167页。

② 章洪立：《听老父亲讲过去的事》，载程庸祺：《亚东图书馆历史追踪》，安徽教育出版社2016年版，第183页。

③ 胡国芳：《汪孟邹为新书业奋斗一生》，载汪无奇编著：《亚东六录》，黄山书社2013年版，第156页。

这些从家乡走来进入亚东的职员，他们或者从亚东走上了更好的人生岗位，或者在此收获一段充实丰美的经历，或者一直为亚东奉献自己的智慧和汗水，上上下下始终友好亲爱，和衷共济。上海战事爆发后，"同事已由二十余人减到七八人，这时候减至三四人了。他们大家都是自动离去，回徽州老家去的"①。眼见亚东局面困难发不出工资，亚东职员自行回到老家寻求出路，没有发生劳资纠纷。民国时期，各行各业罢工现象十分突出，商务、中华等大小劳资纠纷十分频繁，就连陈独秀主持创办、维持并不多久的新青年社亦曾发生过罢工，最后还是汪孟邹从亚东派去两人帮忙，才把店门打开继续做生意的。亚东的薪水不高，却从未发生过罢工的事情。在亚东困难的时候，大部分职员自行寻找出路，留下的员工则不离不弃，帮助维持亚东到最后一刻。汪孟邹关爱亚东员工，亚东员工对亚东亦不无深深的理解与支持。

如前所述，亚东职员几乎全部来自家乡的人才进用方式有其弊端，亚东在人才结构上难称合理；但另一方面，这种用人方式带来的员工高稳定性与高忠诚度，为亚东的发展提供了有力的支撑。我们以同样是中小书店的泰东图书局为参照，泰东用人不重地缘，不以地缘为依托，也确实陆续发现并延揽了一批优秀人才，如郭沫若、张静庐等。然而，泰东的人员流动十分频繁，这对泰东产生了巨大的影响。泰东最后难以为继，不像亚东一直有可靠忠诚的职员始终协助维持，赵南公晚景十分凄凉。反观亚东，前后经营 40 年，除中间 10 年左右处于黄金发展时期外，前期和后期共 30 年的时间里实际都属艰苦维

---

① 汪原放：《亚东图书馆简史》，《出版史料》1988 年第 3/4 期。

持阶段，如果内部缺乏稳定的结构，没有得力员工始终如一的帮助，其状况难以想象。

此外，亚东上下均来自绩溪，内部洋溢着一片融融的绩溪乡情，这也使其成为胡适、陈独秀、陶行知等十分爱去的地方。他们与亚东上下均十分交好，这里就像是他们在上海的"小故乡"。我们说汪孟邹在亚东的经营发展中十分善于调动地缘资源，与来自安徽的学者文人建立有深刻紧密的关系，亚东的安徽气息，对此亦有补益。在某种程度上，亚东内部乡情浓重与互相信任的氛围，也为汪孟邹支持陈独秀的革命事业提供了安全与便利。否则，无论是作为陈独秀对外联系的地点，还是为众多革命者的来往提供周转，抑或顺利保存陈独秀、瞿秋白等人的书稿，几乎是不太可能的。

事实上，汪孟邹的朋友远不止于书业同道，学者文人和亚东职员，此外如为汪孟邹治病的黄钟医生，亦是他的至交。黄医生不仅为汪孟邹及其朋友的健康尽心，在书业经营上也始终是亚东最可信任的朋友和支持者。1915年亚东计划与群益合组办一大书局时，"医生黄钟（应君）首先愿意认股一万"[1]。1935年亚东局面危险，陈独秀指出，"唯一的办法，只有二三好友，集资合办。此制度中外都有。合资之人，当以行翁及黄（钟）先生为最相宜……"[2]自始至终，黄钟先生都给予汪孟邹及其亚东最大的支持。

仅从汪孟邹一生所收获的至交好友这一点上，我们即可深刻感受到汪孟邹非凡的人格魅力。交得了朋友，做得了出版，这是亚东之

---

① 沈寂：《汪孟邹与陈独秀》，载沈寂主编：《陈独秀研究》第1辑，东方出版社1999年版，第381页。

② 汪原放：《亚东图书馆与陈独秀》，学林出版社2006年版，第170页。

所以能立于书林，充分发挥其文化能量与价值的关键因素。这也是无论顺境逆境，汪孟邹始终能将亚东维持下去的重要原因。即便身处困境，汪孟邹也从不气馁，总寄以希望，图谋再展，用汪孟邹自己的话说："我年老而境苦，至此，全赖内外好友帮忙力助，其他尚何望哉。"① 亚东成为近代历史上发挥重要作用且最长寿的中小书店，汪孟邹所拥有的友谊，是其中不可忽视的重要因素。

---

① 《孟邹给湘三的信》，载汪无奇编著：《亚东六录》，黄山书社 2013 年版，第 86 页。

第六章

经验与启示：汪孟邹的书业经营

从 1903 年创办芜湖科学图书社，到 1953 年亚东图书馆收歇，汪孟邹前后从事书业达 51 年，无疑是现代出版史上从事出版业最久、经历出版风云起落最多的出版人之一。其出版的经验与智慧，不仅是我们借以贴近与理解近现代出版业的一把钥匙，而且对当下出版业及从业者亦有着深刻的启示。

一、矢志不渝，以书业为人生志业

汪孟邹早期创办芜湖科学图书社，在某种意义上来说尚有着初步试水出版业的意思，虽然整体上比较成功，但是否要以出版作为人生志业，他对此还有所犹疑和徘徊。1913年陈独秀力主汪孟邹到上海创办亚东图书馆后，从事书业则真正成为他一生的志业。"咬定青山不放松"，书业就是汪孟邹的"青山"，无论从事书业的过程中遇到怎样的困难，他始终不曾"放松"。

从前文可知，汪孟邹从事书业的一生中经历了很多艰困时期。亚东前期，局面一直未能打开，经营十分困难，财政之紧张就像一块沉重的石头紧紧地压在他头上。汪原放回忆，年关将至时，必须四处借债方可度过，然而筹款不易，汪孟邹直叹，借钱"哪里有这样容易的事情！你们要晓得，钱，难如登天呵！"[1] 如此沉痛的口吻无疑来自无数惨痛的现实经验。亚东早期经营之艰辛及压力之沉重，汪孟邹远在绩溪老家的亲人亦记忆深刻。汪协如回忆说："我在童年时，我的叔父汪孟邹在芜湖科学图书社当经理，后来又到上海开设亚东图书馆，但经济却很困难，不能维持全家八九口的生活"，"我从小看见母亲所受的痛苦——家用不济时，常以泪洗脸"。[2] 由此可知，亚东当时的经营情况尚难以支撑起一家的基本生计。前期如此困难，后期亦十分艰辛。亚东中后期本已日渐衰微，又遭逢一次次的战争，时局不靖、通货膨胀等外在因素使得亚东更是雪上加霜。然而无论是身处顺境还是遭逢困境，汪孟邹从未离开书业，始终积极设法维持。境况艰难之时，汪孟邹依然相信："总之我们能共同奋斗，该不难有出头光荣之一日也。"[3] 观诸近现代出版史，多少出版机构倏忽而起又倏忽而灭，亚东得以长期维持，其间的艰难与不易可想而知。

---

① 汪原放：《亚东图书馆与陈独秀》，学林出版社2006年版，第34页。

② 汪协如：《我的自传》，载汪无奇编著：《亚东六录》，黄山书社2013年版，第37页。

③ 《孟邹给湘三的信》，载汪无奇编著：《亚东六录》，黄山书社2013年版，第87—88页。

1939 年 1 月 2 日，汪孟邹在《申报》上发表《亚东图书馆》一文，开篇即写道："亚东图书馆创立于民国二年，迄今已有二十六年的历史。在这时期中，我同业之由草创而旺盛，由旺盛而衰落，更由衰落而消灭者，正不知凡几；亚东图书馆竟能历千磨万折而犹存，这是不能不引以自慰的事。"①可以看出，他本人对亚东"历千磨万折而犹存"，亦不无骄傲之情。实际上，亚东不止存续了这让汪孟邹"引以自慰"的 26 年，后来还再维持了 15 年。

维持书业不易，汪孟邹何以能抵得住如此这般的艰辛？他的这份坚持背后又有着怎样的内在动力？这值得我们深究。

徽州人大抵有着吃苦忍耐的"骆驼精神"，而早早即不得不承担起一家重担的汪孟邹，其"骆驼精神"又比一般的徽州人更胜一筹，不管境遇多苦，他始终咬紧牙关努力扛过去，在写给胡适的信中，自嘲乃一"苦鬼"②。如果说徽州人独特的"骆驼精神"，是汪孟邹拥有能咽下万般辛苦的性格底色，那么他对书业价值的高度认识，则是其甘愿为书业辛苦一生的内在动力。

1922 年，陈独秀在庆祝芜湖科学图书社创办 20 周年时指出，汪孟邹一介秀才没有商业经验而从事书业，是"为热烈的革新感情所驱使"③。这句话道出了汪孟邹以出版为志业的精神动力，"热烈的革新感情"是他从事书业的原因，同时书业也是他安放"热烈的革新感情"的最佳选择。借由书业，汪孟邹得以与陈独秀、胡适等并立于新文化运动的潮头。这一方面使得亚东迎来了它的全盛时期，另一方面也反

---

① 汪孟邹：《亚东图书馆》，《申报》1939 年 1 月 2 日。
② 耿云志主编：《胡适遗稿及秘藏书信（27）》，黄山书社 1994 年版，第 302—307 页。
③ 汪原放：《亚东图书馆与陈独秀》，学林出版社 2006 年版，第 208 页。

映出亚东给予新文化运动的有力支持。1927 年前后，整个社会革命意识觉醒，亚东再一次走在潮头，率先出版革命小说以及社会科学类著作；1937 年全面抗战爆发后，亚东出版了一系列的抗战读物。通过梳理汪孟邹的出版人生，我们可以清晰地看到这样一条内在主线：汪孟邹以出版为手段，实现着其革新社会和启蒙民众的人生理想追求。由此，我们也就不难理解，汪孟邹何以终其一生固守书业并且百折不挠了。

事实上，汪孟邹以其极能吃苦的奋斗精神和宽广的人脉资源，不是没有从事其他"生意"的机会。在亚东早期艰难时，汪孟邹曾一度兼做杂粮生意来补贴出版。亚东晚期，汪孟邹也做过买卖棉纱和其他有价值物资的生意以资补贴。同乡小友许启珍表示：那时要想维持生计，须跑银行、钱庄、买办，而汪孟邹在银行界有不少朋友，因此他所在的大新酒店和百货店老板许文瑜一再嘱咐其照顾好汪孟邹，一方面是原本即十分尊重孟翁，另一方面在当时也特别需要孟翁在银行界的朋友帮助拆款，即贷款，以便做更大生意①——由此可以看出，汪孟邹在生意场上是不无机会和资源的。然而，汪孟邹一生始终扎根出版，尽管遭遇一次又一次的难关，他始终以极强的毅力熬过去，以刻苦的精神寻求新的发展机会。因为，出版不仅是汪孟邹一生的职业，更是其一生的志业，是其实现改良社会之理想的志业。

做出版不易，如逆水行舟，不进则退，它需要能吃苦奋斗者。与此同时，出版业也有其独特的魅力和耀眼的光芒，唯有对出版有真理解和真情意者，方能不以为苦，乐在其中，终生寝馈其间。无论是近

---

① 参见许启珍：《我所认识的汪孟邹先生和胡适之先生》，载程庸祺：《亚东图书馆历史追踪》，安徽教育出版社 2016 年版，第 136 页。

代中国还是当下社会，我们的出版业都特别需要像汪孟邹这样对出版有真理解和真热爱的从业者。

二、义与利的良好平衡

我们说在汪孟邹的出版人生中，可以看到一条清晰的、寓"热烈的革新感情"于出版事业的内在主线。换言之，汪孟邹从事出版，并非唯利是图，而是有更高的理想追求。汪孟邹自己也说，"亚东并非富商投资专以牟利的企业，而是有志于文化事业者努力的结果：所以在出版方面，就从不以图利为第一与唯一的标准"[①]。

我们对于出版人物的评价，有时会出现一元化倾向。文人意气过重时，往往容易苛求出版人，认为他们眼中只有金钱与利益；而有的时候又会过于强调他们理想性的一面，将其出版活动完全解释为对文化理想的追随。事实上，对于一个怀抱理想的出版人，这两种评价都是有失偏颇的。汪孟邹寓"热烈的革新感情"于出版，同时能在近现代新书店旋生旋灭的经营背景下一直维系亚东于不坠，若只强调其文化理想的一面，显然不够准确，也不够全面。顾颉刚在一次与胡适的通信中就谈到，知识分子办出版只顾理想不重经营是个大问题："从前我们办朴社，只想'提高'，可是没有经济基础，到底失败了。"[②] 出版工作若只求"提高"，不注重经营，其结果大概率是皮之不存，毛

---

① 汪孟邹：《亚东图书馆》，《申报》1939年1月2日。
② ［马来西亚］郑良树编著：《顾颉刚学术年谱简编》，中国友谊出版社1987年版，第233页。

将焉附。沈从文曾说，作家们多"是采取'玩票'态度作下去的。玩票意思并不是对工作不大认真，却是不大顾及赚钱赔本"①。作家们依靠自己的文化资本经营出版，本有一定先手，但众多立意高远的中小型出版社往往倏起倏灭，原因即在于此，仅靠"玩票"的态度，"不大顾及赚钱赔本"是不能长久的。亚东之所以能一直维持下去，一方面是汪孟邹始终恪守其出版原则，心怀追求；另一方面是他心中始终有一本十分清楚的经济账。换言之，汪孟邹常怀热烈的革新感情，同时又不无理性精神与经营意识。以下略举两例言之。

其一，关于《蕙的风》的出版。胡适的《尝试集》出版后，读者的阅读热情与关于新诗的讨论都十分火热，亚东对新兴的新诗出版亦十分支持，在《尝试集》之后又陆续出版了康白情的《草儿在前集》和俞平伯的《冬夜》等。此时，中学生汪静之亦将其所写的新诗整理成《蕙的风》，寄给亚东希望获得出版，然而却被搁置许久。亚东虽然大力赞助新诗的出版，是"新诗消息的发布者"，但它作为一家出版机构，对所出版的新诗集的市场情况始终是密切关注的。平心而论，汪静之当时还只是一名中学生，出版一本中学生的新诗集，其中的市场风险可想而知。亚东的审慎，恰恰反映出其一贯的精神：怀热始终未敢忘市场。

汪静之后来函请胡适作序推荐，有了胡适这一新诗领袖之"金字招牌"的背书后，亚东慨然出版了《蕙的风》。《蕙的风》出版后一炮而红，诗作本身清新自然是一方面，另一方面与胡适等人对汪静之及其诗作的支持与爱护也有关系。汪静之在晚年所作的一篇文章中

---

① 沈从文：《新书业和作家》，（上海）《大公报》1947 年 1 月 21 日。

不无感激地写道："如没有适之师的推荐，五四新诗坛就没有《蕙的风》……1922 年《蕙的风》出版，封建礼教的顽固派诽谤《蕙的风》中的爱情诗不道德，鲁迅师和周作人写反驳文章保护我。我写新诗，得到'五四'新文坛最受崇敬的三大名家的指教、修改、鼓励、保护，三大名家都是我的大恩人！"① 三位大家对汪静之的爱护和加持，于汪静之及其《蕙的风》的作用之关键、意义之重大由此可见。而亚东从开始的不出版，到获名家推荐后予以出版，反映出汪孟邹对出版市场冷静的认识及对市场规律的遵从。

其二，关于标点白话文小说的出版。1920 年，汪原放拟对《水浒》、《红楼梦》、《儒林外史》和《西游记》等古典小说加新式标点符号并分段出版。在新文化运动的时代背景下，这一出版计划与潮流的同频共振，汪孟邹自有深刻体会与把握，然而出版的成本与风险也是其一刻不敢忽视的。"仲翁来的时候，我要问问他，究竟做得做不得"，"几百页的大书，不是好玩的，凶险哩！卖不掉，老本亏掉，不得了！"② 得到陈独秀的支持后，汪孟邹这才敢让汪原放放手做去。

以上是比较有代表性的两个例子。牢牢把好经济关，始终贯穿于汪孟邹的整个出版人生。当然，这并不是说他在出版过程中就不接受任何经济上可能的损失。事实上，在不少具体的出版活动中，他都展现出可贵的让利精神。对汪孟邹在出版过程中的担当乃至经济上的牺牲，不少作者都表达过真诚的感谢与敬意，如胡适、顾颉刚、刘文典等。汪孟邹自己也说，亚东的有些收稿，"不免要带一点感情的

---

① 汪静之：《我和胡适之先生的师生情谊》，载杭州徽州学研究会编：《胡适研究文辑》，2001 年版，第 87 页。

② 汪原放：《亚东图书馆与陈独秀》，学林出版社 2006 年版，第 59 页。

作用"①，也就是说，有些出版活动包含着汪孟邹对朋友的支持。但整体而言，亚东从未忽视过经济账，这也是亚东能始终生存和发展的关键原因。

现代出版有两个基本逻辑：一个是文化的逻辑，一个是商业的逻辑。鲁迅在《〈译文〉复刊词》中有这样一句话："出版家虽然大抵是传播文化的，而折本却是传播文化的致命伤。"深谙出版三昧的鲁迅道出了出版界不可回避的事实：出版必须盈利。不以盈利为目的，就缺乏一种发展事业的推动力，不赚钱就谈不上企业发展，传播文化的事业只能是奢谈。当代出版人董秀玉也曾表达过相似的看法："作为文化产业的出版界，一直在文化责任和商业利益两种功能的巨大混乱中拉锯。启发知性的出版物是社会发展不可或缺的能源，而商业利益是企业发展必备的动力。出版者必须在不断抗拒一元化以及平庸化的压力下，紧跟时代和社会，寻求可持续的发展和突破。"②从这个意义来说，汪孟邹示范出了一种榜样：在看重文化价值和启蒙理想的同时，时刻不忘商业利益以求企业的生存与发展，也因此，文化价值与商业利益有如亚东经营过程中的左腿和右腿，亚东始终双腿俱立，不曾偏废。

三、出色的经营才干

纵观亚东40年的发展历史，兴盛时期曾占据全国第三的位置，

---

① 汪原放：《亚东图书馆与陈独秀》，学林出版社2006年版，第231页。

② 转引自《1994·金庸作品集，创造大众读物的经典》，载邹凯编：《守望家园》，生活·读书·新知三联书店2008年版，第130页。

仅次于商务印书馆和中华书局，后虽因时局等种种原因，局面渐小，但汪孟邹始终能将其维持住。哪怕30年代初，亚东由汪原放管理一段时间后局面已告危急，汪孟邹重新出山后，仍然起死回生，还一度呈现小中兴的景象。这说明汪孟邹确实具有不俗的经营才干。

（一）善于审时度势

汪孟邹于1919年4月23日致胡适的信中这样写道："近来《新潮》、《新青年》、《新教育》、《每周评论》，销路均渐兴旺，可见社会心理已转移向上，亦可喜之事也。各种混账杂乱小说，销路已不如往年多矣。"[①] 新文化运动之前，"各种混账杂乱小说"十分畅销，汪孟邹对此心中了然，亚东始终未曾跟风行事，这也反映出汪孟邹在书稿的选择上是有坚守和品格的。在读者热衷阅读小说的风潮下，"混账杂乱小说"亚东虽不曾出，但有质量的小说则是要努力推出的。此时亚东有两大动作：一是将《甲寅》上所登的小说及预备而未登者，刊行成单行本；二是向在美国求学的胡适热情约稿，请其或撰、或译、或代为搜罗若干种小说以便刊行。最后，无论是由《甲寅》中辑出的《名家小说》，还是胡适翻译的《短篇小说》（第一集），都深得读者欢迎，成为亚东最早的畅销书品种。

在早期出版经验无多的情况下，汪孟邹即表现出善于审时度势做出版的鲜明特征，此后则更为突出。"五四"潮来，亚东大量代派、代售和发行新杂志，同时出版了一批适应时代需求的图书，新诗

---

① 中国社会科学院近代史研究所中华民国史组编：《胡适来往书信选》上册，中华书局1980年版，第40页。

集、标点白话文小说、新文化运动领袖的文集、民间文学作品等，从此在竞争激烈的上海书业界站稳了脚跟并一举成名。后来在革命精神高涨之际，亚东则率先出版革命小说、社会科学著作。蒋光慈《少年飘泊者》的出版，亚东出版革命小说的先河。这本书出版之时，尚是革命文学的萌芽时期，蒋光慈在该书自序中对当时文学界的情况亦有表述："在现在唯美派小说盛行的文学界中，我知道我这一本东西，是不会博得人们喝彩的。人们方沉醉于花呀，月呀，好哥哥，甜妹妹的软香巢中，我忽然跳出来做粗暴的叫喊，似觉有点太不识趣了。"郁达夫在《光慈的晚年》中也说："在一九二七的前后，革命文学普罗文学，还没有现在那么的流行，因而光赤的作风，大为一般人所不满。他出了那两册书后，文坛上竟一点儿影响也没有，和我谈起，他老是满肚皮的不平。"① 在革命文学的滥觞时期，亚东即对其投入关注和给予扶持。很快，革命文学大为畅销，关于革命文学的兴盛情况，学者旷新年指出："蒋光慈在短短一两年时间内创造了新文学的奇迹，他使先锋文学转变成了畅销书和流行读物。"② 可以说，亚东图书馆是我国革命文学最早的孵化机构。同样，社会科学著作出版后来形成热潮，如汪孟邹自己所言："亚东也是一个有力的促成者"。1926 年亚东即出版了李季翻译的《通俗资本论》，那时马克思主义社会科学著作尚少，据王凡西在其《双山回忆录》中回忆，在大革命时期，"在北京，至少在整个东城部委所属的诸支部中，流通着阅读的理论书，只有一本郑超麟同志翻译

_____

① 郁达夫：《光慈的晚年》，《故都的秋：郁达夫散文经典》，吉林出版集团股份有限公司 2018 年版，第 155 页。

② 旷新年：《1928：革命文学》，山东教育出版社 1998 年版，第 95 页。

的《共产主义 ABC》和李季翻译的《通俗资本论》"[1]。由此可知,亚东是早期马克思主义社会科学著作出版的重要先行者。此外,抗战期间上海沦为孤岛,出版业大受影响,亚东迅速在金华、昆明等设办事处,使亚东的经营获得不小的转机,等等,这些无不体现出汪孟邹善于审时度势的经营才干。

(二)精细的成本意识

宏观上,汪孟邹善于审时度势;微观上,汪孟邹表现出十分精细的成本意识。汪孟邹治事严谨、一丝不苟是出了名的,大至一本书的成本预算,小至一张广告的字数,他都会精确地计算。亚东的编辑们在一本书正式印刷前,对每面的植字数、行款、天地头等版式问题再三商量讨论,认为很妥当了才开排。所谓妥当,当然倾注有对成本的考虑,因为这关涉印张的多少,而印张乃图书定价的基础。胡适的《尝试集》四版时,增加了新的内容,为了保持价格不变,对一、二版中钱玄同的序只好割爱。[2]《胡适文选》为了降低价格,则采用廉价的白报纸印刷。[3] 这些都反映了汪孟邹和亚东人的成本意识。旧上海书业之间的竞争异常激烈,"价格战"是竞争中惯用的手段。事实上,亚东在书业界立足,是以图书的质量而非价格取胜,亚东出版物定价相对偏高,再版时也未因成本的降低而下调书价,对印张等尚且作如

---

① 王凡西:《双山回忆录》,东方出版社 2004 年版,第 32 页。

② 参见任白涛:《应用新闻学》,亚东图书馆 1929 年版,第 4 版封底广告。

③ 参见胡适:《尝试集四版·自序》,载《胡适文存二集》第 4 卷,亚东图书馆 1931 年版,第 289—295 页。

此精细的打算和安排，由此更可见亚东强烈的成本控制意识了。

在图书的印数上，汪孟邹亦表现出十分谨慎的态度。图书市场行情的不确定性，使得图书印数很难把握。印多则造成积压滞销，对于亚东这样一个流动资金本来不多的中小型企业来说，可能是致命的打击；印少则又可能脱销，现有的市场会被别人抢走。因此每次决定印数时，汪孟邹总是费尽心力，力求在避免造成积压与出现脱销两者之间找到最佳的平衡点。以《水浒》为例，它是亚东出版的第一本标点白话文小说，是一个新的尝试，因此在确定印数时汪孟邹慎之又慎。最开始计划的印数是一两千部，在出版的过程中，不断对市场进行考察并思量判断，一次次地调整印数，临上架时才决定将其加到 5000 部。亚东在初版时便决定印四五千部的情况是不多见的，标点本小说是其中一类。有《水浒》作参考，《儒林外史》、《红楼梦》初版各印了 4000 部。[①] 还有一类是新文化运动领袖的文存类书籍，因其市场号召力大，初版的印数亦较为可观，《胡适文存》4000 部，《吴虞文录》3000 部，《独秀文存》3000 部。[②] 而对于一般图书，亚东通常采取适量备货、勤印的办法来化解发行方面的风险。以任白涛的《应用新闻学》为例：1922 年 11 月初版，印 1000 册，1926 年 1 月订正再版印 2000 册，1928 年 9 月订正三版印 2000 册，1929 年 6 月订正四版印 2000 册。[③] 汪孟邹在确定印数问题上异常谨慎的特征，在汪原放讲到的一件出版史事中，亦能说明：1952 年亚东出版了汪原放译的高尔基的《我的旅伴》，汪孟邹决定起印 1500 册，不两天后通联书店又

---

① 参见汪原放：《回忆亚东图书馆》，学林出版社 1983 年版，第 64—65 页。

② 参见汪原放：《回忆亚东图书馆》，学林出版社 1983 年版，第 75 页。

③ 参见汪原放：《回忆亚东图书馆》，学林出版社 1983 年版，第 148—149 页。

要 2000 册，汪孟邹"再也不信，跑去问，怕弄错了，而后再三斟酌，决定印三千册"①。特意"跑去问"，"再三斟酌"，生动反映出汪孟邹在印数确定问题上的一丝不苟。

关于汪孟邹的精细，笔者看亚东在报纸上所做的广告时，尤有强烈印象。亚东的广告细微到了邮资的毫厘分别，这种近乎烦琐的列举，不见另有第二家。对于汪孟邹的过于精细节约，汪原放也有一些怨言。汪孟邹在对待钱财方面确实比较省俭，经营上更灵活一些亦未为不可，但不能说精打细算是不重要的，精细的成本意识是企业经营中必不可少的精神。就节约而言，在竞争异常激烈的旧上海书业界，各书局为了降低成本，无不厉行节约。即便实力雄厚的商务印书馆，也是勤俭持家。张元济身体力行，他与总经理高凤池内部写信都用废纸。② 这反映了当时民营出版业生存不易的事实。1933 年汪原放负责主持亚东，弄得一筹莫展时，陈独秀写信开导他，其中也着重谈到节约对书业经营的重要，"店中经济既如此困难，眼前救急，除节省开支外，实无其他办法，令叔以前谨慎小心的办法，未必无理由，兄现在身当其冲，已领略其中滋味，我以前极力怂恿令叔把店交给你管，亦有必须使你早日获得经验之意。惟兄却不可以此自馁，应该加倍努力为之，谨慎为之，天下无不可战胜之困难也……"③ 汪孟邹的精打细算，一方面源自其勤俭的个性，另一方面也是因其深谙节约对于维持书业经营的重要性。亚东前后长时间处于艰苦局面，若无汪孟邹的这种刻苦自励、精打细算的精神，想要维持下去实难想象。换言

① 汪原放：《亚东图书馆与陈独秀》，学林出版社 2006 年版，第 218 页。
② 参见汪原放：《回忆亚东图书馆》，学林出版社 1983 年版，第 81—82 页。
③ 汪原放：《亚东图书馆与陈独秀》，学林出版社 2006 年版，第 169 页。

之，汪孟邹的刻苦搏节是亚东能长期维系的重要基石。

（三）主题式出版策略

亚东的规模不大，难以像商务那样出版各种大型丛书。不过，汪孟邹深谙系列出版的协同效应，因此，尽管很多选题并非一开始就有进行系列出版的计划，但在随后的出版活动中，亚东善于对原有优质选题进行生发与跟进。如《尝试集》出版后，亚东紧接着出版了大量的新诗集；标点白话文小说，亚东以规模化方式进行出版；《胡适文存》出版后，亚东以《独秀文存》、《胡适文存二集》、《孟和文存》、《胡适文存三集》等相继接力；《少年飘泊者》之后，亚东出版了不少革命小说；社会科学著作亦是有计划、有步骤地展开出版……因此，亚东出版的200余种出版物，我们基本可以将它们按主题归为这样几种主要类型：地理类书籍、新诗集、标点白话文小说、新文化主题书籍、革命小说和社会科学著作。实际上，这也反映出汪孟邹在出版过程中具有自觉的意识，积极将有价值的选题进行延伸并展开深耕。这既是对选题资源的深度开采，同时也借由同类出版物的规模效应，使已出版的书籍发挥更大的影响力。

亚东善于展开主题式出版，可以教材出版为例说明。亚东一开始进入出版领域，即拟从教科书入手，只是囿于出版经验不足，进行得不太顺利。1921年，亚东出版高语罕的《白话书信》后，意识到在白话文如火如荼推进的历史潮流中，这本书无疑是十分适用的白话教材，于是迅速将其从大众读物调整为教材书籍，而且还以此为契机在教材出版领域重新发力，展开教材主题出版。同年，亚东出版了"中学校及师范学校适用"的《中国语法讲义》；第二年又出版了高语罕的《国文作法》；加上之前出版的胡适的《短篇小说》（第一集）等亦可作为补充读物，亚东的教材类出版物就已小有规模，并向社会进行集中推广。

> 中等学校及高小适用（许多学校用作课本了）
>
> 四版《短篇小说》，胡适之译，定价三角。
>
> 再版《中国语法讲义》，孙俍工编，定价三角五分。
>
> 四版《白话书信》，高语罕编，定价八角。
>
> 新出《国文作法》，高语罕编，不日出版。[①]

以《白话书信》为契机，亚东找到了进入教材市场的切入点后，于此不断深挖。一方面有意识地出版各类教本，另一方面充分发掘亚东已出版书籍的"课本"潜质。《字义类例》、《市政制度》、《中国教育改造》等不少学术类及教育类著作被纳入其中；民间文学《一千零一夜》、《大黑狼的故事》、《印度七十四故事》、《波斯传说》、《西藏的故事》等被纳入小学教材及补充读物；社会科学著作《青年女子书信》、《社会经济发展史》、《现代文明史》、《达尔文传及其学说》、《法国革命史》、《欧洲近百年革命运动史》、《中国历史上的农民战争》等被纳入大学或中学教材；一些面向大众的读物，如《上古的人》、《世界大音乐家与名曲》、《四十自述》等也被纳入。也因此，亚东的教材类书籍多达40余种，几占亚东出书总量的六分之一，比重可谓不小。

---

① 《申报》广告，1922 年 8 月 25 日。

这些教材类书籍分大学部、中学部和小学部，亚东 1937 年在《申报》上登载的教材类书籍广告即作此分类，可知教材类书籍是亚东一个不小的出版门类。

历蒙各校采用的学校教材及补充读物

大学部

社会经济发展史……………………李季译　　七角

法国革命史……………………………李季译　　一元五角

欧洲近百年革命运动史………江常师译　　五角

现代文明史……………………………王慧琴译　　八角五分

中国历史上的农民战争………蔡雪村著　　一元六角

应用新闻学……………………………任白涛著　　五角

市政制度……………………………张慰慈著　　五角

中学部

胡适文选……………………………胡适自选　　八角五分

模范文选……………………………程演生编注　　八角五分

国文评选（一二三集）………王灵皋编　　每集六角

作文与人生……………………………王灵皋著　　六角

国文作法……………………………高语罕著　　六角

中国语法讲义……………………孙俍工著　　二角五分

字义类例……………………………陈独秀著　　五角五分

进化论讲话……………………………刘文典译　　九角

音乐的常识……………………………丰子恺著　　六角

实验蚕卵稀盐酸人工孵化法…汪协如译　　四角五分

小学部

国文故事选读……………………陶孟和辑　二角五分

四十自述……………………………胡适著　六角

短篇小说（第一二集）………胡适译　各二角半

知行书信……………………………陶知行著　四角

青年女子书信………………………张其柯编　三角五分

语体应用文作法……………………戴叔清著　三角

语体应用文范本……………………戴叔清著　五角

一千零一夜…………………………汪原放译　六角五分

大黑狼的故事………………………谷万川编　四角五分

学期开始 · 备货充足 · 书目备索

事实上，亚东出版发行的教材类书籍并非是与学制严格配套的教材，而是较有弹性、适用面较广的综合性教本和补充读物。这也体现了亚东在经营上的灵活与机敏，它避开了竞争激烈、投入巨大的教材"正面战场"，以适合资本不大的中小书店的方式来展开。亚东出版的教本及补充读物，除少数明确标明"中学校及师范学校适用"、"高级中学适用教材"外，大多数其实是介于两可之间的，进可作为教本，退亦可供普通读者自由购买阅读。正如亚东的一则广告中所说，"学校教科，私人研究，皆可采用"①。与此同时，亚东挖掘自身已出版的书籍作为教材补充读物，也大大拓展了这些书籍的销售范围与辐射能力，使其在原有的读者基础上，还获得了新的销售空间。亚东以灵活

---

① 《申报》广告，1924 年 4 月 29 日。

的方式切入教材出版，发现这一市场后即迅速做主题式出版，并善于发掘自身出版物不同的销售属性，这些经验和智慧至今依然值得我们学习与借鉴。

（四）鲜明的广告意识与灵活的广告手法

旧上海书业界竞争异常激烈，各出版社为了扩大本版图书的影响，确保出版信息渠道的畅通，对图书的广告宣传无不重视，各显神通，大打广告战，可谓花样迭出，异彩纷呈。汪孟邹从一开始从事书业，即对广告宣传较为注意，如在《安徽俗话报》上刊登《科学图书社布告》，介绍芜湖科学图书社的创办宗旨与经营范围等；创办亚东后，出版的第一批地理类书籍亦在《申报》上刊登广告等；但汪孟邹真正开始尝到广告甜头当在1918年左右。1918年10月，汪孟邹在与胡适的通信中十分快慰地谈到，最近将"自行出版各图书专登告白于小时报栏，每隔二日一登，颇为有效"[1]。

为了解亚东的广告情况，笔者普查了《申报》1913—1949年的广告栏。《申报》是20世纪上半叶上海最有名的报纸，有历史悠久、影响广泛、发行量大（1932年销数达到15万份）[2]、读者的知识层次高等特点，因而备受出版家们的垂青。翻阅《申报》图书广告栏，整体的印象就如同读一部兴衰更迭的书业编年史。从出版物的你方唱罢我登场，窥见文化气候的变迁，从出版社此消彼长，生灭无常，明了

---

① 耿云志主编：《胡适遗稿及秘藏书信（27）》，黄山书社1994年版，第276—277页。
② 参见曹冰严：《张元济与商务印书馆》，载《商务印书馆九十年——我和商务印书馆（1897—1987）》，商务印书馆1987年版，第31—32页。

商场如战场的道理。对照汪原放《亚东图书馆与陈独秀》书后的亚东出版物目录，不难发现亚东绝大多数出版物都曾在《申报》上亮相，以及亚东的广告宣传有其自身的特点与影响。

首先，亚东的广告具有强烈的时代新意。《申报》上第一个用白话文撰写广告词，并用新式标点句读的出版社是亚东图书馆，时间为1919年11月18日。此广告为"北京大学《新潮》第一卷第三版预约"。这一极富新潮意味的广告形式，表明了亚东为新文化运动张目的态度，也向全国读书界正式宣告了亚东出版物所遵循的时代方向。这一先声夺人的举动，对当时视白话、标点为新事物的人们来说，不啻是一个神经上的强烈触动，其效果自然是强劲有力的。亚东图书馆率先对旧小说进行标点、分段，《水浒》是其尝试的第一种，为配合宣传，亚东在该书广告的版面设计上别出心裁，以各种标点符号作版框的边线[①]，既完美地实现了内容与形式的统一，又给人耳目一新之感。

其次，亚东的广告充分发挥其所具有的名人资源优势。亚东的成功，有赖于胡适、陈独秀等名流的大力支持，汪孟邹十分懂得借风行船的道理，广告中不遗余力地以名人相号召，以广招徕。在广告词的撰写上，有意识地摘引胡适、陈独秀等的语录，或作专门的人物介绍。例如，1923年6月6日刊登在《申报》上的《镜花缘》广告词云："胡适之先生的《镜花缘引论》里论这本书的价值说：'……他对于女子贞操、女子教育、女子选举等等问题的见解，将来一定要在中国女权史上占有一个很光荣的位置。'"再如，亚东在所有古典小说的集合广告中，从不忘记在版面上安置这样一句标识："全有胡适之先生的

---

① 参见《申报》广告，1920年8月11日。

考证、传、序或引论；有的有钱玄同先生的序；有的有陈独秀先生的序。"亚东确实摆好了大树底下好乘凉的姿势。

再次，对广告效果的追求是汪孟邹不懈努力的目标。汪孟邹十分重视图书广告词的锤炼，对每一本书的广告文案，都精心细致地推敲，力求鲜明生动，以起到良好的宣传效果。特别是对文学作品的介绍，更是讲究文学情调。如1924年亚东出版了《我们的七月》，广告中写道："OM（我们——笔者注）同人为发抒他们的兴趣起见，经营这小小的园地。在这园地里，有怒放的奇葩；有扶疏的嘉树；有纤柔的芳草。他们这番跃试，原以供自己赏心的。游客们如不嫌弃它的荒芜，他们将引以为甚深的光宠。本月是第一次游园会，敬请大家光临。来年花草栽培好的时候，还要奉邀呢。"[①] 这样的广告，其实就是一篇优美的散文。同时，为充分凸显"亚东版"图书的质优物美，备受读者喜爱，亚东特别注重标出该书的印次（亚东称"版次"）。印次越高，越说明其受读者欢迎，而且一般说来，也说明该书更有永久保存价值，从而对读者的购书起到一种暗示的作用。这在亚东的广告中屡见不鲜，兹不列举。汪孟邹还十分重视广告时机的选择。有些图书的需求是有季节性的，比如说教材和教学参考书。教材的利润令出版界垂涎，对教科书市场的争夺也格外激烈，每学期开学初的教材广告大战硝烟弥漫。教材供应大户主要是商务、中华、大东等大书局，世界、开明后来者居上，中小书局如北新、民智等书局也试图一展身手。亚东则从未放弃过从中分一杯羹的企图，春秋两季开学前也是亚东十分重视的广告时机，亚东将自己出版的通用型教材并整合其他适

用学生阅读的补充读物，组合成系列教材读物，在这一时段加大广告力度。从亚东出版物知见版次中不难发现，被亚东列为教材的图书，印次都相对较高，可见成效不菲。

汪孟邹还善于为亚东制造广告的时机。总体而言，旧时书业做广告，主要是这四种情形：新书预约、出版预告、再版广告和特价广告。其中尤以特价广告名目繁多，巧立名目者如周年纪念、房屋拆迁、新馆开张、暑期特价之类，不一而足，特价期间除折价之外，有的还赠购书券、纪念品之类。总而言之，都是为了促进销售。亚东自然也不能例外，《申报》上亚东的这类广告俯拾皆是，兹不赘述。这里尤其要提到的是，1922 年亚东成立十周年时，显然有意要借此机会抬出自己的牌子，便借纪念为名，进行了长达一个半月的廉价销售。如果翻开 1922 年 11 月 17 日至 12 月 31 日的《申报》，每天都能在相同的版面、相同的位置见到版式基本相同的大幅亚东图书馆出版物广告。版面顶头位置赫然写下："上海亚东图书馆十年纪念广告地位"。像这样大规模的刻意布置的战略性广告在书业史上是不多见的，其创意的新颖可与 1935 年生活书店的联合广告相媲美。这次广告，亚东从分类的角度，向世人展现了亚东近几年有影响的出版物，显示了亚东的出版实力。1928 年亚东还做过十五周年的纪念广告，1933 年做过二十周年纪念广告，出版品种虽大大增加了，但声势与创意均不及十周年的那一次。

此外，每年的元旦和春节，《申报》照例要在头几版登出国内企事业团体向全国人民拜新年的祝词，20 年代的亚东也随同国内几家有名的出版社在其中占有一席之地。这固然是因为亚东与《申报》有经常的业务联系，但也体现了亚东以国内名企业自居的心态。自然，这是另一种意义上的广告。

广告费用无疑要纳入出版成本的计算当中。亚东对广告宣传虽然舍得投资，但并非毫无原则。主次的分别很清晰地体现在亚东的广告意图当中。重点书如胡适、高语罕的作品，标点本旧小说等，在宣传上则大张旗鼓，不仅露面的频率高，刊登的时间长，而且往往更换版式设计，以加大宣传力度，加深读者印象。如《胡适文存》的广告，1921 年 12 月 1 日、3 日、5 日，发一轮广告；12 月 15 日、16 日、17 日、22 日、24 日、26 日、28 日、30 日，更换版式又发一轮广告；1922 年 2 月 18 日、20 日以特价展期为名，又一轮重新制版广告；1922 年 3 月 19 日、21 日、23 日，文存再版又一轮广告。对重点书进行重点促销，反映了亚东的经营策略，这一策略对出版工作者来说，从来就不会过时。事实也证明亚东的这一策略运用得当，亚东从这些重点书的宣传中获得了丰厚的回报。

以上仅据《申报》之一隅，对亚东的广告特点略陈管见。事实上亚东对广告媒体的选用，绝不仅限于《申报》一种。报纸中，据笔者所知，亚东曾作广告的还有《时事新报》、《国民日报》等多家。除报纸外，亚东还广泛利用印发图书目录、期刊、本版图书正文后的附页等方式宣传自己。图书目录，门市上常年供应，以便读者购选，函索则立即寄送。期刊，翻开《甲寅》、《少年中国》、《少年世界》、《建设》等由亚东代派或发行的杂志，在封底和附页上，亚东出版物的广告屡见不鲜。这些刊物一度十分畅销，亚东的出版物也因之广为天下闻。同时，由于图书的读者对象固定，因而在书后做广告，有的放矢，针对性强。汪孟邹深谙其中道理，除抗战时期出版的图书外，亚东几乎在自己的每本书上都附有本版书的宣传介绍。1925 年 11 月 8 版的《胡适文存》，书后广告甚至达 11 页之多。亚东出版的很多书籍，都在自家出版的其他书籍的书后进行过反复持久的广告。以《少年飘泊者》为例，有学者统计，其在 35 种亚东出版的书籍的书后进行过长达 10 年的宣传广告①，涉及的书籍数量不可谓不多，持续的时间不可谓不长。亚东就是这样利用自己的智慧，通过各种途径，精心有效地宣传自己，从而扩大了在书业界的影响，也带来了良好的经济效益。

（五）对序跋的高度重视与充分借用

周作人在《看云集》的自序中曾说："书上面一定要有序的么？这似乎可以不必，但又觉得似乎也是要的，假如是可以有，虽然不一定是非有不可"②。序跋这一不必须似乎又不可少的书籍部分，事实上至少有着两方面的重要意义。一是为读者提供津梁。正如《辞海》给序跋所下的定义："序跋，文体名。序，亦作'叙'，或称'引'，说明书籍著述或出版意旨、编次体例和作者情况的文章；也可包括对作家作品的评论和对有关问题更多的研究阐发。"③ 二是以此招徕读者。

事实上，出版者借助序跋来对书进行宣传招徕，早已有之。有学者指出，明代小说的介绍宣传主要是靠序跋，书商为了打开销路，便请名人或干脆假托名人写序跋和评点。④ 广告学认为，信息来源的说服力和信息本身的说服力能够影响消费者购买行为。就信息来源的说

---

① 参见满建：《亚东图书馆与〈少年飘泊者〉的畅销》，《出版发行研究》2020 年第 8 期。
② 周作人：《看云集》，开明书店 1932 年版，序言页。
③ 夏征农、陈至立：《辞海·第 4 辑》，上海辞书出版社 2009 年版，第 2590 页。
④ 参见万晴川：《明清小说序跋的广告艺术》，《江西师范大学学报》1996 年第 2 期。

服力而言，序跋的作者，往往多是行家、名人，他们以较高的文化素养和社会地位，赢得读者的信赖，他们对作品的评论往往受到读者的格外重视和遵从，进而影响读者的购买与阅读行为。就信息本身的说服力而言，序言的作者，较之一般读者，文化程度高，对作品亦有较深入的了解，能够挖掘作品底蕴，还原作品本意。也就是说，无论信息来源还是信息本身，说服力都是较高的。也因此，序跋除了具有知识性文化性等特征外，还能发挥广告作用。

汪孟邹在从事出版之初，就十分看重序跋的价值。1918 年，汪孟邹拟将胡适所译的五种小说作为《短篇小说》（第一集）出版时，就向胡适提出："炼意叙文诚不可少，望请有人多做几篇寄申。"①亚东大部分出版物都有序言，而且很多作序者的身份也颇值得关注：钱玄同、俞平伯、朱自清、胡适、周作人、陈独秀、顾颉刚、刘半农、徐志摩、孙楷第、高语罕、蒋光慈、高一涵、蔡元培、陶行知、王伯祥等，均是当时的一时之选。这固然反映了学者名人对亚东的热情支持，同时也是汪孟邹苦心经营的结果。《胡适遗稿及秘藏书信》一书收录汪孟邹致胡适的信件 60 封，向胡适催稿序言、考证是其中最重要的主题。1925 年，亚东标点出版《三侠五义》，请胡适作序，汪孟邹为此前后 6 次去信催要序言，收到胡适的序后，《三侠五义》才予以付排。其他诸多序言的求稿、催稿，均能见出汪孟邹之诚挚恳切。汪孟邹在序言问题上表现出的这份韧劲与坚持，一方面源于他对序跋价值的体认，另一方面与亚东出版物的性质也大有关系。换言之，序言对于亚东的出版物而言，意义尤为重大，甚至可以说是不可或缺。

---

① 耿云志主编：《胡适遗稿及秘藏书信（27）》，黄山书社 1994 年版，第 276—277 页。

我们考察亚东的重要出版物时，会发现它们有一个共同的特征："新"。如新诗集，是诗歌语言形式的大革新；标点白话文小说，是从"白话文读本"、"标点符号范本"这一崭新的意义层面来为读者提供文本。这些"崭新"的出版物，要想被读者接受，并尽可能广泛深入到读者群体中，仅靠文本本身的力量显然不够，亟须序跋这一重要副文本的力量的加持。如我国第一本新诗集《尝试集》，不仅有钱玄同的序，还有胡适的自序，而且在《尝试集》再版、四版时，胡适分别再增添新序。实际上，序言位置是胡适借以与读者（包括支持者与反对者）展开持续、深入对话的上佳平台。若《尝试集》等新诗集缺失序言这一作者、出版者和读者之间进行协商的重要纽带，无论是新诗本身的发展，还是出版物受欢迎的程度，或许都将大打折扣。

对于标点白话文小说而言，序言的价值和意义就更为突出了。如果说新诗集的文本本身即有明确的意义指向，序言的有无只是力量的强弱而已，那么标点白话文小说则必须借助序跋来对其新的意义展开阐释。亚东标点出版的这些旧小说，就文本意义而言，并不新鲜，人们耳熟能详。当新文化运动来临，要把这些小说的价值引向"白话文读本"、"标点符号范本"以及"整理国故运动"，这就需要作序者对文本所蕴含的新的时代价值与文化价值进行深入细致的阐释和说明，为文本营造这样一种新的阅读导向。若没有胡适、陈独秀等新文化运动领袖的相关序言，亚东版标点白话文小说在凸显时代精神及与时代的同频共振方面，显然不可能达到那么高的高度，相应地也难以获得那么大的成功。这也是为什么一些白话文小说亚东实际上都已标点分段好，甚至已经排好了，因为没有胡适等的序言，最后没有付印。

亚东版标点白话文小说序文一览表

书名	考证或序	作者
《水浒》	《水浒》考证	胡适
	《水浒》后考	胡适
	附录"致语"考	胡适
	《水浒》新叙	陈独秀
《儒林外史》	吴敬梓传	胡适
	吴敬梓年谱	胡适
	《儒林外史》新叙	陈独秀
	《儒林外史》新叙	钱玄同
《红楼梦》	《红楼梦》考证	胡适
	考证后记	胡适
	重印乾隆壬子本《红楼梦》序	胡适
	答胡适书	顾颉刚
	《红楼梦》新叙	陈独秀
《镜花缘》	《镜花缘》的引论	胡适
	关于《镜花缘》的通信	胡适
《三侠五义》	《三侠五义》序	胡适
《海上花列传》	《海上花列传》序	胡适
	《海上花列传》序	刘半农
《西游记》	《西游记》新叙	胡适
	《西游记》新叙	陈独秀
《水浒续集》	《水浒续集》两种序	胡适
《三国演义》	《三国演义》序	胡适
	《三国演义》序	钱玄同
《儿女英雄传》	《儿女英雄传》序	胡适
《老残游记》	《老残游记》序	胡适
《醒世姻缘传》	《醒世姻缘传》考证	胡适
	《醒世姻缘传》序	徐志摩
	《醒世姻缘传》考证	孙楷第
《官场现形记》	《官场现形记》序	胡适
《宋人话本小说》	《宋人话本》序	胡适
	《宋人话本》重订本小序	胡适
《十二楼》	《十二楼》序	孙楷第
《今古奇观》	《今古奇观》序	孙楷第

此外，亚东的社会科学著作也十分重视发挥序跋的功能，书前往

往冠以长篇的序言，而这源于亚东对这一类书籍阅读难度的了解与把握。社会科学著作，其内容的新与深，读者需要借助序跋获得相应的解读以更好地进入文本。如《法国革命史》一书，亚东强调译者"所作五千余言的长序，引证各国学者的学说，解释革命，并发挥本书的教导等等，俱道人所未道，尤为精绝"[①]。《辩证法经典》一书，亚东强调："程先生又做长序一篇，指出辩证法要点，藉作向导。"[②]等等，不一而足。这既是商业运作所需，同时也是亚东予以读者最大的理解、体贴与支持。

亚东对序跋的重视及其灵活运用，也给予我们诸多启示。首先，序跋作者要与作品性质高度契合。如亚东版标点白话文小说，小说的原作者施耐庵、曹雪芹等的影响力与号召力倒还在其次，因为此时出版这些小说是将其定位在新文化运动的坐标上，其功能是"白话文教本"与"标点符号使用范本"，因此小说的作序者反而更是作品的"赋魅"者。作序者通过其具有学术视野与现代性解读的序跋，大大丰富和补充了白话文小说的时代魅力。也因此，作序者在新文化运动中的名气和声望越大，其为标点白话文小说"赋魅"的能量也就越大，也越能激起读者的"阅读期待"。试想还有谁能比新文化旗手胡适、陈独秀等担任亚东版标点白话文小说的作序者更有号召力，还有谁比他们更能保证亚东版标点白话文小说的在场、接受与消费呢？又如亚东出版的社会科学著作，序跋的作者则主要是书的作者或译者本人，因为他们才是作品的最佳解读者。

其次，亚东十分懂得将自身重视的序跋之效果做足，不遗余力地

---

① 《申报》广告，1929 年 9 月 28 日。

② 《申报》广告，1930 年 5 月 23 日。

在广告上予以说明。翻看亚东的书籍广告，会发现它们十分注重强调其序跋。如胡适的《短篇小说》（第一集）强调："小说后附胡先生所著《论短篇小说》一文，详说做短篇小说的方法，也是研究文学门径的人不可不读的文章。"① 要着手出版标点白话文小说了，亚东的出版预告中打头强调的是："胡适之先生陈独秀先生都有很长的序。"② 孙俍工的《中国语法讲义》如是介绍："序一……邵力子先生，序二……陈望道先生。"③ 汪静之的《蕙的风》："全书分四辑。朱自清序。胡适之序。刘延陵序。自序。定价五角。"④ 等等，不一而足。亚东深谙其序跋的重要附加值，因此不惜笔墨与广告费用大加宣传。

再次，亚东的序跋并非一味地夸耀吹捧，更在于清晰地阐述出该书的价值，给予相应的补充，为文本提供相应的增量内容。如《国文评选》一书，亚东强调"编者并作长序列之卷首，对于教者学者的教学方法均有极可宝贵的贡献"⑤；王雪华所译的《产业革命》，亚东指出："又经李伯纯先生作一长序，指出一部纺纱机改变英国整个的社会组织，这部书就是唯物史观的一种注脚。凡欲知产业革命的实在情形者不可不读此书，欲知唯物史观的真凭实据者尤不可不读此书。"⑥ 这些都体现出亚东的序跋文章具有极强的增量价值。

法国叙事学理论家杰拉德·热奈特（Gerald Genette）于 20 世纪 70 年代提出"副文本"理论。副文本是指"围绕在作品文本周围的

---

① 《申报》广告，1919 年 10 月 10 日。
② 《申报》广告，1920 年 6 月 2 日。
③ 《申报》广告，1921 年 5 月 20 日。
④ 《申报》广告，1922 年 9 月 19 日。
⑤ 《申报》广告，1931 年 8 月 11 日。
⑥ 《申报》广告，1929 年 12 月 16 日。

元素，包括序、跋、标题、题词、插图、图画、封面以及其他介于文本与读者之间促进文本呈现的元素"①。热奈特指出，任何一部作品都是由正文本和副文本组成的，副文本包围并延长正文本，甚至在正文本中充当结构成分，与正文本相辅相成，共同组成文本。热奈特"副文本"理论的提出，改变了人们长期以来只重视作品的正文本部分，而很少注视那些环绕、穿插和点缀在正文本周边的内容的问题。事实上，尽管"副文本"理论在较晚时候才得以提出，但近现代出版者在出版的过程中为更好地呈现文本以吸引读者，一早即自觉运用"副文本"来对文本进行"包围"。可以说，出版者是最早关注并切实运用副文本的实践者，汪孟邹就是这样一位杰出的实践者。仅就序跋而言，汪孟邹对这一副文本的利用即可圈可点。因为序跋的内容与正文本形成互构，所以它也是确立作品意义的最重要的副文本。换言之，汪孟邹抓住了最主要的副文本形式来"大做文章"。热奈特还指出："副文本只是辅助物、文本的附件。没有副文本的文本有时候像没有赶象人的大象，失去了力量；那么，没有文本的副文本则是没有大象的赶象人，是愚蠢的走秀。"②汪孟邹对序跋的重视与灵活运用，也充分地验证了热奈特的这段话。如果没有序跋这一重要的副文本，亚东版的新诗集、标点白话文小说、社会科学著作等，就像"没有赶象人的大象"，没有方向；同时亚东出版的书籍文本过硬，序跋本身是紧紧依附于文本本身的，因此，这些书籍的副文本给予文本力量，而非"愚蠢的走秀"。

---

① 文月娥：《副文本与翻译研究——以林译序跋为例》，《北京科技大学学报（社会科学版）》2011 年第 1 期。

② 朱桃香：《副文本对阐释复杂文本的叙事诗学价值》，《江西社会科学》2009 年第 4 期。

（六）对出版质量的严格要求

汪家熔在《旧时出版社成功诸因素》一文中说："创新和质量是出版社成功的最根本问题。不论你的班子多强，发行网多健全，碰到的机遇多好，如果没有好的货色，仍然不能帮你站住脚。"[1] 所谓好的货色，既要有内容上的期诸久远，又要有形式上的精致完美，包括装帧、印刷、版式、校对诸多方面。在出版选题上亚东是有原则有底线的；在出版物质量上，亚东亦有着严格的把控。

我们知道，一本讹错百出的书，读者读起来难免要倒胃口，质量上的硬伤必然要影响出版社的声誉，进而损害出版社成功的基础，所以校对就显得十分重要。人们常说："校书如扫落叶"，从事过出版工作的人都知道，校对是一件很不容易的事。在亚东，同人校书有着自己的一套程序。校对时，发现有可疑的地方，立刻会提出、记下，这一步可称为存疑。第二步查找资料或同人之间商量讨论，这一步称为稽考。三校、四校仍拿不准的，则与作者直接联系，如果是古书，则阙疑，以请求读者指教，这一步称为取证。[2] 这三道严格的工序，保证了亚东出版物的内容质量。

在铅印时代，排版印刷时极易出错，张静庐对此深有感触："尤其感到没有办法的，是铅字旁边加上断句标点，一经校对之手，再经排字工友之手，三经打纸型时的跳动，要使它不走原样，就是天爷爷都不敢保证的。一经移动，跳越，脱落，这点断了的文句便会变成城

---

[1]　汪家熔：《旧时出版社成功诸因素》，《出版发行研究》1994 年第 6 期。

[2]　参见汪原放：《回忆亚东图书馆》，学林出版社 1983 年版，第 74—75 页。

楼上打鼓，不通，不通，又不通！"① 然而他在另一篇文章中却指出："不过这里要特别提一提，就是亚东版的旧小说，错字的确不曾有，据我所知道，汪原放先生每一部书的校对，总在十二次以上，其工力与耐性是值得我钦佩的。"② 由此可知，汪孟邹及亚东人在出版质量上付出了怎样的细心与辛勤的努力。在校对问题上，亚东不仅有方法和制度保障，更有着高度严谨、一丝不苟的精神。也因此，亚东版的书错字很少，这是出版界公认的事实。《尝试集》全书没有一个错别字，这是作者胡适在再版自序中亲口说的话。

亚东的标点白话文小说，在书业界独占鳌头，在版本、校勘上狠下了功夫。底本的好坏，直接影响到校勘的质量。亚东在小说版本的搜寻上，特别用力，有些孤本则是通过私人关系搞来的。如"程乙本"《红楼梦》、"嘉陵本"《儒林外史》都是胡适的私藏。遇到更好的版本，亚东甚至不惜放弃原来已经出版过的版本，重新标点再版，胡适对此赞叹："我的朋友汪原放近来用我的嘉庆丙子本《儒林外史》标点出来，作为《儒林外史》的第四版，这一番功夫，在时间上和金钱上，都是一大牺牲。他这一点牺牲精神，竟使我不能不履行为吴敬梓作新传的旧约了。"③ 这些孤本秘籍，亚东通过现代出版技术，使他们化身千百，广为流通。这不仅有功于古籍保存，也极便于读者参考阅读，这种学术价值是不能仅从商业角度去考察的。旧小说也属于古籍范畴，其校勘是一项学术性很强的工作，需要有文字学、音韵学和语

---

① 张静庐：《在出版界二十年》，西北大学出版社 2019 年版，第 112 页。
② 张静庐：《一本书的诞生》，《读书与出版》1947 年第 9 期。
③ 胡适：《吴敬梓年谱》，载吴敬梓著、汪原放句读：《儒林外史》，亚东图书馆 1922年版，卷首。

法学方面的知识和古典文献的基础。亚东出版的旧小说无不经过了审慎严格的校勘，这是亚东版区别于其他坊间刻本的重要特征之一。亚东版旧小说因此具备了文献性质，收藏价值也随之显现出来。

此外，亚东先后整理出版的16种旧小说，无不附有一篇"校读后记"，说明该书在校勘过程中，如何斟酌是非，择善而从；如何厘定前人得失，增删补改；如何选用版本，鉴别优劣，等等。这样的校读后记其实就是一篇学术论文。汪原放作程乙本《红楼梦》的校读后记，更长达两万字之多，显示出他在版本学、校勘学方面的学术功底。他校读《红楼梦》程乙本，参校程甲本，历时一年半。1922年6月24日以后第一次校；1923年5月15日以后，第二次校；同年12月6日以后，又校一次，然后才付之梨枣。汪原放对程甲本（民国十年亚东标点本）与程乙本（民国十六年亚东标点本）还作了计量的比较，当我们今天看到这些烦琐的统计数字和一系列的举证时，对于这样一种编辑精神，除了景仰，还能说些什么呢？

在著译方面，亚东出版的著作都以高标准来要求。以亚东整体销量相对较弱的社会科学著作为例，其与一些书局所出的社会科学著作被批评为"把许多名著翻译成天书"不同的是，亚东社会科学著作的著译者多是马克思主义的信仰者，同时也是翻译高手，如李季、郑超麟、王凡西等。李季在中国共产党创建时期即追随陈独秀，先后参加上海、广州共产党早期组织，他一生埋头翻译海外社会主义论著40余年，将详尽介绍马克思生平与系统介绍马克思主义理论融为一体。陈独秀的侄外孙、学者吴孟明说："李季（季子）外语非常好，英语是在北大从辜鸿铭学习的。德语则是留学时掌握的，都熟练精通。他翻译《通俗〈资本论〉》十分精到，为忠于原作，德文字字对应，有时为了译文的通顺而不能续上的字和词，他都用方括号括起来，他的这种翻译也是十分独到的。"① 亚东的另一重要译者郑超麟则精通英、法、德、俄等多种语言，加之汉学根底深厚，案头翻译落笔成章。楼适夷在《记郑超麟》中谈到当年他们一起在狱中译书的情景，"真正的译者也就是他一个，其他的人全是跟他学德语的学徒。……可他那光光的大脑袋，大家把他当一部活的百科全书，随时都要向他请教。他总是孜孜不倦地帮助我们。他不但教我们德文，还教两位学法文的青年，帮助大家搞自己的翻译。他非常勤快，不断地读，不断地译书"②。从亚东图书馆的新书广告也可以看出，亚东很以郑超麟的译笔为骄傲，对于郑超麟的《宗教、哲学、社会主义》，亚东称赞道："译文的流畅明白，是近年来翻译界所罕见的"；郑超麟的《辩证法经典》，亚东强调其"译文之翔实逼真，力避艰涩，则又译述界之特色也"。③ 其他一些译者的翻译也得到亚东的称赞，如王慧琴所译的《现代文明史》，"仲翁（陈独秀——笔者注）说王慧琴的译笔是很不错的"④，等等。

在印刷方面，亚东更是表现不凡。《水浒》、《胡适文存》等畅销书，因屡次印刷，纸型模糊破损，亚东不惜成本，除旧布新，重起炉灶，这是一般专为牟利的书商不可能做到的。它反映了亚东人对读者高度负责的精神。人们把这一精神贯注的亚东图书，敬称为"亚东本"，亚东同人也深深地引为自豪。胡适对亚东人的这

---

① 王观泉：《〈资本论〉在中国》，载陈思和、王德威主编：《史料与阐释（贰零壹贰卷合刊本）》，复旦大学出版社 2014 年版，第 289 页。

② 转引自石玉新：《沧桑春秋》，云南人民出版社 2003 年版，第 282 页。

③ 《申报》广告，1930 年 5 月 23 日。

④ 汪原放：《回忆亚东图书馆》，学林出版社 1983 年版，第 175 页。

种极为认真不苟且的态度十分欣赏，在为亚东出版物所作的序中屡有称道，在其在亚东出的作品或文集的自序中，多次对亚东编辑汪原放、章希吕、汪乃刚、余昌之等人的精细作风表示感激。不难推测，胡适的许多作品归亚东出版，当与此很有关系。任白涛的《应用新闻学》委托亚东图书馆出版，与亚东的出版质量亦有重要关系。他说："我也看他们对社会的信用很好，印校一切，更是常常谨慎，绝不苟且，所以把发行权让给它。"[①] 信用，确是一个出版社赖以维系的生命线，它连接作者、读者两头，既可获得作者的赐稿，又可赢得读者的青睐。对于一个出版社来说，还有什么比这更为重要的呢？

亚东出版物不仅错字少，装帧也广为世人所称道。1924 年 8 月 4 日，朱自清收到亚东图书馆寄来的两本《我们的七月》，他被这种 32 开本、形式如书的杂志那优美的装帧深深吸引住了，在日记中写道："阅之不忍释乎。"[②]《我们的七月》在当时文坛上别具一格，别开生面，所有文章都没有作者的名字，封面上印有"OM"编，实乃"我们"的拼音字母。该杂志用上等的瑞典纸印刷，封面系丰子恺所画，题为《夏》。134、135 页有珂罗版印的《俞曲园先生楷书诗解》，文字清晰、精美。152、153 页锌版印丰子恺的一幅漫画，题曰："人散后，一钩新月天如水。"OM 同人的第二种刊物《我们的六月》，由亚东 1925 年出版，装帧、印刷、版式沿袭第一种。封面是丰子恺的《绿荫》；内有锌版的漫画《三等车窗内》、《黄昏》，皆为丰子恺的大作；一幅珂罗版的摄影《北海的落日》，均极精美。

---

① 任白涛：《应用新闻学·再版的话》，亚东图书馆 1926 年版。
② 陈孝全：《朱自清传》，北京十月文艺出版社 1991 年版，第 85 页。

　　亚东还曾请装帧设计大家钱君匋为其出版物设计封面。亚东出版的汪静之《翠英及其夫的故事》、田言（潘漠华）的《雨点集》等书的装帧，都具有明显的钱君匋的风格。钱君匋是中国近代史上专业从事书籍装帧艺术的第一人，其装帧因成熟的艺术形式与别具一格的艺术风味，不仅被今人奉为经典，而且在当时即受到读者、作者的热烈追捧。他除了为开明书店出版的书籍做设计外，现代书局、光华书局、亚东图书馆的部分书籍，也委托他设计。当时邀请钱君匋做设计的作家、杂志社、书店太多，使其应接不暇，关心他的师友为此还发起订立了一个《装帧润例》①，可知钱君匋当时在书籍装帧界的地位与影响，以及他的酬劳亦不低廉。亚东能坚持请钱君匋为自己的出版物做装帧，也反映出亚东对装帧的高度重视及其对读者和市场的洞察。

　　此外，亚东出版物中虽然不多见丛书这一类型的图书，但很多性质相近的图书，亚东仍在形式上、风格上予以统一。如文存中的《胡适文存》、《独秀文存》、《吴虞文录》、《孟和文存》等，虽是断断续续地出版，却保持有编排、扉页、封面、装帧、整体设计和大小开本等方面的统一。翻开亚东版标点白话文小说，同样不难看出亚东编辑们的匠心独运：红色的封面，相同的宝剑与飞龙交织的图案，隶书字体的书名，大体相同的编排次序（今人的序、古人的原序或跋、校读后记、标点符号说明、目录、正文等），接近的行款（均12行，行字数33—36不等），以及统一的字体、开本和装订（均为精装、简装两种）。如此种种，体现了亚东编辑一贯的意图和整体思路，从而在营

---

① 参见钱君匋：《〈钱君匋装帧艺术〉后记》，载孙艳、童翠萍编：《书衣翩翩》，生活·读书·新知三联书店2012年版，第144页。

销上形成规模优势，给读者以强烈的印象。上述这几类书的经营实绩均表明了亚东于这方面的努力是成功的。古话说："良工不示人以朴"，亚东是有资格享有这一称号的。

第七章

书业之外的汪孟邹

汪孟邹的一生，是从事书业的一生，但书业之外，汪孟邹亦有很多可圈可点之处。我们前面说，从汪孟邹的书业生涯中能明显感受到其"热烈的革新感情"。事实上，"热烈的革新感情"是他一生的底色，充分体现在他人生的方方面面。因此，对书业之外的汪孟邹展开梳理，将有助于我们更全面、完整地认识汪孟邹这个人，同时也将有助于我们进一步理解他对书业的热爱、追求与坚守。

一、对革命的高度同情与支持

在列强入侵、民族危亡的时代背景下，汪

孟邹有着那一代先进知识分子共有的特征，即对国家与社会的发展有着高度的关切和深刻的关怀。汪孟邹早年与胡适的通信中常提及国事，忧国忧民之心跃然纸上："国事意乱已极，出人意外，政府之罪，百口难辨。而日谋抵抗者日众，大乱之来，殊难逆料。言念如此，我心如焚矣，尚何言哉"①，"时局如斯，百业停滞，吾业尤甚，日夕旁皇，真不知所以善其后"②，这样的表达屡见于他们的往来书信之中。谋国家之独立与富强，求社会之改良与进步，革命是重要途径。汪孟邹本人虽不以革命为生，但他认同革命，对革命活动及革命人士有着深刻的同情与支持。

汪孟邹创办的芜湖科学图书社，一度是安徽革命者的"会议机关"。1913年后他在上海创办亚东图书馆，创办初期之艰辛超乎想象，除夕之际汪孟邹尚在外四处筹钱，"非上当铺不能过关"，可即便如此，据汪原放回忆："我大叔还是常常帮助柏先生（柏文蔚——笔者注）调款，我们知道是为了'倒袁'。"③1919年五四运动爆发之际，汪孟邹亦第一时间联合群益书社于5月9日休业一天，并在《申报》上刊登相关告示："我们两家书店因为要对于二十一款的国耻表示纪念，对于此次北京学生表示敬意，所以于五月九日停业一天。"④对于五四运动之进展，汪孟邹一直密切关注，此可见诸其与朋友的信函："此次开吾国平民运动之新纪元，居然略具成就，国事前途其有望乎！"⑤

① 耿云志主编：《胡适遗稿及秘藏书信（27）》，黄山书社1994年版，第266页。

② 耿云志主编：《胡适遗稿及秘藏书信（27）》，黄山书社1994年版，第273页。

③ 汪原放：《亚东图书馆与陈独秀》，学林出版社2006年版，第34—35页。

④ 《群益书社亚东图书馆五月九日休业一天》，《申报》1919年5月7日。

⑤ 《孟邹给希吕、大木的信》，载汪无奇编著：《亚东六录》，黄山书社2013年版，第84页。

前面论述汪孟邹与陈独秀的交谊一节中，更是可以看出汪孟邹对革命全力协助与支持的一片丹心。亚东图书馆长期是陈独秀的对外个人联络点，凡有人要见陈独秀，总是由汪孟邹约好见面时间，安排他们在亚东会面。汪孟邹虽然是党外人士，但对共产主义亲近并信仰，"共产党真好呵！将来，一切都要由共产党来解决；只有共产党能解决一切"①。汪孟邹对党的事业给予真诚的支持与帮助，负责出版了中共中央机关报《向导》，大力支持了毛泽东创办的长沙文化书社和恽代英创办的武昌利群书社。党内不少同志与亚东熟悉，汪孟邹自己亦表示："除接洽稿子以外，有的熟人，也会常来。现在记得的有王若飞、毛泽民、彭礼和。在第一次国共合作时期（1924—1927 年），他们在党内担任的是文化方面的工作，时常要来问问买纸、印书等事，因为他们都相信我们是比较内行可靠的。"②

汪孟邹与陈独秀有着深厚的私谊，陈独秀与其无所不谈，在与陈独秀的交谈中，汪孟邹应为革命事业贡献过不少智慧。此可略举两例。其一是 1927 年上海工人第三次武装起义胜利后，选举了上海市人民政府，汪原放回忆说："记得我的大叔对我说过：'仲翁今天谈起人民政府，人选实在很难。我提起赵南公，他觉得很好。'"③查赵南公年谱，1927 年 3 月，赵南公确实成功竞选上海市政府委员。④ 其二是解放战争时期，绩溪地区游击队需要购买一台能接收解放区信号的

---

① 汪原放：《亚东图书馆与陈独秀》，学林出版社 2006 年版，第 140 页。
② 汪原放：《亚东图书馆与陈独秀》，学林出版社 2006 年版，第 231 页。
③ 汪原放：《亚东图书馆与陈独秀》，学林出版社 2006 年版，第 111 页。
④ 参见咸立强：《中国出版家·赵南公》，人民出版社 2020 年版，第 330 页。

短波收音机,最后也是汪孟邹借由胡适的关系在上海器材公司购得一台。① 可知汪孟邹对革命的支持是一以贯之的。

汪孟邹不仅同情与支持革命活动,对革命人士更是真诚关心帮助。汪孟邹的一生中,除了给予陈独秀保护与支持外,还切实帮助过很多其他革命者,如高语罕、蒋光慈、郑超麟、王凡西等。

蒋光慈的遗孀吴似鸿对第一次见到汪孟邹时的印象有过描写:"汪孟邹先生戴着老花眼镜,穿着黄色宽大背心,下面是扎着裤脚管的套裤,静静地在抽水烟袋。见他这副穿戴,不禁使我想来冬烘先生的形象。"这番描写也让极少留下影像资料的汪孟邹,以一副生动的模样呈现在后人眼中。不过,蒋光慈告诉吴似鸿:"你别以为亚东老板是个冬烘老头子,他倒是同情革命的哩!"② 汪孟邹对革命者的同情,蒋光慈们是有着深切感受的。

革命者郑超麟、王凡西、陈清晨、小濮等均是汪孟邹的老友。王凡西回忆其 1938 年由汉口回到上海,汪孟邹为其"生还"感到十分高兴,特邀了几位朋友为其接风,其中有彭述之与陈碧云夫妇等。王凡西对此感触很深:"我个人的遭遇更是历尽劫数,出死入生,回忆起来像是一场噩梦。今日却居然又与故人晤对,不能不说是'恍如隔世'了。"③ 汪孟邹知道他们因从事革命而生计困难,因此购买了不少他们的书稿译稿,设法用稿费接济他们的生活。汪孟

---

① 参见许启珍:《我所认识的汪孟邹先生和胡适之先生》,载程庸祺:《亚东图书馆历史追踪》,安徽教育出版社 2016 年版,第 138 页。

② 哈庸凡主编,萧志远副主编:《江淮英烈传》(第一卷第二分册),安徽省民政厅 1987 年版,第 114 页。

③ 王凡西:《抗战初期的陈独秀》,载丁晓平编选:《陈独秀印象》,中共党史出版社 2016 年版,第 229 页。

邹自己也说："有许多朋友，从'五四'时便认得了，1927年的大革命失败……以后，回上海来了，有的生活很苦，时常来借一点钱。可是到后来，会拿一本稿子来还账，所以收稿，有时不免要带一点感情的作用。"① 汪孟邹始终以自己的方式支持革命，以期改造社会，拯救中国。

二、热心各种有益社会革新与进步的事务

对于有益于社会革新与进步的各种事务，汪孟邹始终是一个热心的支持者，甘愿为之付出大量的心力。这些事务既有全国层面的，也有其家乡安徽的。在乡邦事务上，汪孟邹尤有突出表现。

（一）振兴实业的尝试与努力

为拯救积弱积贫的中国，有识之士努力寻找各种可行的途径，其中发展经济振兴实业几乎成为时人的共识。这一度也是汪孟邹积极关注的所在，胡适早期的日记中即记有汪孟邹关于劝业会看法的内容。从胡适的日记来看，汪孟邹对劝业会有不少关注，而且不同于当时报刊舆论的一般看法，其对劝业会的作用与价值持肯定态度。据载，1911年9月汪孟邹加入赴东（东瀛）考察实业团②，考察日本的实业情况。在此基础上，他进一步思考中国发展经济的可行途径。同

---

① 汪原放：《亚东图书馆与陈独秀》，学林出版社2006年版，第231页。
② 参见《江苏赴东考察实业团之题名录》，《大公报·天津版》1911年9月21日。

年 10 月，汪孟邹给远在美国留学的胡适去信，打听美国农业机械情况。[①] 除了计划进口美国农业机械外，他还试图编辑出版农务各书，以求适用于中国的农业种植情况。汪孟邹对此问题关注甚久，1915 年给胡适的信中仍有谈及："纽约美洲商业中枢，吾国物产何种可以运美得利便，乞调查详告以便酌行。"[②] 一方面试图引进美国农业机器与图书选题，另一方面试图输出国产至美国，这些都反映出汪孟邹期冀通过实业振兴国家经济的理想与愿望。此后，汪孟邹潜心书业，这是助益思想文化之举，同时又何尝不是一项切实的实业活动！

（二）办学堂，兴教育

近代中国危机四伏，面对任人宰割的社会现实，有识之士不约而同地把希望转向了教育。教育问题亦是汪孟邹一生关注的所在。在《绩溪县教育志》的大事记中，汪孟邹创办科学图书社被作为条目列入其中："光绪二十九年（1903 年）春，邑人汪孟邹在芜湖长街徽州码头创办科学图书社，出售新书与新教科书并销往徽州等地。"[③] 家乡人民在编写教育志时，将汪孟邹创办的科学图书社视为绩溪教育事业发展的一部分，这不仅是因为出版与教育之间有着某种关联，更是家乡人民对他一生寄情家乡教育的肯定与表彰。

---

① 参见耿云志主编：《胡适遗稿及秘藏书信（27）》，黄山书社 1994 年版，第 250—253 页。

② 耿云志主编：《胡适遗稿及秘藏书信（27）》，黄山书社 1994 年版，第 266 页。

③ 《绩溪县教育志》编委会编：《绩溪县教育志》，方志出版社 2005 年版，第 11 页。

1. 支持多种类型学校的创办

汪孟邹先后支持过多所学校的创办，其中包括芜湖工读学校、绩溪初中、惠民染织传习所等。汪孟邹支持创办的学校类型多样，持续时间长，以下根据相应史料对他支持办学的情况进行梳理。

1920 年，汪孟邹与刘希平、高语罕、卢伯荪、佘效宋，王岳庐、阮仲勉等 12 人，每人拿出 100 元作开办费发起成立芜湖工读学校。芜湖工读学校的宗旨是：一、养成平民子弟的生活技能；二、灌输平民子弟的普通知识；三、养成他们自食其力的习性；四、铲除"好食懒做"的根性；五、试验我们理想的教育；六、勉力消除学界工界的隔阂，使他们能相互了解。据李宗邺回忆，该校学生有一百多人，大多是无钱读书的贫民子弟，其中包括后来为革命事业献身的共产党人曹渊、薛卓汉（只读一学期，后转入二农）、吕惠生等。[1]芜湖工读学校设有制造、手工、木工等科，半天学习，半天做工。此外，种菜，做饭、洗衣均由学生自理。当时，上海《民国日报》副刊《觉悟》也发表文章，称芜湖工读学校"在芜湖是一个年龄最轻、活泼可爱的孩子，他底前途希望很大"。

汪孟邹与刘希平、高语罕等人发起创办芜湖工读学校之时，上海工读互助团也在筹备进行中，汪孟邹亦是其中重要参与人员。1920 年 3 月 5 日，《申报》上发表了《上海工读互助团募捐启》，发起人有陈独秀、王光祈、宗白华、毛泽东等，其中汪孟邹位列第三，可推知他在上海工读互助团的创办过程中承担了不少的职责。工读学校与工

---

[1]　参见许汉三、陶若存、哈晓斯：《安徽文史资料·第 32 辑·皖事拾零》，安徽人民出版社 1989 年版，第 221—222 页。

读互助团具有鲜明的革新意识，提倡实业和教育、摒弃轻视体力劳动的偏见、反抗压迫、反对剥削，以实现"人人做工，人人读书，各尽所能，各取所需"的理想社会。从实践来看，工或读实际都难以为继，工读互助团也很快以失败告终，但这种自觉将主义的选择和践行统一于一体的尝试，在相当长时间里都深深地影响着一代进步青年。

1924年，绩溪乡贤胡运中、胡效颜等筹划创办绩溪初中，汪孟邹对此亦倾注较多心血。1925年，汪孟邹还与邑人吴兴周、周协恭等联合，集资延师，创办惠民染织传习所，是为徽州近代职业教育的开端。1936年11月14日，汪孟邹出席志诚女职中第一次校董会议，同时出席者还有章士钊（章泽民代）等，会上经议决添聘右任先生为校董，学校经费由股东会分担筹募。① 由此可推知汪孟邹应也是该校创办的重要参与人。

2. 发起创办绩溪县图书馆

在大力倡导办学的同时，汪孟邹还积极倡导创办图书馆来普及社会教育。创办图书馆发展社会教育，是当时先进知识分子的共识。以"谋徽属六邑及旅外同乡事业发展为宗旨"的徽社，其社刊《微音》（该社与该刊都获得亚东的支持）上即刊载文章热切地呼吁创办图书馆，指出图书馆是国民终身的学校，对于辅助学校之教育和普及社会之智识是很有关系的，因此"图书馆是不可以不设置的"②；"人们所受的学校教育，都要被时间的限制，为课目所拘，或因经济关系而半途辍学

---

① 参见《申报》1936年11月14日。
② 张国良：《希望徽州各小学添办儿童图书馆》，《微音》第21、22期合刊，第15—18页。

的；惟有图书馆是不给人有所拘束的，无论男女老幼，皆有享受之权利，实为市民之大学"。①

汪孟邹发起创办图书馆的提议，是于 1924 年与乡绅胡运中、胡效颜等筹划创办绩溪初中时提出的，得到绩溪士绅的支持。该年 5 月，汪孟邹致信胡适即谈道："公立图书馆事，开会多次，已经设立筹备处。县公款项下每年可筹五六百元，私人捐助人下约已有二千余元，此事幸已告成立也。"② 在馆藏方面，汪孟邹将亚东图书馆所印的书籍和科学图书社所售的书籍悉数捐出，同时还向上海各书店选购了若干册。③ 在此基础上，汪孟邹积极设法发函至有关出版机构征求捐赠，并请胡适助力此事："公函乞台阅，中华可否办到？请吾兄斟酌。但兄与商务感情交谊均颇不错，商务总可择要赠送，此事务求具一恳切的讯与高梦旦先生特别一商，至以为幸！如何？"④ 由信可知，汪孟邹希望借助胡适与商务印书馆和中华书局的关系，向当时最大的两家书局征募图书捐赠给即将在家乡创办的图书馆。汪孟邹还设法向邑人藏书家征集藏书，亦请胡适助力："邑人家藏旧书的甚多，有的愿全部捐助，我拟请哥撰一征集旧书的启，以张声势而期踊跃。"⑤ 汪孟邹与胡适分函向各地旅外同乡及藏书家征求捐赠，呼吁"热心桑梓的先生们，慷慨解囊，捐助极尽，俾本馆基础稳固"⑥，据说还征得若干孤

---

① 程本海：《图书馆与教育》，《微音》第 29、30 期合刊，第 37 页。
② 耿云志主编：《胡适遗稿及秘藏书信（27）》，黄山书社 1994 年版，第 344—346 页。
③ 参见徐子超：《绩溪县图书馆事业史略》，载政协绩溪县文史资料工作委员会：《绩溪文史资料·第 1 辑》，政协绩溪县文史资料工作委员会 1985 年版，第 118 页。
④ 耿云志主编：《胡适遗稿及秘藏书信（27）》，黄山书社 1994 年版，第 345—346 页。
⑤ 耿云志主编：《胡适遗稿及秘藏书信（27）》，黄山书社 1994 年版，第 385 页。
⑥ 转引自徐松如：《都市文化视野下的旅沪徽州人（1843—1953 年）》，上海人民出版社 2015 年版，第 240—241 页。

本和珍本书。

1926 年 10 月 1 日，绩溪县图书馆正式落成，馆址设在绩溪县立女子高等小学的前进（后来迁至旧学宫的文昌殿、崇圣祠等地）。在建馆时，汪孟邹还托亚东前职员、时任中华书局编辑所及徽社《微音》月刊编辑的程本海，在回绩溪省亲时协助新成立的绩溪县图书馆编目，并经管月余。绩溪县图书馆还得到邑人图书馆学专家洪范五（时任南京中央大学图书馆馆长）的指导。因此，绩溪县图书馆初建时即为一所具有一定规模的现代图书馆，管理先进规范，设有总务、编藏、流通、文献征存等四股，采用当时最新的杜氏图书分类法编目，所用图书分册、登记卡及卡片袋均采用中华书局的印制品等。据记载，绩溪县图书馆初建时共有 3000 余册的图书，后不断获得捐赠和资助，到 1930 年时，该馆新旧藏书已有 7100 余册。

3. 关切安徽教育事业的发展

汪孟邹不仅参与创办各类学校及图书馆，在有关安徽教育的其他诸多事宜上都投入了大量的心血。

（1）1919 年，汪孟邹代芜湖教育会会长谢景平请胡适与梅陶到芜湖演讲。[①]

（2）1919 年 5 月中旬，安徽歙县省立第三中学师生响应五四运动，奋起抗议督皖军阀倪嗣冲的爪牙、省议会副议长徐承祜（字笃庵）任校长。汪孟邹对此事极为关注，并尽力为之设法谋划。省立三中校长后来由陶行知举荐的方振民接任，汪孟邹对此事出力甚多，"不知说

---

① 参见耿云志主编：《胡适遗稿及秘藏书信（27）》，黄山书社 1994 年版，第 284 页。

了多少话，写了多少讯，费了多少神，跑了多少路……幸而得此结果，不胜欢喜之至"①，可知汪孟邹视家乡教育问题的解决与教育事业的发展为己任，家乡人民在解决教育问题时对汪孟邹亦十分仰仗。

（3）1920年安徽省教育会改选，局面甚为混乱，各界提出以陈独秀、常藩侯担任省教育会正副会长，并希望得到旅京同人的支持。此时汪孟邹在给胡适的信中谈到此问题，却有不同看法："仲甫与藩侯均非任省教育会会长人才，自以知行为最相当，因知行颇有忍耐性且长于办事也。"② 汪孟邹此判断与事实甚为吻合。虽然陶行知因为自身的安排未回省任职，但安徽教育会的僵局确实是在陶行知等的努力下得以打开。以陶行知为首的旅外皖籍学界名流以中立者姿态提出委员制省教育会改造方案，暂时平息了省教育会的纷争，其中委员制省教育会章程即为陶行知起草。整个过程，确实可以看出陶行知"颇有忍耐性且长于办事"，以及汪孟邹对安徽教育界的情况有着准确而深刻的认识。

（4）1926年，汪孟邹在家乡绩溪设立捐助贫寒子弟入学券，资助男女生入学。③

（5）1934年9月，安徽省教育厅新委任了一位教育局长到绩溪。为此，汪孟邹与胡运中急发电报给胡适，托胡适拍一电报给安徽省教育厅杨厅长，请求免于调动。因为绩溪县原教育局长章积和平时办事认真，成绩不坏，且绩溪地方教育局长一席，外地人不如绩溪本地人

---

① 《孟邹给希吕、大木的信》，载汪无奇编著：《亚东六录》，黄山书社2013年版，第84—85页。

② 耿云志主编：《胡适遗稿及秘藏书信（27）》，黄山书社1994年版，第299页。

③ 参见《绩溪县教育志》编委会编：《绩溪县教育志》，方志出版社2005年版，第326页。

相宜。这反映出汪孟邹对家乡的教育事业十分关切并高度参与。

从以上事实的梳理，可知汪孟邹对家乡事业的真切关心与实际努力。汪孟邹对绩溪家乡教育事业的贡献，也被家乡人民所铭记。《绩溪县教育志》在总结抗日战争前绩溪教育的情况时，指出此阶段小学教育能得以发展，中等教育得以肇始，社会教育有所发端，原因大致有三：一是受以胡晋接为首的一批清末儒生中分裂出来的开明知识分子，成功地创建和主持思诚小学与省立第二师范学校的影响；二是以汪孟邹为代表的一批民族资产阶级人物，受实业救国的影响，力图通过发展教育来培养人才；三是受以胡适为代表的一批新的资产阶级知识分子对故乡的影响。① 也就是说，绩溪人民认为汪孟邹是对绩溪教育作出巨大贡献的三大杰出人物之一。如此高的评价，从中亦可推知汪孟邹为家乡的教育事业曾付出过何等的心血！

（三）办墓地，树新风

旧时徽州人有"重丧葬仪礼，重修坟结椁，重堪舆风水"的习俗，也因此有"生在扬州（或杭州），玩在苏州，死在徽州"之说。正如《淮南子·要略》中所说："厚葬靡财而贫民，久服伤生而害事"，当时的徽州人对自己家乡丧礼恶俗也进行过声讨："婺源人不论贫富之家，人死必请地师觅择墓地。往往穿山越岭。指天画地，待穷年累月，方得一地始行安葬。最奇者葬后三年，又须启墓一观，如见棺中骨黄，或作白色，则大喜。并设宴款客，以预祝日后子孙之发达，否则垂头

---

① 参见《绩溪县教育志》编委会编：《绩溪县教育志》，方志出版社2005年版，第2页。

丧气，必另择新地。故一至吾婆，所见者遍地皆死人之宅第，以点缀此大好山水，甚可慨也。"①

久居城市得时代先风的汪孟邹，有志于在此问题上移风易俗。1931 年 5 月，汪孟邹与邑人周植夫、胡运中等 42 位先生倡导在绩溪修建公墓，实行文明殡葬。建筑公墓的举措，得到胡适的大力支持，胡适为此写有《公墓启》，言简意赅地说明改革丧葬方式的必要和树立新风的好处："第一，可免去私家寻地做坟的困难；第二，可以立时安葬，免得停丧不葬；第三，可以破除风水的迷信；第四，可以省地；第五，可以省费；第六，可以稍稍讲究建筑的壮丽，墓树的培养，而不必由私人独立担负重大的费用；第七，看守照应可由公家担任，可不愁损坏了无人过问"。

汪孟邹等在绩溪发起建造的公墓取名为止原公墓。止原公墓的墓址选择在绩溪城南五华里的外山源，墓园参仿上海龙华公墓而设计，于 1933 年夏正式动工，次年春天落成。墓园占地十余亩，有纵横有序的墓道 16 条，墓道两旁栽有青翠的扁柏百余株，公墓西缘有参天的古松 28 株，坟墓每穴约占地两个多平方米，为预制水泥椁埋入式封盖结构，以青砖、水泥、钢筋构筑，每墓前均置有拜台。公墓两侧设有砖木结构、飞檐戗角的徽派灵屋一幢。另建有管理处等，有专人常年住此负责看守、绿化、打扫工作。止原公墓还设有董事会，汪孟邹任董事长，胡涵澄任总干事。

绩溪建筑止原公墓引起的反响很大，据胡适的日记记载，1934年止原公墓建好后，"南北各报都登有婺源通信，报告绩溪的公墓的

---

① 转引自徐松如：《都市文化视野下的旅沪徽州人（1843—1953 年）》，上海人民出版社 2015 年版，第 262—263 页。

消息，附载我做的《公墓启》。此文转载最广，我看见的已不下七八种了"，胡适甚至感慨《公墓启》将仅次于其《新生活》一文，成为"第二篇最风行的文章了"！① 由此也可以看出，绩溪率先建造公墓之开时代先风与引起的强烈社会反响。

汪孟邹不仅发起建筑公墓，而且身体力行，成为传播这一新风的新行者。1953 年 10 月 26 日，汪孟邹去世。按照其生前的遗愿，实行了火葬。当时采用火葬的人不仅在徽州，即使在开风气之先的上海，也是凤毛麟角的。汪孟邹改革殡葬的思想也深深地影响着亚东职员，不久亚东职员葛湘三去世，也追随汪孟邹的做法，实行了火葬，他们二人也成为新中国成立后绩溪火葬的先行者。

（四）积极发起和参与各种同乡团体

近代以来，我国社团组织广泛出现并在社会生活中扮演重要角色。这其中有着多方面的因素。就客观而言，从晚清到民国这一时期各种政治势力轮番"坐庄"，以及一战、日本侵略等造成政局的持续动荡，使政府这一社会中心体无法对社会资源、社会关系进行有效整合，更无法建立有力的调控机制以处理和应对社会急速转型所产生的一系列问题。在这种情况下，社团组织的出现并壮大成为必然。② 主观方面，近代先进知识分子群体，为了实现国富民强的目标，往往注意以组织化、法律化的形式成立不同层次的社团，以从事现代化活

---

① 胡适著，曹伯言整理：《胡适日记全编·6》（1931—1937），安徽教育出版社 2001年版，第 300—301 页。
② 参见艾萍：《现代化进程中的上海近代社团组织》，《探索与争鸣》2006 年第 3 期。

动，推动近代中国的现代化进程。我们考察 20 世纪初叶的新式社团，会发现它们尽管功能各异，活动重心不一，却都有着共同的动机意愿与总体目标，即以"开智"、"合群"为主义。

所谓"开智"，即传播新知，开通风气，启迪民智，进化明德。强调"合群"，是因为当时进步知识界普遍认为，中国的积贫积弱与民心离散、民力不坚、民权不振有关，因此欲救国难，必须从合群开始。而社团的建立，被视作养成国人"合群"的有效手段，由小群渐成大群，最后实现国家富强。张灏在《中国近代思想史的转型时代》中指出，晚清以后，在城市社会之中渐渐出现了使现代知识分子得以形成的制度性媒介：学校、传媒和结社。事实上，社团既是现代知识分子得以形成的制度性媒介，同时也是现代知识分子借以改良社会的重要媒介。

综而言之，汪孟邹发起和参与的社团组织主要有两类：一类是同业团体，一类是同乡团体。汪孟邹发起和参与同业团体的情况前文已有所论及，此处主要谈及他发起和参与同乡团体的情况。我国同乡组织早已有之，但近代以来同乡组织经历了某种再生和"现代化"的过程。不断增强的家乡自豪感和同乡组织中地理单位意识的形成，与现代民族主义的发展同为一体，因而同乡社团构成了许多社会联盟的基础，是民族组织的前提，也是民族意识、革新精神培养和发展的重要阵地。汪孟邹热心发起和参与同乡团体，其中蕴含着他进行社会改良和支持家乡发展的初心与热望。

早在开办芜湖科学图书社时，汪孟邹即参与了同乡组织——芜湖徽州会馆的整顿。芜湖徽州会馆有几百年的历史，规模不小。会馆的资金，向旅外的徽商募捐而来，逐年增加，造了很大的会馆楼房，还买了大量的市房出租。据称，每年要收租一万几千元，主要用于：救济失业同乡、资助返乡川资、支付同乡贫病的医药费用、安葬同乡死者于会馆义冢、建造救生船用于抢救江上遇难的舟船、办徽州小学和春秋祭祀朱熹，等等。民国初年，芜湖徽州会馆混入坏人，会馆的资财被霸占和侵吞，为此芜湖的徽州同乡选举出鲍赓、汪孟邹等7人组成董事会，对会馆进行整顿。鲍、汪等因此遭到坏人忌恨，被诬告为"乱党"，芜湖科学图书社首当其冲，遭军队搜捕，当时驻守芜湖科学图书社的负责职员陈啸青还因此被抓走，无辜坐了一个月牢。[1]

汪孟邹到上海创办亚东以后，不仅参与了更多的同乡团体，还主动发起了一些同乡社团。1923年，在胡适、汪孟邹的倡议下，旅居在沪的徽州学子组成了一个同乡团体——绩溪学社，并出版刊物《微音》。从《绩溪学社宣言》，我们还可以看出汪孟邹等发起成立这一社团，实蕴含着变革社会的勇毅精神与深切关怀。"我们深觉有创立这个学社的必要，他底目的从狭义一方面说起来，实不过着手改造区区一个乡土；但从广义一方面看起来，确是联合各处同志共同改造全社会的张本呢！！"1924年元旦，绩溪学社在社员规模扩大的基础上更名为"徽社"，期冀对更多地方更多区域进行社会改良，"在以前的宣言上，我们团体的最高目标，是在改造乡土。现在，我们'绩溪学社'改为'徽社'，那么我们所悬目标的范围，当然要由绩溪推广而至于其他六县。但我们最终的目的，实在并不限于此区区六县"[2]。

除发起绩溪学社外，汪孟邹参与并发挥较大影响的同乡团体还

---

[1] 参见陈弖初、陈罡午：《我们的父亲陈啸青》，载程庸祺：《亚东图书馆历史追踪》，安徽教育出版社2016年版，第155页。

[2] 邵雪奴：《今后的微音》，《微音》月刊，1924年第14期。

包括：安徽旅沪同乡会、徽宁旅沪同乡会和绩溪旅沪同乡会。在安徽旅沪同乡会中汪孟邹多次担任评议员。在徽宁旅沪同乡会中，汪孟邹是主干力量，在诸多事务中都发挥重要影响，如 1926 年的徽属驻军事务所之事，1929 年的池匪入徽之事，1931 年的救济桑梓水灾之事，等等。1949 年统计的徽宁旅沪同乡会理监履历表显示，汪孟邹是其中 40 名理监事之一，同时也是年龄最长者，时年 70 岁。换言之，汪孟邹始终关注并大力支持徽宁旅沪同乡会的各项工作。绩溪旅沪同乡会更是由汪孟邹和胡适一手筹办，起因是为支持绩溪掀起的荆州勘界运动。

汪孟邹发起和参与的这些旅外同乡社团，一方面加强了与当地同乡之间的联系与互助，另一方面，这些同乡社团对原籍社会发展的重大事务十分关注并施加深刻影响，推动着原籍社会的变化发展。

20 世纪初，我国基层社会开通人士相对较少，部分开通之士虽有除旧布新的愿望，但苦于势单力薄，无法与顽固势力抗衡对垒，往往不得不求助于聚居大都市的本籍人士。像汪孟邹这样居于大都市的本籍人士，有志于输入文明进化新风，扶助家乡的革新事业，有力地推动了城乡趋新势力的结合，使分散的社会力量逐渐凝聚为统一的整体。也因此，旅外同乡团体一方面对家乡事务加以支持与援助，同时以组织形式为沟通渠道和依托，将地方上分散的进步开明人士聚合起来，构成都市趋新势力延伸的支点以及文明进化风气的收放枢纽，从而使新兴势力的能动力对广大基层社会发生持续冲击和影响。

汪孟邹早年从事书业之艰困，笔者作为旁观者，都为之深深揪心。那么，是什么原因使其坚持了下来？其内在动力是什么？又反映出汪孟邹怎样的性格特质与精神追求？

汪孟邹一生朋友众多：既有陈独秀、胡适、章士钊这些名流；亦有高语罕、蒋光慈、顾颉刚等后起之秀；还有同操书业的陈子沛、陈子寿、赵南公、张秉文等，互相砥砺，相携前行。此外，绩溪乡贤胡子承、胡运中、胡效颜、程士范等，汪孟邹与他们均有着密切深刻的交往，一起为地方的开新风、启民智殚精竭虑。汪孟邹一生何以友朋如云，互相支持，彼此成就？其内在的根基是什么？又体现了汪孟邹怎样的精神风貌？

　　仔细爬梳亚东前后 40 年间出版的书籍，赫然发现它们脉络清晰：前期主要是与新文化运动桴鼓相应的新诗集、标点白话文小说、整理国故类等新文化主题书籍，后期是革命色彩浓厚的革命小说、社会科学著作、抗战读物等。这样的出版选择背后，又体现着汪孟邹怎样的出版理想与价值追求？

　　在书业之外，汪孟邹还十分热心各种社会事务，为社会的革新与进步尽自己所能。改革家乡墓葬风气，建筑公墓；建立绩溪县图书馆；关心家乡教育事业，遇事竭尽全力；等等。辛苦如斯，不计回报，其动力是什么？

　　这些问题虽各有不同，但最根本的答案却趋于一致。那就是目光如炬的陈独秀一言以蔽之的"热烈的革新感情"。

　　书业是最能安放、也是最能实现其革新理想的所在，因此汪孟邹"千磨万击还坚劲"，将自己的人生事业坚定地锚定在新书业一途。也因此，在出版选题的擘画上，亚东有着鲜明的为革新社会而努力的自觉。此外，除以亚东图书馆为人生基点外，汪孟邹不忘借由社会事务，进一步发挥其"热烈的革新感情"，实践着其与胞兄汪希颜都认可的"中国 20 世纪之豪杰，贵乎阐发团体之文明"[①] 的人生志愿。与此同时，共同的"热烈的革新感情"，也是汪孟邹无论在学术界、革命界、书业界还是家乡绩溪都能收获真挚友谊的根本原因。

　　汪孟邹与陈独秀之间有着异乎寻常的深刻友谊，彼此之间毫无保留、肝胆相照。笔者在写作"汪孟邹与陈独秀"这一部分时，有一种深深的感动油然而生。陈独秀对汪孟邹和亚东的帮助，自无须赘述，

————————

　　① 沈寂：《汪孟邹与陈独秀》，载沈寂主编：《陈独秀研究》第 1 辑，东方出版社 1999 年版，第 369 页。

而汪孟邹对陈独秀的意义，还有待进一步发现。

汪孟邹"热烈的革新感情"，不仅体现在精神旨归和大处谋略上，也体现在种种具体细节上。汪孟邹始终愿意提携肯做事的年轻人，哪怕自己因此受到一些损失，亦不改其志。汪孟邹不仅心怀智民之梦，自己身边的小环境亦是其践行这一理想的重要场域。他鼓励甚至赞助亚东职员进修学习，倡导和支持成立徽社并创办《微音》杂志，在家乡设立奖学金资助贫困青少年求学等等，不一而足。甚至在个人的日常生活中，汪孟邹也努力将这一"革新"的精神照射进来。如打破儒家的差序格局，让家中晚辈一律称其"先生"，"我们从小到大，叔祖不要我们称他叔公，只称先生，绩溪口音先先即先生"[1]。又如汪孟邹终身未育，亦未曾纳妾，这既是遵从"一不买田，二不纳妾，三不买丫头"[2] 的家训，也是在以身示范一种文明新风。因此，无论是从事书业，还是社会事务，抑或个人的生活实践，汪孟邹"热烈的革新精神"都清晰可见。这是他一生的精神底色，也是他一生做人做事的立足点与源动力。唯有理解了这一点，才能真正理解芜湖科学图书社和亚东图书馆中汪孟邹的精神寄托与理想追求，也才能真正理解汪孟邹这个人。"热烈的革新感情"，不仅是他高蹈的理想与旗帜，更是他一生脚踏实地之践行。终其一生，内外统一，知行合一。何其难能可贵哉！

汪孟邹在至交好友陈独秀出版《实庵自传》时，于书前加有《实庵自传刊者词》，如是写道：

---

① 汪无功：《怀念叔祖——亚东图书馆主人汪孟邹》，载汪无奇编著：《亚东六录》，黄山书社 2013 年版，第 146 页。

② 汪无奇：《我的父亲汪乃刚》，《亚东六录》，黄山书社 2013 年版，第 185 页。

他并不是什么天纵的"超人",而是从平实生活中奋斗出来,可以模仿而企及的。因此,这种自传,实包含有无限的历史的与教育的重要性。……《实庵自传》的刊行,对于近代史学尤其对于青年人的意义之重大,已可不言而喻了。后之来者,从这个领导时代的人物的自叙中,定能懂得些什么并学得些什么!本集是《实庵自传》的初两章,然已可从而窥见作者少年的环境与其特有的奋斗精神。先为刊出不是无有意义的。

汪孟邹将陈独秀自传的意义,精准地锚定在了陈氏所处的时代环境及其"特有的奋斗精神"对青年人的影响。这些评价又何尝不可用于他自己身上?汪孟邹为新书业的一生,亦由时代环境及其特有的奋斗精神所铸就。汪孟邹身上昭示出来的时代精神与奋斗精神,实引人思之,感之,敬之,进而仿之,效之……

汪孟邹编辑出版大事年表

1877 年

农历十一月十七日，汪孟邹出生于安徽绩溪城内白石鼓巷。名邦伊，学名炼，字孟邹。

1903 年　26 岁

冬，在业师胡子承和朋友周栋臣帮助下，创办芜湖科学图书社。

1904 年　27 岁

2 月，陈独秀来科学图书社创办《安徽俗话报》。

是年或下一年，科学图书社出版胡子承编写的《高等小学修身教科书》（共四册），销量不是太好。

1910 年　33 岁

5 月，汪孟邹结识时年 19 岁的胡适，两人互相赏识，日后胡适成亚东最重要支持力量之一。

1911 年　34 岁

10 月，汪孟邹约请在美国留学的胡适编辑农务各书。

1912 年　35 岁

陈独秀力促汪孟邹去上海开办书店。

1913 年　36 岁

春，汪孟邹向朋友凑了两千元股子，在上海惠福里创办亚东图书馆，又称芜湖科学图书申庄。

1914 年　37 岁

亚东从和平里搬到四马路江西路口的福华里。

1915 年　38 岁

亚东开始代为印刷与发行章士钊主编的《甲寅》杂志。

7 月，陈独秀拟创办的《青年杂志》（即《新青年》），因亚东实在没有力量做，经汪孟邹介绍，由群益书社出版。

1916 年　39 岁

亚东出版章士钊编选的《名家小说》，该书行销几十年。

9 月始，汪孟邹与陈独秀、陈子寿、陈子沛等商议亚东图书馆与群益书社合并另行改组之事。历时两月有余的商讨，资本、人才、内部组织方法等已有成型思路，"招股章程"和"意见书"也已拟就。11 月 28 日，汪孟邹与陈独秀抵京招股。

1917 年　40 岁

1 月 15 日，陈独秀在北京大学正式就职，亚东与群益合组大书店之事因此搁浅。1 月 17 日，汪孟邹由北京返沪。

1919 年　42 岁

3 月 20 日，亚东正式代理北京大学出版部书籍，馆址也从弄堂迁上五马路棋盘街西首。

10 月，亚东出版胡适翻译的《短篇小说》（第一集）。

1920 年　43 岁

是年，亚东出版胡适的白话诗集《尝试集》，田汉、宗白华、郭沫若的通信集《三叶集》，胡适、陈独秀作序的《水浒》、《儒林外史》等，营业已有转机。

汪孟邹与胡适一起倡议成立绩溪学社（1924 年后改为徽社），以"研究学术，介绍新思想，建设新绩溪"为宗旨，并办有社刊《微音》发行省内外。

1921 年　44 岁

是年，亚东出版《白话书信》、《胡适文存》、《吴虞文录》、《红楼梦》、《西游记》等书，营业情况渐趋良好。

1922 年　45 岁

9 月，应陈独秀之商，印刷发行《向导》杂志。举办亚东图书馆十年纪念。

芜湖科学图书社成立 20 周年，出版精装本《廿周年纪念册》。

1923 年　46 岁

夏，汪孟邹外甥章洛声去世。汪原放认为，洛声去世，对亚东的影响很大，从此亚东在北京少掉了一种大力帮助的力量。

1927 年　50 岁

是年，亚东营业有渐落的情形，汪孟邹打算去办与汪原放分家的手续，但并未实行。

1928 年　51 岁

4 月，汪孟邹与汪原放因家事、店事不合，往胡适处商议。

12 月，汪孟邹参与创办的上海新书业公会成立，其与李志云、张静庐、章锡琛、赵南公等 9 人担任上海新书业公会常务委员。

1929 年　52 岁

12 月 16 日，亚东在申报上发布《社会科学新书》广告，作有计划、有步骤出版社会科学著作的安排。

该年亚东出书 27 种，是亚东创办以来出书最多的一年。

1930 年　53 岁

7 月 23 日，上海市书业同业公会执行委员举行就职典礼，汪孟邹被推定为编辑科主任。

1929—1930 年，亚东书籍遭到偷印、盗版、盗印，如《白话书信》、《少年飘泊者》、《胡适文存》、《独秀文存》等都有盗版。汪孟邹联合北新书局等被盗版的书店，公请史佐材专办此事，同时还聘请了律师。

1931 年　54 岁

2 月，汪孟邹致信胡适，请求他继续为亚东版标点白话文小说作序，表示"旧书排就者甚多，搁住费本甚巨，急须印行几种，以便周转"。

4 月 2 日，安徽丛书编印处成立，汪孟邹为办事员。

8 月 31 日，蒋光慈病逝。在蒋逝世前，汪孟邹为其代拟了遗嘱，并安排了一切后事。当天下午出殡，汪孟邹携亚东同人为之送葬。

1932 年　55 岁

11 月 20 日，中国著作人出版人联合会驻沪办事处召集出版业开会，欢迎该会总干事史佐材来沪，汪孟邹等出席。

1933 年　56 岁

1 月 7 日，汪孟邹参加中国著作人出版人联合会驻沪办事处召集的出版组会议，会议报告该会总干事史佐材在西北一带彻查翻版经过情形。

3 月 8 日，亚东请章士钊做证明律师，办了一个法律手续，汪孟邹宣布退出股本，把亚东让给汪原放和汪乃刚、汪协如兄妹三人"共同接办"，自己只要了一个芜湖科学图书社。

6 月 23 日，上海市书业同业公会举行第四届会员代表大会，汪孟邹递补为执行委员。

是年夏，陈独秀对汪原放表示："我欠亚东的钱实在不少了，心里很难过，你可以把《独秀文存》重印出来，让我快快拿版税把亚东的账结清才好。"不久后，《独秀文存》重印出书，蔡子民为新版《独秀文存》作序。

1934 年　57 岁

3 月 20 日，亚东图书馆多种新文艺作品被禁：钱杏邨的《义冢》，高语罕的《百花亭畔》、《白话书信》，华汉的《两个女性》，蒋光慈的《鸭绿江上》、

《少年飘泊者》、《纪念碑》及其所译的《爱的分野》，洪灵菲的《转变》。

是年，亚东支出超过收入近五千元，呈入不敷出局面。

1935年　58岁

3月17日，汪孟邹与高翰卿、狄楚青、叶九如、王云五等60余人共同发起，为出版同业赵廉臣作古开会追悼并作相应募捐。

4月下旬，汪孟邹回到上海，重新接管亚东。

约于该年上半年，群益书社收歇。汪孟邹曾替群益做过房租的保人，为此要赔款五千元左右。最后由章士钊出面了结此案，群益拿《新青年》给亚东重印一版。

1936年　59岁

7月19日，汪孟邹参加上海市书业同业公会第七届会员代表大会，当选为监察委员。

1937年　60岁

是年上半年，亚东以多出小本书籍为策略，如出版《国难教育面面观》、《从苏联归来》、《苏联党狱的国际舆论》等，生意有不少进步，有酝酿招股之计划。

1938年　61岁

是年，芜湖科学图书社毁于日本侵略者的铁蹄之下。

1939年　62岁

1月2日，汪孟邹在《申报》上发表题为《亚东图书馆》的文章。

是年，亚东先后在金华、昆明、桂林、香港等地设办事处。

1945 年　68 岁

抗战胜利后，恢复"亚东图书馆"的招牌。

1946 年　69 岁

12 月，汪孟邹与上海书业商业同业公会 20 人两度赴京请愿，请求免征书业营业税。

1947 年　70 岁

1 月 6 日，汪孟邹等 20 人再度进京请愿，力争书业免除全部营业税。

8 月 4 日，汪孟邹作《我与新书业——答萧聪先生》发表于《大公报》。

1948 年　71 岁

4 月 22 日，《大公报》沪版举行"出版业现况"时事座谈会，汪孟邹与会并作相关发言。

1953 年　76 岁

2 月 13 日，亚东图书馆歇业。

10 月 16 日，汪孟邹因患癌症于上海去世。

参考文献

汪孟邹：《我与新书业——答萧聪先生》，《大公报·出版界》1947年8月24日。

艾萍：《现代化进程中的上海近代社团组织》，《探索与争鸣》2006年第3期。

《安徽文化史》编纂工作委员会编：《安徽文化史》，南京大学出版社2000年版。

卜召林主编：《中国现代文学史》，武汉大学出版社2004年版。

曹聚仁：《书林三话》，生活·读书·新知三联书店2010年版。

常乃德：《中国思想小史》，上海古籍出版社2014年版。

陈独秀：《致〈甲寅〉杂志记者函（生机)》，《甲寅》第1卷第2期。

陈福康：《中国著作人出版人联合会聚散始末》，《新文学史料》2014年第8期。

陈明辉、刘宗灵：《民国初年的"社会科学"传播空间》，《学习与实践》2016年第11期。

陈漱渝、肖振鸣整理：《编年体鲁迅著作全集（1928—1932)》，福建教育出版社 2006 年版。

陈孝全：《朱自清传》，北京十月文艺出版社 1991 年版。

陈友良：《民初留英学人的思想世界：从〈甲寅〉到〈太平洋〉的政论研究》，社会科学文献出版社 2013 年版。

陈子展：《中国近代文学之变迁：最后三十年中国文学史》，上海古籍出版社 2000 年版。

程本海：《图书馆与教育》，《微音》第 29、30 期合刊。

程庸祺：《亚东图书馆历史追踪》，安徽教育出版社 2016 年版。

《出版业的盛衰常随时事转移》，（上海）《大公报》1948 年 4 月 26 日。

存统：《告有志研究社会科学者》，《学生杂志》1925 年第 7 期。

代英：《学术与救国》，《中国青年》1923 年第 1 卷第 7 期。

丁晓平编选：《陈独秀印象》，中共党史出版社 2016 年版。

范军：《略论民国时期的大学出版》，《河南大学学报（社会科学版）》2014 年第 2 期。

方明主编：《陶行知全集》，四川教育出版社 2005 年版。

方铭编：《蒋光慈研究资料》，知识产权出版社 2010 年版。

高崧编选：《商务印书馆九十五年：我和商务印书馆（1897—1992）》，商务印书馆 1992 年版。

戈公振：《中国报学史》，中国传媒大学出版社 2016 年版。

耿云志、闻黎明编：《现代学术史上的胡适》，生活·读书·新知三联书店 1993 年版。

耿云志主编：《胡适遗稿及秘藏书信（27）》，黄山书社 1994 年版。

郭沫若：《创造十年》，现代书局 1932 年版。

杭州徽州学研究会编：《胡适研究文辑》，2001 年版。

胡凤：《科学图书社与清季民初的新书新刊传播（1903—1919）》，《安徽史学》2019 年第 3 期。

《胡适文存》，华文出版社 2013 年版。

胡适著，曹伯言整理：《胡适日记全编·4》（1923—1927），安徽教育出版社 2001 年版。

胡适著，曹伯言整理：《胡适日记全编·6》（1931—1937），安徽教育出版社 2001 年版。

胡为雄：《马克思主义哲学在中国传播与发展的百年历史》，百花洲文艺出版社 2015 年版。

《欢迎芜湖工读学校出世》，《新生活》1920 年 10 月 24 日第 42 期。

黄晓虹：《〈安徽俗话报〉研究》，安徽大学博士学位论文，2010 年。

《绩溪县教育志》编委会编：《绩溪县教育志》，方志出版社 2005 年版。

翦伯赞等编：《中国近代史资料丛刊·戊戌变法》，上海人民出版社 1957 年版。

姜涛：《"新诗集"与中国新诗的发生》，北京大学出版社 2005 年版。

金肽频主编：《安庆新文化百年（1915—2015）》（随笔卷），安徽文艺出版社 2016 年版。

君素：《1929 年中国关于社会科学的翻译界》，《新思潮》1930 年第 2、3 期合刊。

旷新年：《1928：革命文学》，山东教育出版社 1998 年版。

李永春：《〈少年中国〉与五四时期社会思潮》，湖南人民出版社 2005 年版。

《梁实秋散文集》，太白文艺出版社 2008 年版。

刘尚恒：《明清徽商的藏书与刻书》，《安徽师范大学学报》1990 年第 1 期。

卢毅：《"整理国故"与五四新文化运动》，《北京师范大学学报（社会科学版）》2005 年第 2 期。

《鲁迅全集》第 6 卷，人民文学出版社 1973 年版。

罗伯特·达恩顿：《启蒙运动的生意——〈百科全书〉出版史（1775—1800)》，叶桐、顾杭译，生活·读书·新知三联书店 2005 年版。

马德俊、方铭主编：《蒋光慈全集》，合肥工业大学出版社 2017 年版。

满建：《亚东图书馆与〈少年飘泊者〉的畅销》，《出版发行研究》2020 年第 8 期。

倪墨炎：《图书杂志审查委员会从产生到消亡》，《出版史料》1989 年第 1 期。

钱念孙：《故纸硝烟：抗战旧书藏考录》，黄山书社 2015 年版。

任白涛：《应用新闻学》，亚东图书馆 1929 年版。

任卓宣：《陈独秀先生的生平与我的评论》，台湾《传记文学》第 30 卷第 5 号。

三爱（陈独秀）：《开办〈安徽俗话报〉的缘故》，《安徽俗话报》1904 年第 1 期。

《商务印书馆九十年——我和商务印书馆（1897—1987）》，商务印书馆 1987 年版。

上海出版工作者协会编：《出版史料》第 1 辑，学林出版社 1982 年版。

上海出版工作者协会编：《出版史料》第 2 辑，学林出版社 1983 年版。

上海市档案局（馆）主编：《日出东方：中国共产党诞生地的红色记忆》，上海锦绣文章出版社 2014 年版。

上海文艺出版社《中国现代文艺资料丛刊》编辑组编：《中国现代文艺资料丛刊》，上海文艺出版社 1963 年版。

邵雪奴：《今后的微音》，《微音》第 14 期。

沈从文：《新书业和作家》，（上海）《大公报》1947 年 1 月 21 日。

沈寂主编：《陈独秀研究》第 1 辑，东方出版社 1999 年版。

石钟扬：《酒旗风暖少年狂：陈独秀与近代学人》，山东画报出版社 2014 年版。

孙小金：《高层人物自述（第五卷）》，中国古籍出版社 2009 年版。

孙艳、童翠萍编：《书衣翩翩》，生活·读书·新知三联书店 2012 年版。

孙玉祥:《猛兽总是独行:鲁迅与他的朋友圈》,江苏凤凰文艺出版社 2018 年版。

唐弢:《晦庵书话》,生活·读书·新知三联书店 1980 年版。

万晴川:《明清小说序跋的广告艺术》,《江西师范大学学报》1996 年第 2 期。

汪家熔:《旧时出版社成功诸因素》,《出版发行研究》1994 年第 5、6 期。

汪无奇编著:《亚东六录》,黄山书社 2013 年版。

汪耀华:《中国近现代出版法规章则大全》,上海书店出版社 2018 年版。

汪原放:《陈独秀和上海亚东图书馆》,《社会科学》1980 年第 5 期。

汪原放:《亚东图书馆简史》,《出版史料》1988 年第 3/4 期。

汪原放:《亚东图书馆与陈独秀》,学林出版社 2006 年版。

王凡西:《双山回忆录》,东方出版社 2004 年版。

王汎森:《中国近代思想与学术的系谱》,河北教育出版社 2001 年版。

王光远编:《陈独秀年谱 1879—1942》,重庆出版社 1987 年版。

王继先著,倪延年主编:《中国新闻法制通史》第 2 卷(近代卷),南京师范大学出版社 2015 年版。

王景山:《鲁迅书信考释增订本》,文化艺术出版社 2013 年版。

王军:《高语罕年谱》,黄山书社 2012 年版。

王树棣等编:《陈独秀评论选编》上册,河南人民出版社 1982 年版。

王有朋主编:《中国近代中小学教科书总目》,上海辞书出版社 2010 年版。

文月娥:《副文本与翻译研究——以林译序跋为例》,《北京科技大学学报(社会科学版)》2011 年第 1 期。

《闻一多作品集》,现代出版社 2016 年版。

吴似鸿著,费淑芳整理:《浪迹文坛艺海间》,浙江文艺出版社 1984 年版。

吴腾凰:《蒋光慈传》,安徽人民出版社 1982 年版。

吴永贵著:《中国出版史(下册·近现代卷)》,湖南大学出版社 2008 年版。

《吴虞日记》上册，四川人民出版社 1984 年版。

奚金芳、伍玲玲主编：《陈独秀南京狱中资料汇编》，上海人民出版社 2016 年版。

夏征农、陈至立：《辞海·第 4 辑》，上海辞书出版社 2009 年版。

贤江：《通讯：研究社会科学去救国》，《学生杂志》1924 年第 3 期。

徐承伦：《安徽近代历史人物论集》，安徽大学出版社 2009 年版。

徐松如：《都市文化视野下的旅沪徽州人（1843—1953 年）》，上海人民出版社 2015 年版。

许汉三、陶若存、哈晓斯：《安徽文史资料·第 32 辑·皖事拾零》，安徽人民出版社 1989 年版。

颜振吾：《胡适研究丛录》，生活·读书·新知三联书店 1989 年版。

杨寿清：《中国出版简史》，永祥印书馆 1946 年版。

杨效春：《芜湖、宣城两处的学校参观记》，《中华教育界》第 11 卷第 3 期。

姚永森：《阿英的早期文化活动》，《新文学史料》1984 年第 1 期。

张国良：《希望徽州各小学添办儿童图书馆》，《微音》第 21、22 期合刊。

张海鹏、唐力行等编：《明清徽商资料选编》，黄山书社 1985 年版。

张家康：《陈独秀与章士钊》，《党史天地》1997 年第 4 期。

张静庐：《一本书的诞生》，《读书与出版》1947 年第 9 期。

张静庐：《在出版界二十年》，上海杂志公司 1938 年版。

张静庐辑注：《中国现代出版史料》，上海书店出版社 2011 年版。

张克明：《抗日战争时期国民党政府查禁书刊目录》，《出版史料》1986 年第 4、5/6 期，1987 年第 1、2 期。

张人凤整理：《张元济日记》，河北教育出版社 2001 年版。

张耀杰：《北大教授与〈新青年〉》，新星出版社 2014 年版。

张元济研究会、张元济图书馆编：《菊品人生张元济——纪念张元济先生诞辰 150 周年暨第五届张元济学术思想研讨会论文集》，浙江工商大学出版社 2018 年版。

章士钊：《评新文化运动》，《新闻报》1923 年 8 月 21 日。

章士钊：《评新文学运动》，《甲寅》1925 年第 14 期。

郑超麟著，范用编：《现代稀见史料书系·郑超麟回忆录》，东方出版社 2004 年版。

郑良树：《顾颉刚学术年谱简编》，中国友谊出版公司 1987 年版。

政协绩溪县文史资料工作委员会：《绩溪文史资料（第 1 辑）》，政协绩溪县文史资料工作委员会 1985 年版。

中国出版科研所科研办公室编：《近现代中国出版优良传统研究》，中国书籍出版社 1994 年版。

中国人民政治协商会议安徽省芜湖市委员会文史资料研究委员会：《芜湖文史资料（第 1 辑）》，安徽省芜湖市委员会 1984 年版。

中国人民政治协商会议全国委员会文史和学习委员会编：《文史资料选辑合订本》（第二十一卷·总第 60—62 辑），中国文史出版社 2011 年版。

中国社会科学院近代史研究所中华民国史组编：《胡适来往书信选》，中华书局 1979 年版。

周策纵著，周子平等译：《五四运动：现代中国的思想革命》，江苏人民出版社 1999 年版。

周振鹤：《晚清营业书目》，上海书店出版社 2005 年版。

周作人：《看云集》，开明书店 1932 年版。

朱联保：《近现代上海出版业印象记》，学林出版社 1993 年版。

朱桃香：《副文本对阐释复杂文本的叙事诗学价值》，《江西社会科学》2009 年第 4 期。

邹凯编写：《守望家园》，生活·读书·新知三联书店 2008 年版。

邹振环：《中国图书分类法的沿革与知识结构的变化》，《复旦学报》1987 年第 3 期。

邹振环:《作为〈新青年〉赞助者的群益书社》,《史学月刊》2016 年第 4 期。

《申报》

《大公报》

《安徽俗话报》

《新青年》

《建设》

附　录
亚东出版物目录及知见版次

　　汪原放所著的《亚东图书馆与陈独秀》正文后列有附录《亚东图书馆出版物目录》，为后人了解亚东的文化贡献提供了史实依据。美中不足的是，附录中有些材料不够准确。后来学者吴永贵根据 1937 年 8 月以前《申报》上的亚东图书馆出版物广告、亚东出版物及其附页广告等，对汪原放的《亚东图书馆出版物目录》进行了修订补充，还增添了知见版次一栏。

　　如今，读秀、CADAL、瀚文民国书库等多种书籍文献数据库的出现，为我们检索各类书籍信息提供了更多便利，包括检索民国时期出版的书籍之各种信息。借助这些数据库，笔者对亚东出版物目录及知见版次作了如下修订与完善。

　　1. 根据原书的封面及扉页信息，对亚东出版物目录中的一些书名信息进行了相应订正。如《中日战争论集》实为《国际政论家之中日战争论》，《近代恋爱各论》为《近代恋爱名论》，等等。

　　2. 依据版权页信息以及其他相关书目的著录信息，本表对亚东出版物的版次信息作了相应的更新。其中不少书籍的知见版次有不小的提升，如《前夜》由 3 版更改为 6 版，《孤坟》由再版更改为 8 版等。一些此前未见著录知见版次者，实际上是有再版，甚至多次再版的，如《作文与人生》出版 6 版；《青年女子书信》出版 7 版；《今古奇观》出版 8 版；《鸭绿江上》出版 13 版；等等。

3. 对亚东出版物的出版年份进行了相应纠误及信息补充。《通俗资本论》不是 1927 年出版，而是 1926 年；《宗教、哲学、社会主义》并非 1934 年出版，而是 1929 年；等等。1934 年后的出版物，汪原放著录的出版时间有误的较多，这可能跟 1934 年后汪原放较少过问亚东的具体出版情况有关。此外，凡能确定出版年月的，此次修订一律具体标注了某年某月，并进行重新排列，由此我们也能更好地了解亚东出版工作的节奏与频率。对于无法确定具体出版月份者，仅著录出版年份的，列于该年出版的书籍末尾。

4. 在汪、吴的附表中，1937 年全面抗战爆发后出版的十几种书籍著录为出版年月不详，此次修订找到了确切的出版信息，予以完整著录。同时，此一时期还新发现《抗战持久必胜论》、《怎样使有钱者出钱有力者出力》、《战时教育：集体主义的自我教育》、《国防游戏》4 书为亚东所出版。此外，此次修订增加了页数的著录项。亚东出版的书籍页数差异较大，一些大书上千页，一些小册子仅十来页。整体而言，黄金时期大书较多，后期小册子偏多，借由页数信息的著录，能更好地帮助我们把握和了解亚东出版的整体情况及其变化。

此外，对一些书籍的文体著录等亦进行了修改，余不一一。需要说明的是，尽管如今信息查找更为简便，但笔者占有的资料并不尽然完全充分，因此仍有待补充和更正。

亚东出版物目录及知见版次①

序号	书名	著、译或标点者	出版时间	页数	知见版次
1	中华民国分类地理新图	胡晋接编，程敷锴绘	1913		
2	中华民国地理讲义	胡晋接著	1914/1	386 页	
3	中华民国分类地文挂图	胡晋接编，程敷锴绘	1914		
4	英文教科书	陈仲甫（陈独秀）编	1914		
5	名家小说	章秋桐（章士钊）编著	1916	340+345+324 页（3 册）	6 版
6	昭昧詹言	方东树著	1918		
7	孙文学说	上海建设社	1919		
8	短篇小说第一集	胡适译	1919/10	190 页	19 版
9	尝试集（新诗）	胡适著	1920/3	122 页	15 版
10	三叶集（通信集）	田寿昌、宗白华、郭沫若	1920/5	166 页	9 版
11	水浒	汪原放标点	1920/8	约 1660 页	15 版
12	儒林外史	汪原放标点	1920/12	约 1100 页	15 版
13	白话书信	高语罕编	1921/1	558 页	39 次
14	中国语法讲义	孙俍工著	1921/5	168 页	10 版
15	红楼梦	汪原放标点	1921/5	837+737 页（2 册）	16 版
16	法兰西学术史略（第一集）	李璜译	1921/9	118 页	
17	吴虞文录	吴虞著	1921/10	214 页	6 版
18	西游记	汪原放标点	1921/11		8 版
19	草儿在前集（新诗）	康洪章（康白情）著	1921/11	267 页	4 版
20	胡适文存	胡适著	1921/12	330+280+250+302 页（4 册）	17 版
21	广州纪游	高语罕著	1922/2	290 页	
22	冬夜（新诗）	俞平伯著	1922/3	247 页	6 版
23	三国演义	汪原放标点	1922/6	364+414+422+415 页（4 册）	10 版
24	国文作法	高语罕著	1922/8	453 页	13 版
25	新诗年选（1919 年）	北社编	1922/8	256 页	7 版
26	蕙的风（新诗）	汪静之著	1922/8	249 页	6 版
27	独秀文存	陈独秀著	1922/11	272 页	10 版
28	先秦名学史	胡适著	1922	205 页	3 版
29	红楼梦辨	俞平伯著	1923/4	432 页	再版
30	屈原	陆侃如编	1923/7	484 页	6 版
31	虚助词典	施括乾著	1923/7	142 页	5 版
32	渡河（新诗）	陆志韦著	1923/7	216 页	3 版
33	镜花缘	汪原放标点	1923/8	308+314+292+284 页（4 册）	7 版

序号	书名	著、译或标点者	出版时间	页数	知见版次
34	科学与人生观	亚东图书馆编	1923/12	511 页	9 版
35	流云（新诗）	宗白华著	1923/12	61 页	3 版
36	实生论大旨	杜里舒演讲，江绍原译	1923/12	222 页	
37	水浒续集	汪原放标点	1924/2	249+298+336+327 页（4 册）	7 版
38	中古文学概论	徐嘉瑞著	1924/4	178 页	3 版
39	西还（新诗）	俞平伯著	1924/4	182 页	
40	我们的七月	OM 同人编	1924/6	258 页	4 版
41	胡思永的遗诗（新诗）	胡思永著	1924/10	138 页	再版
42	实用心理学要义	郑康明著	1924/11	64 页	
43	胡适文存二集	胡适著	1924/11	288+304+294+362 页（4 册）	10 版
44	普希金小说集	赵诚之译	1924/12	408 页	
45	踪迹（新诗散文合集）	朱自清著	1924/12	179 页	4 版
46	河上集	康洪章（康白情）著	1924	98 页	4 版
47	戏剧作法讲义	孙俍工著	1925/3	391 页	再版
48	俄宫见闻记	[瑞士] 伊里雅著，李秉之译	1925/3	168 页	再版
49	三侠五义	俞平伯标点	1925/3	1588 页	4 版
50	孟和文存	陶孟和著	1925/6	402 页	3 版
51	我们的六月	OM 同人编	1925/6	258 页	4 版
52	节制生育问题	程浩著	1925/6	212 页	7 版
53	市政制度	张慰慈著	1925/9	376 页	再版
54	雪夜（短篇小说）	汪敬熙著	1925/10	96 页	9 版
55	俄罗斯名著第一集	李秉之译	1925/12	191 页	再版
56	字义类例	陈独秀著	1925/12	230 页	
57	儿女英雄传	汪原放标点	1925/12	405+386 页（2 册）	4 版
58	老残游记	汪原放标点	1925/12	378 页	10 版
59	音乐的常识	丰子恺著	1925/12	398 页	5 版
60	人类的性生活	程浩著	1925	186 页	9 版
61	少年飘泊者（长篇小说）	蒋光慈著	1926/1	126 页	16 版
62	教育的理法问题	苏儒善著	1926/4	150 页	
63	恋爱心理研究	[法] 斯丹大尔著，任白涛、朱维之合译	1926/5	240 页	5 版
64	国文故事选读	陶孟和辑	1926/5	154 页	9 版
65	应用新闻学	任白涛著	1926/6	208 页	6 版
66	小雪（短篇小说集）	超超著	1926/6	169 页	10 版
67	通俗资本论	李季译	1926/6	499 页	5 版

续表

序号	书名	著、译或标点者	出版时间	页数	知见版次
68	致死者（长篇小说）	张维祺著	1926/9	115 页	8 版
69	海上花	汪原放标点	1926/12	1120 页	3 版
70	△白话书信二集②	高语罕著	1926		
71	鸭绿江上（短篇小说）	蒋光慈著	1927/1	229 页	13 版
72	近代恋爱名论	任白涛辑译	1927/1	268 页	再版
73	妇女运动概论	杨之华著	1927/1	96 页	再版
74	△现代的公民	高语罕著	1927/5	436 页	
75	人类的生活③	陈氏	1927/7		
76	进化论讲话	［日］丘浅次郎著，刘文典译	1927/11	590 页	3 版
77	翠英及其夫的故事（长篇小说）	汪静之著	1927/11	168 页	4 版
78	纪念碑（书信）	宋若瑜、蒋光慈著	1927/11	228 页	10 版
79	官场现形记	汪协如标点	1927/11	约 862 页	4 版
80	给志在文艺者	任白涛辑译	1928/3	261 页	5 版
81	上古的人	房龙著，任冬（李霁野）译	1928/4	134 页	
82	中国文学杂论	杨鸿烈著	1928/4	228 页	再版
83	牺牲者（短篇小说）	戈鲁阳（高语罕）著	1928/4	212 页	4 版
84	中国教育改造	陶知行著	1928/4	214 页	7 版
85	失踪（长篇小说）	杨邨人著	1928/5	131 页	8 版
86	三民主义	汪协如标点	1928/7	442 页	
87	世界短篇小说集	鲁彦选译	1928/8	360 页	3 版
88	宋人话本七种	汪乃刚标点	1928/9	256 页	3 版
89	义冢（短篇小说）	钱杏邨著	1928/9	180 页	3 版
90	转变（长篇小说）	洪灵菲著	1928/9	240 页	7 版
91	欧洲近二百年名人情书	魏兰女士（李季）译	1928/9	274 页	4 版
92	优生学与婚姻	［美］威廉鲁滨生著，高方（柳直荀）译	1928/9	156 页	再版
93	中国公共卫生之建设	胡宣明著	1928/10	130 页	
94	流离（日记体散文）	寒星（钱杏邨）著	1928/11	196 页	再版
95	仆人	汪原放译	1928/11	108 页	
96	世界科学新谭	孟寿椿编述	1928	541 页	3 版
97	前夜（长篇小说）	戴万叶（戴平万）著	1929/1	217 页	6 版
98	明朝（长篇小说）	林曼青（洪灵菲）著	1929/1	199 页	再版
99	伊所伯的寓言	汪原放译	1929/1	327 页	
100	欧洲近二百年名人情书续集	魏兰女士（李季）译	1929/1	279 页	再版
101	知行书信	陶知行著	1929/1	264 页	5 版

序号	书名	著、译或标点者	出版时间	页数	知见版次
102	语体应用文作法	戴叔清（钱杏邨）著	1929/3	234 页	3 版
103	水晶座（新诗）	钱君匋著	1929/3	65 页	
104	孤坟（短篇小说）	志行（许志行）著	1929/3	236 页	8 版
105	现代情书第 1 集	张其柯（高语罕）著	1929/3	158 页	8 版
106	现代情书第 2 集	张其柯（高语罕）著	1929/3	161 页	8 版
107	雨点集（短篇小说）	田言著（潘训、潘漠华）	1929/4	161 页	
108	苦海（小说）	［波兰］先罗什戈斯基著，鲁彦译	1929/6	198 页	再版
109	爱的分野	［俄］罗曼诺夫著，蒋光慈、陈情合译	1929/6	434 页	4 版
110	社会经济发展史	［德］莱姆斯著，李季译	1929/6	373 页	4 版
111	现代情书第 3 集	张其柯（高语罕）著	1929/8	168 页	5 版
112	宋玉	陆侃如编	1929/8	286 页	
113	语体应用文范本	戴叔清（钱杏邨）编	1929/8	410 页	3 版
114	波斯传说	章铁民译	1929/8	222 页	再版
115	都市之夜（短篇小说）	平万（戴平万）著	1929/9	287 页	3 版
116	法国革命史	［德］威廉布洛斯著，李季译	1929/9	304+631+991 页（3 册）	再版
117	农家的草紫（新诗）	何植三著	1929/11	158 页	
118	宗教、哲学、社会主义	［德］恩格斯著，林超真（郑超麟）译	1929/12	372 页	4 版
119	产业革命	［英］毕尔德著，王雪华译	1929/12	145 页	
120	康德的辩证法	［德］戴博林著，程始仁（高语罕）译	1929/12	156 页	
121	斐斯特的辩证法	［德］戴博林著，程始仁（高语罕）译	1929/12	114 页	
122	社会农业及其根本思想与工作方法	［俄］恰耶诺夫著，李季译	1929/12	213 页	再版
123	大黑狼的故事	谷万川编	1929	284 页	再版
124	辩证法经典	程始仁（高语罕）编译	1930/4	192 页	再版
125	新文学概论	［日］本间久雄著，汪馥泉译	1930/4	174 页	再版
126	两部失恋的故事（中篇小说）	林曼青（洪灵菲）著	1930/4	168 页	10 版
127	两朋友（中篇小说）	［俄］屠格涅夫著，刘大杰译	1930/4	158 页	再版
128	神会和尚遗集	胡适辑	1930/4	220 页	再版
129	两个女性（长篇小说）	华汉（阳翰笙）著	1930/4	200 页	再版

序号	书名	著、译或标点者	出版时间	页数	知见版次
130	近代二大乐圣的生涯与艺术	丰子恺著	1930/5	160 页	再版
131	紫洞艇（短篇小说）	祝秀侠著	1930/5	210 页	7 版
132	印度七十四故事	[印] 昇咯编，汪原放译	1930/5	350 页	再版
133	理论与实践：从辩证法唯物论的立场出发（书信体）	张其柯（高语罕）著	1930/8	449 页	4 版
134	胡适文存三集	胡适著	1930/9	1222 页	6 版
135	我的童年	[苏] 高尔基著，林曼青（洪灵菲）译	1930/12	518 页	10 版
136	胡适文选	胡适自选	1930/12	490 页	8 版
137	一千零一夜	汪原放译	1930	440 页	9 版
138	我的生平	李季著	1931/1	828 页	3 版
139	柴霍夫书信集	程万孚译	1931/4	406 页	再版
140	西藏的故事	[英] 谢尔顿著，程万孚译	1931/4	195 页	4 版
150	模范文选	程演生编注	1931/5	452 页	6 版
151	世界大音乐家与名曲	丰子恺著	1931/5	288 页	4 版
152	文木山房集	吴敬梓著	1931/6		
153	忏悔（小说）	[克罗地亚] 波加奇次著，鲁彦译	1931/6	230 页	
154	童年的悲哀（短篇小说）	鲁彦著	1931/6	183 页	再版
155	够了及其他（中篇小说）	[俄] 屠格涅夫，效洵译	1931/6	186 页	
156	红叶童话集	一叶（叶刚）编	1931/6	162 页	再版
157	国文评选第一集	王灵皋（高语罕）编	1930/8	309 页	再版
158	国文评选第二集	王灵皋（高语罕）编	1932/1	340 页	再版
159	国文评选第三集	王灵皋（高语罕）编	1932/1	350 页	再版
160	妇女自然史和文化史的研究	[德] 海尔博著，李季译	1932/9	166 页	
161	史的唯物论之伦理哲学	刘剑横著	1932/9	182 页	
162	自然科学与社会科学的关系	刘剑横著	1932/9	114 页	再版
163	唯物的宗教观	刘剑横著	1932/9	182 页	
164	唐代底劳动文艺	孙俍工编	1932/9	242 页	
165	醒世姻缘传	汪乃刚标点	1933/1	2454 页	再版
166	今古奇观	汪乃刚标点	1933/2	1130 页	8 版
167	曾文正公家书	周道谋标点	1933/3	1220 页	再版

续表

序号	书名	著、译或标点者	出版时间	页数	知见版次
168	欧洲近百年革命运动史	江常师译	1933/4	261 页	
169	肖像（中篇小说）	［法］郭果尔著，鲁彦译	1933/4	138 页	
170	俄罗斯的文学	平万（戴平万）编	1933/4	244 页	
171	求真者（小说）	［美］辛克莱著，平万（戴平万）译	1933/4	350 页	
172	中国历史上的农民战争	蔡雪村著（蔡振德）	1933/4	782 页	
173	百花亭畔（散文）	高语罕著	1933/5	154 页	
174	陈案书状汇录	章士钊	1933/5	102 页	
175	短篇小说第二集	胡适译	1933/9	136 页	3 版
176	四十自述	胡适著	1933/9	179 页	7 版
177	达尔文传及其学说	［德］海尔博著，李季译	1933/9	178 页	再版
178	书信选辑	严约（汪原放）编	1933/9	466 页	
179	不如归（长篇小说）	［日］德富芦花著，林雪清译	1933/9	386 页	
180	现代文明史	［法］薛钮伯著，王慧琴译	1933/12	296+564 页（2 册）	
181	六裁判	汪原放译	1933	116 页	
182	青年女子书信	高语罕著	1934/3	188 页	7 版
183	荒唐游记（长篇小说）	［德］霭沈郁夫著，绮纹（郑超麟）译	1934/3	175 页	
184	俄罗斯名著二集（小说）	［俄］郭歌里著，李秉之译	1934/3	420 页	
185	辩证法的唯物论	［苏］伏尔佛逊著，林超真（郑超麟）译	1934/3	380 页	4 版
186	实验蚕卵稀盐酸人工孵化法	［日］中井五二著，汪协如译	1934/3	243 页	
187	教师生活速写	戴自俺编	1934/4	184 页	
188	美俄复交之观察	王庭珊、翟宗文、黄大中、李执中合著	1934/10	162 页	
189	军缩会议之史的检讨	周咸堂著	1934/10	90 页	
190	国际政治之危机	杨玉清著	1934/11	72 页	
191	小英雄（小说）	［俄］朵斯退也夫斯基著，绮纹（郑超麟）译	1934/11	115 页	
192	人类在自然界的特别位置	李季译	1936/2	148 页	
193	烽火归来	高语罕著	1936/3	130 页	
194	马可波罗游记	李季译	1936/4	362 页	4 版

续表

序号	书名	著、译或标点者	出版时间	页数	知见版次
195	读者顾问集第一集（答读者问）	王灵均（高语罕）著	1936/5	305 页	
196	从唯心论到唯物论	王凡西译	1936/5	141 页	5 版
197	中国思想界的奥伏赫变	王灵皋（高语罕）著	1936/6	223 页	
198	崔东壁遗书	顾颉刚编定	1936/6	3952 页	
199	阿比西尼亚与意大利	何伟（郑超麟）编译	1936/7	168 页	
200	作文与人生	王灵皋著／高语罕著	1936/9	306 页	6 版
201	王独清诗歌代表作	王独清著	1936/12	147 页	
202	辩证法易解	西流译（小濮）	1936	70 页	5 版
203	国难教育面面观	胡立民，邢舜田合编	1937/3	422 页	再版
204	西桥小孩创造记	西桥公学团编	1937/3	174 页	
205	苏联党狱的国际舆论	[美] 杜威等编，李书勋译（王凡西）	1937/4	140 页	
206	从苏联归来	[法] 纪德著，林伊文（郑超麟）译	1937/4	162 页	3 版
207	日本企业与太平洋战争	西流（小濮）译	1937/4	91 页	
208	太平洋上的争霸战	何伟（郑超麟）译	1937/4	112 页	
209	世界市场上英日之对立	何伟（郑超麟）译	1937/4	152 页	
210	中国的经济情势	西流（小濮）编译	1937/4	82 页	
211	从军回忆录	胡立民著	1937/5	136 页	
212	现代妇女问题丛谈	陈碧云著	1937/5	171 页	
213	读者顾问集（第 2 集）	王灵均（高语罕）辑	1937/7	272 页	
214	抗日战争之意义	陈独秀	1937/11	16 页	
215	在新的世界大战之前	[苏] 托洛茨基，许庸（王凡西）译	1937/11	40 页	
216	和平与国联	谭辅之编	1937/12	148 页	再版
217	抗战持久必胜论	谭辅之著	1937/12	88 页	
218	怎样使有钱者出钱有力者出力	陈独秀	1937/12	18 页	
219	国际政论家之中日战争论	曾恭编	1937/12	147 页	
220	顾颉刚通俗论著集	顾颉刚著	1937/12		3 版
221	恩格斯等论文学	赵季芳编译	1937	69 页	4 版
222	苏联党狱之真相	张家驹（王凡西）编译	1937	186 页	
223	真理在前进中（托案报告与讲演词）	[美] 杜威著，江维亮（陈其昌）译	1937	34 页	
224	准备战败后的对日抗战	陈独秀	1938/1	18 页	
225	战时教育：集体主义的自我教育	萧形编	1938/1	122 页	再版

序号	书名	著、译或标点者	出版时间	页数	知见版次
226	抗战的理论与实践	谷华编	1938/2	193 页	
227	日本能否独霸远东	许庸（王凡西）译	1938/3	72 页	
228	我对于抗战的意见	陈独秀	1938/3	41 页	
229	国际政论家之中日战争论续集	曾恭编	1938/3	114 页	
230	实庵自传	陈独秀	1938/3	38 页	5 版
231	战地随笔	王耀辰	1938/3	112 页	再版
232	从国际形势观察中国抗战前途	陈独秀	1938/4	20 页	
233	西班牙内战与国际局势前途	欧伯（彭述之）	1938/4	59 页	
234	国防游戏	邢舜田	1938/4	67 页	
235	民族野心	陈独秀	1938/6	18 页	
236	我们断然有救	陈独秀	1938/8	20 页	
237	劳动价值说易解	[德] 马克思著，西流（小濮）译	1938/10	74 页	
238	恩格斯评传	列宁、托洛斯基著，李书勋（王凡西）译	1938/10	58 页	
239	告日本社会主义者	陈独秀	1938/11	27 页	
240	为我的《从苏联归来》答客难	[法] 纪德著，林伊文（郑超麟）译	1938	148 页	
241	民族解放战争与妇女	陈碧云	1938	38 页	
242	泛滥华北的游击潮	王耀辰编	1938	94 页	
243	美国操纵世界大战	[美] 亚尔培·盖次等著，刘少严译	1938	60 页	
244	奥国是怎样失败的	欧伯（彭述之）著	1938	77 页	
245	南宋胡处晦上元行（影印八幅）	陈独秀书	1938		
246	铁蹄下的故乡				
247	战时良好读物	曾恭			
248	几行血泪	高语罕	未出版		
249	"九·一八"后		未出版		
250	俄罗斯革命逸史	（王凡西、郑超麟译）	寄存		
251	论犹太人问题	[德] 马克思著，郭和（王凡西）译	1939/1	84 页	
252	大英帝国的两块基石——张伯伦现实政策的两大根源	[美] S. 斯丹莱，[美] E. 劳勃生著；刘少严译	1939/3	76 页	
253	藏晖室札记	胡适	1939/4	650 页	

续表

序号	书名	著、译或标点者	出版时间	页数	知见版次
254	论世界大战	列宁著,刘少严译	1939/5	60 页	
255	道德与辩证法	杜威等著,李书勋(王凡西)译	1939/10	122 页	
256	人口西迁与中国之前途	陈清晨(陈其昌)著	1939		
257	海南岛与太平洋	陈清晨(陈其昌)著	1940/3	97 页	
258	炮火中的世界动向	凤冈(王凡西)著	1940		
259	儿子·朋友·战士——悼里昂·西道夫	[苏] 托洛茨基著,李书勋(王凡西)译	1940	78 页	
260	马克思致顾格尔曼的信	林超真(郑超麟)译	1947/5		
261	十二楼	汪协如标点	1949/3	169+418 页(2 册)	
262	马克思恩格斯书信选	林超真(郑超麟)译	1949/9	356 页	
263	诗经今译(第一册)	汪原放编译	1951	107 页	
264	母亲	[苏] 高尔基著,汪原放译	1951		再版
265	我的旅伴	[苏] 高尔基著,汪原放译	1952		
266	流浪人契尔卡士	[苏] 高尔基著,汪原放译	1953/1		

注:①本表页数信息主要来自"读秀·图书"上的版本信息记录项。因亚东的书再版时序言常有增替,因此同一书籍不同版本的页码亦有所不同,也因此可能存在同书的不同版本其页数与本表著录的存在差异的现象,谨此说明。

②吴永贵之前修订亚东出版物目录时指出,汪原放原附录中收录的高语罕的两部著作《白话书信二集》《现代的公民》,未见亚东登过广告,亦未曾见到原书。为谨慎起见,仍将其保留在目录中,书名前加"△"号以示区别。此表一仍其旧。

③该书甫一出版,即被巡捕房以"文字污秽有关风化"为由悉数没收,仅查知"该书系陈姓作者"。见《亚东图书馆罚锾》,《申报》1927 年 7 月 17 日。

后　记

鉴于汪孟邹在近现代出版业乃至文化事业中的重要影响与作用，胡适曾热情动员汪孟邹写自传，甚至都替其拟出了一个大纲：

五十自记

1.儿时的回忆；

2.家庭；

3.教育；

4.早年的师友；

5.科学图书社；

6.亚东图书馆；

7.一些怪物的朋友；

8.回忆和希望。

遗憾的是，汪孟邹的这一《五十自记》最后未能真正落实。笔者有幸担任《中国出版家·汪孟邹》的撰写，深深感受到汪孟邹从事出版的一生，有耀眼的成就，亦有维持的艰难；有理想的光辉，又有经营的智慧；有其自身的伟大，同时友朋的支持呼应亦十分关键——在在值得我们展开细致的书写。

汪原放的《亚东图书馆与陈独秀》、程庸祺的《亚东图书馆历史追踪》，是本书最基础的史料。写作期间，笔者大量翻阅了《申报》、《大公报》。报纸上刊载的有关亚东的书业新闻与新书广告，为我提供了许多第一手的材料与线索。得益于程庸祺先生的帮助，笔者得以与汪孟邹的侄孙汪无奇先生取得联系，本书不少史料出自《亚东六录》一书，它就是由汪先生慷慨寄赠笔者的。《亚东六录》2013 年由黄山书社出版，不知何故，百度和读秀等都鲜有它的信息。若不是两位先生的帮助，或许错失如此重要的文献都不自知。这是尤其要感谢两位先生的地方。

在前期整理汪孟邹年谱的过程中，笔者惊喜发现耿云志先生主编的《胡适遗稿及秘藏书信》一书中，收录有汪孟邹写给胡适的书信 60 通。这批书信用毛笔写就，辨读起来颇不容易，极其考验耐心。一遍一遍翻看、识读后的收获是巨大的，它们让笔者真切感受到了一个有血有肉的汪孟邹。在写作过程中，笔者曾向导师吴永贵教授讨教，何以能像他在《民国出版史》中的"出版家列传"一章那样，写出出版家的精神和风骨来？老师倾囊以告：任何好的写作都要紧贴着人物，让写作对象走进你生活中，就像你身边人一样熟悉，不断地跟他展开对话，这样你笔下的人物就能活起来。得益于这些私人化的书信，笔者打开了和传主对话的通道。

写作的过程是十分辛苦的，但也有许多意想不到的"发现的愉悦"。笔者常常抑制不住地在电话或微信中跟老师唠叨这些愉悦，老师总是饶有兴致地倾听，并不时给予提点和分析。事实上，吴老师早前即对亚东图书馆作过深入的研究，撰有《新图书出版业的文化劲旅——亚东图书馆》，收录于《中国新图书出版业的文化贡献》一书中。本书对老师的研究成果多有借鉴和采用，此处需要予以特别说明。师恩浩荡，心间长存。

　　感谢人民出版社的领导和编辑，尤其是责任编辑贺畅老师和卓然老师，本书的顺利出版深深得益于她们的严格要求、热心帮助和悉心编校。

林英于羊城

2021 年 7 月 1 日改定

统　　筹：贺　畅

责任编辑：卓　然　贺　畅

封面设计：肖　辉　姚　菲

版式设计：汪　莹

图书在版编目（CIP）数据

中国出版家 . 汪孟邹 / 林英 著 . — 北京：人民出版社，2022.4

（中国出版家丛书 / 柳斌杰主编）

ISBN 978 - 7 - 01 - 024524 - 9

I. ①中⋯　II. ①林⋯　III. ①汪孟邹－生平事迹　IV. ① K825.42

中国版本图书馆 CIP 数据核字（2022）第 015791 号

中国出版家·汪孟邹

ZHONGGUO CHUBANJIA WANG MENGZOU

林 英　著

人民出版社 出版发行

（100706　北京市东城区隆福寺街 99 号）

北京盛通印刷股份有限公司印刷　新华书店经销

2022 年 4 月第 1 版　2022 年 4 月北京第 1 次印刷

开本：710 毫米 × 1000 毫米 1/16　印张：18.25

字数：230 千字

ISBN 978 - 7 - 01 - 024524 - 9　定价：75.00 元

邮购地址 100706　北京市东城区隆福寺街 99 号

人民东方图书销售中心　电话（010）65250042　65289539